文物与文化

曹兵武文化遗产学论集

故宫出版社

目 录

第二部分　文化遗产价值论

第三部分　文化遗产保护论

第四部分　市场经济中的文化遗产

第五部分 文化遗产传播论

后记

序言

从20世纪80年代以来，中国的文物保护事业进入了一个新的历史时期，尤其是迈入新世纪后，更是有了新的特点。社会的转型，环境的变化，观念的冲突，实践的发展，文保事业虽常是困难与希望并存、争论与坚守同行，但又始终向前进行并取得了重大的成绩。相信经历过这一阶段的文物、博物馆界同仁，对此都有深切的感受。曹兵武同志有幸在80年代后期进入文博工作行列，《文物与文化》一书，就是他在世纪之交以来对文物工作探索、思考的一些记录。

兵武同志本来是考古学出身，由于工作方面的原因，渐渐走入环境和博物馆、文化遗产等研究领域。他是一个勤奋用功的人，干一行爱一行学一行，钻研一行。其实考古、博物馆、文化遗产这几门学科是相通的，都是如何研究和处理古代遗产。作者借助在考古学方面比较扎实的功底，对它们在当代社会如何继续发挥良好作用有比较深入的思考，并和文化发展、文化建设关联起来。这些特点在这本集子中都有比较集中的体现，也给读者带来很多启发。

对文物认识的不断深化，或者说为文物概念赋予文化遗产的内涵，对中国文物保护事业的发展具有重要意义，许多文博同仁为此作了努力，兵武同志也进行了探索。“文物”一词在我国出现很早，古代主要是指与礼乐典章制度有关的礼器，和今天我们所说的“文物”虽有联系，但基本属于两种不同的概念。民国时期，一般称文物为“古物”。中华人民共和国成立后，使用“文物”一词，其内容非常广泛，包括了“人类在历史发展过程中遗留下来的遗物、遗迹”，并用法律法规把“文物”一词及其所包含的内容固定下来，文物保护事业取得了重大成果。

文化遗产和文化资源的管理是在上世纪 60 年代西方对生态环境恶化和人类文化遗产面临危机所兴起的一种保护理念。联合国教科文组织的世界遗产公约及其带来的世界遗产保护运动，改变了人们观察文化遗产的角度与思维方式，并引发了一系列行动与变化。从文化遗产的角度看待文物，起码有三个方面的变化：其一在文物的意义上，认识到它是不可再生的资源，必须坚持抢救为主、保护第一；其二在文物内容上，包括了物质文化遗产与非物质文化遗产；其三在文物的利用和保护上，强化了文物的共享意识以及全社会都必须承担管理、保护和传承的理念。2005 年 12 月，国务院下发了《关于加强文化遗产保护的通知》，并决定从 2006 年起，每年 6 月的第二个星期六为我国的“文化遗产日”。在继续保留“文物”用法的同时引入文化遗产概念，绝不是简单的重复而是对文物概念的丰富、拓展与提升，或者说是用一种新的视角来认识文物与文物保护。

坚持从文化的角度对待文物即文化遗产，而且与“文化自觉”、文化发展联系起来，是兵武同志提出的一个重要观点，颇有意义。从什么角度看待文化遗产，关系到如何看待遗产的价值。作为遗产，自然有其多方面的价值。我们屡见不鲜的是，有些地方看重的是文物可能带来的旅游经济价值，为此不惜进行破坏性的开发利用，以至对文物本体带来难以弥补的损失与破坏。文化遗产，当然更应从文化的视角来看待，才能真正认识它的文化价值，也才能保持文化遗产的尊严。文化遗产保护的原动力来自于文化遗产的价值。兵武同志力图寻找评判文化遗产价值的合理的角度，包括时代变迁、传统与现代、都市化、全球化、节日与青少年的教育问题等背景，进行文化遗产价值的阐释与弘扬。传统文化遗产资源的现代化转化，文化遗产事业的健康与持续发展等，是新时期、新形势对我们提出的新要求。

从文化的角度认识文化遗产的价值，就是要认识文化遗产资源在中国当代文化建构中的地位和作用，既要看到它在全球化浪潮下保持文化多样性、保持民族文化根脉的意义，又要看到它在民族复兴、文化复兴中的作用。这其中的关键是“文化自觉”以及如何处理好不同文化之间关系的“文化间性”。

文化自觉是费孝通先生晚年提出来的一个重要概念。他认为，提出“文化自觉”，“其意义在于生活在一定文化中的人对其文化有‘自知之明’，明白它的来历，形成的过程，所具有的特色和它的发展的趋向，自知之明是为了加强对文化转型的自主能力，取得决定适应新环境、新时代文化选择的自主地位”。中国是文化遗产的大国，也是人类多元文化、多种文明重要的主体之一，又在走向全球化的进程中深受文化交流、冲撞的激荡和洗礼，中国文化中的许多基因、元素与价值，历经数千年而不断，呈现出坚韧的合理性，当然应该在人类新文化的建设中提供镜鉴作用或占有一席之地。要做到文化自觉，就要求我们以理性、科学的态度进行文化的反思、比较、展望，正确对待包括丰富的文化遗产在内的自己的文化，正确对待别人的文化，充分认识中国文化的独特优势和发展前景，进一步坚定我们的文化信念和文化追求。

中国文化遗产保护的深入需要科学理论的指导。科学理论不可能凭空产生，只能在实践中形成。多年来，我们不仅认真学习借鉴国际遗产保护的先进理念，而且从中国遗产保护实际中探索与积累的经验也丰富了国际遗产保护的理论。但是这些还不够。就中国的文化遗产事业来说，当务之急是在全社会普遍的关注与参与中尽快构筑具有中国特色的文化遗产理论体系，这套体系不仅应该建基于中国特色的文物古迹与传统文化，而且应该在概念表述、价值认知、保护与利用等传承实践方面延续遗产与历史、遗产与环境、遗产与中国人民以及当前社会、经济、文化建设发展的无法割裂的内在关系；不仅应该为那些优秀的历史文化遗产在当代社会中找到安身立命的合理的文化生态位置，还要能够成为促进当代的文化创新与未来的文化建设的有机的宝贵资源。

也正是基于上述的认识和强烈的责任感，兵武同志在他的这些文章中，从不同的角度、从更广阔的范围关注中国传统文化遗产的保护、传承与未来新文化的建设问题，对文化遗产相关理念、理论以及保护、传承的实践与方法进行了探索，这是十分难能可贵的。

因此，我向关注文化遗产事业的广大读者推荐此书，相信大家能从中受到启发。

郑欣淼

2010 年 11 月 7 日

第一部分

文化遗产新视角

文化遗产：概念发展与社会进步

按：刚刚过完第一个“文化遗产日”，又传来殷墟入选世界遗产的最新消息。世界遗产热、各地轰轰烈烈的宣传普及活动和全民参与文化遗产保护的热情给我们这些业内人士留下了深刻的印象。我们欣喜地看到文化遗产事业正在由专家关注和部门行为变为全社会共同的事业。文化遗产事业的发展和社会的进步具有密切的联系，需要理论和概念的不断完善和推动。在一个古老的文明古国进行现代化建设，我们必须深刻认识文化遗产事业面临的机遇与挑战。辨析概念，回顾历史，可以让我们更好地积蓄力量和把握未来。

一、古玩·文物·遗产：文化理念的不断进步

人类从很早的时候起就产生了对前代遗存的景仰和珍惜之情。伊拉克西帕尔遗址出土的一块大约公元前2500年以前的巴比伦时期泥版文书，记载了古巴比伦最后一位国王那波尼德（Nabonidus）亲自在供奉太阳神的沙马什神庙基址上发掘，寻找古代的遗物，试图了解到底是谁建造了这个庙

堂。这可能是人类历史上最早的考古行为。那波尼德的女儿南娜（Igaldi–Nanna）收集了大量的古物，并把它们展出在乌尔（Ur）城中当时的巴比伦王国的一个博物馆里，这个博物馆乃是目前所知的最早的博物馆。古希腊的历史学家修昔底德（Thucydides，B.C. 约 460–约 400）曾经记载过希腊人发掘爱琴海中德罗斯岛（Delos）上一个古代遗址并试图用当时的世界观来解释它们的情况。希腊和罗马时代的学者与皇帝曾经尝试比较系统地搜集古代的文物，进行带有研究和教育性质的展示。今天英文的博物馆（museum）一词就源自当时学者收集和存放古代器物、建于亚历山大城的缪斯堂（musee）的音转。

在古代中国，统治阶级和历史学家也试图用古代的遗物和城市的废墟来构筑自己祖先的生活，其中最著名和最有代表性的是九鼎的传说：有德而首得天下的大禹用各地贡金铸造了代表天下九州的九鼎；夏朝衰亡了，鼎被商人所得；商人衰亡了，鼎被周人所得。这里九鼎的传承显然已被视为天下即王权的合法性的传承了。据《左传》记载，当东周王室衰微时，楚王曾遣使向周王问九鼎的轻重，结果受到了王孙满的讥评。楚王觊觎天下的意图在此是再明显不过了。考古学家张光直先生指出，在古代的中国，“那些改朝换代的人的第一件事是确实地拿到艺术珍品、祭品和王室宝器”。

中国考古中发现这样的例子甚至更早，龙山时代的墓葬就曾经出土过仰韶文化的遗物，据专家研究殷墟的妇好墓中就有一些比自己早 2000 年左右的遥远的东北地区红山文化的玉器，西周晚期的虢国贵族墓葬中也出土了不少殷商时代的精美玉器。正像中国商周时代一句经常出现的著名的青铜铭文所说，对前朝的美好器物，古人显然已经有了“子子孙孙永保用”的意思。

但是，这一“宝物”的传统并不能和今天的文物保护同等而语，充其量只能被视为一种古董意识，这些古代遗存只能被称为是古董或者古玩。在统治者的手中，这些东西是赋予其政权合法性的某种依据；在文人商贾的手中，是一种寄情托宝的珍玩。他们偏爱并保护的不是全部的古代遗存，每当改朝换代之际，胜利者除了留下那些可以为其所用的古董之后，对于被征服者的文化遗产则往往采取犁庭扫穴、夷其宗庙、毁其根基的野蛮政策，使其“子孙为下夷之民”，“上不象天，而下不仪地，中不和民，而方不顺时，不共神祇”（《国语·周语下》），从而使战败者失去文化根基，永无复辟之日。

在中国传统文化发展最为精熟的宋代，在对古玩的珍赏、把玩的基础上产生了一门学问——金石学，也主要只是对古玩的比较系统的分类、著录并附带有一些考证和研究。

文物概念的产生是近代科学兴起与发展的结果。诞生于近代西方的考古学，尝试用科学发掘和断代的办法获取古代遗存，并将那些古代的砖瓦与碎石、垃圾与珍宝都变成了科学地复原人类历史和文化的工具，这些古代的遗存也有了“文物”这一具有全新内涵和意义的词汇。观念与社会的进步，又衍生出对文物进行科学保护与展示传播等公益性的工作。在《中国大百科全书·文物博物馆卷》中，谢辰生先生对文物的定义是：“文物是人类在历史发展过程中遗留下来的遗物、遗迹”。按照《中华人民共和国文物保护法》的规定，文物具有历史、科学和艺术价值，受国家保护的文物的范围包括：(一) 古文化遗址、古墓葬、古建筑、石窟寺和石刻；(二) 与重大历史事件、革命运动和著名人物有关的建筑物、遗址、纪念物；(三) 历史上各时代珍贵的艺术品、工艺美术品；(四) 重要的革命文献资料以及手稿、古旧图书资料等；(五) 反映历史上各时代、各民族社会制度、社会生产、社会生活的代表性实物。并特别强调，具有科学价值的古脊椎动物化石和古人类化石同文物一样受国家的保护。文物概念的诞生无疑是人类认识上的一次巨大的飞跃。文物的历史、科学、艺术价值的核心是科学，并进而从学术研究延伸出对文物的展示与保护等。与文物有关的调查、发掘、记录、保护、展示、传播等，形成了庞大的文博考古行业，积累起一批专门从事这些工作的专家、法律与行规等。

但是，文物阶段的古代遗存及其相关工作主要仍然是局限于专家和部门范畴之内。文物在本质上和全人类有关，在科学民主的时代，尤其是进入知识经济时代后，文物的概念需要普世化，对文物及其中蕴含的信息、价值的发掘、研究、保护和传播需要更广泛的社会和公众参与。文化遗产的概念应运而生。

与文物相比，文化遗产概念的范围在扩展，可以被作为文化遗产的对象比文物更加普遍，不仅是人类过去遗留的物质性遗存被视为文化遗产的组成部分，一切与人类的发展过程有关的工艺、技术、知识、礼仪、风俗习惯等也被视为文化遗产的组成部分；人们对文化遗产的内容、其所包含的信息、价值等的认识在提高，从而使这一概念所荷载的文化与社会等意义更加普遍也更加深刻，和当今社会的关联程度更加密切，遗产已被视为社会持续发展的宝贵的战略资源，与其有关的知识、信息的传播讨论以及对其保护利用的社会参与也更加普遍。

古玩－文物－遗产概念的发展逻辑不仅是人类历史从古代经近代向现代的一个具体体现，而且和人类认识由宗教向科学民主进步的过程具有内在的联系。概念的递进不仅表示人类认识和处理自己历史的文化包容性在扩大，同时其态度和方法也更加科学和理性。

2006 年 6 月 10 日，我们刚刚过完了主题为“保护文化遗产，守望精神家园”的中国第一个“文化遗产日”，这个节日是一次文化遗产相关知识与理念的大普及和一次公众对文化遗产保护的大参与。这一活动必将开启中国文化遗产事业的一个新时代。

二、世界遗产概念与世界遗产保护运动

除了上述的观念进步与历史过程，近年我们还可以明显地感觉到国人对世界遗产事业的空前关注和参与。其实不仅中国是这样，世界遗产概念的提出和由《保护世界文化和自然遗产公约》引发的世界性的文化与自然遗产申报、分享和保护运动乃是人类文化发展史的一个奇观。

世界遗产的概念源自欧洲。其所表述的一个核心的价值是，宝贵的古代遗产既是民族的、地方的，也是人类共同拥有的。从世界范围看，20 世纪 50 年代到 70 年代末期，国际社会逐步接纳了一系列的与保护文化遗产有关的国际公约、建议和宪章。其中 1972 年获得通过的《保护世界文化和自然遗产公约》是联合国组织中迄今参与国家最多、最为成功的一个国际公约。可以说这个公约及其背后蕴含的一系列概念

和运作方式，在全球范围内掀起了一场轰轰烈烈而又影响深远的世界遗产保护运动。

第一、第二次世界大战期间，欧洲许多古老的城镇和一些重要的文化遗址惨遭蹂躏甚至消失。二战以后，人类的遗产还不断受到日益加速的人口增长、工业化、城市化、贫困、自然灾害和环境污染等威胁；迅速发展的旅游业在许多地方使人类相互了解的美好愿望变成了一场纪念物和遗产地的梦魇。事实证明，对文化遗产的最大威胁来自世界上许多人对遗产的无知和忽视。

针对两次世界大战期间文化遗产所遭受到的破坏，一战后成立的国际联盟（即联合国的前身）已开始寻求保护文化遗产的有效方法。国际联盟呼吁，世界各国要互相尊重彼此的遗产，合作保护遗产。第二次世界大战结束后联合国成立，为拯救具有特殊意义的遗产，该组织发起了几场运动，起草了新的国际公约及保护人类遗产的一些具体细则，遗产保护工作随之加快。公约之一就是专门针对战时文化遗产保护的《武装冲突下保护文化财产公约》（也称作 1954 年海牙公约）。

1959 年，埃及和苏丹联合向联合国教科文组织提交一份紧急报告，请求帮助保护因修建阿斯旺水坝而即将被水库淹没的努比亚的古遗址和有关的文物。这一事件是世界遗产历史上一个重大的导火索，因为这是联合国教科文组织 1954 年成立以来收到的第一个这样的请求。联合国教科文组织时任总干事意大利人比托里诺·韦罗内塞（Vittorino Veronese, 1958–1961 年在任）号召各国政府、组织、公共和私立的基金会及一切有美好愿望的人共同行动起来，为保护努比亚遗址提供技术和财政的支持。呼吁得到各界的热烈响应，保护行动获得了巨大的成功，仅1960年在两处古埃及神庙的搬迁中，就募集到国际援助资金4000万美元。在历时20年的努比亚保护运动中，共有22座纪念碑和建筑群被重新移建。

这是一系列世界性的文化遗产保护与抢救运动中最早和最大规模的一次。此后国际社会还开展了巴基斯坦的Moenjodaro，摩洛哥的Fez，尼泊尔的Kathmandu，印度尼西亚的Borobudur和希腊的Acropolis等著名古迹的国际性的文化遗产援助保护运动。

各地不断有面临各种威胁的文化遗产需要保护，幻想以一呼百应的国际援助来解决所有问题是不切实际的。但是人类共同的遗产这种观念提供了文化遗产保护的一种新的巨大动力，它启示人们深思，文化遗产既是民族的也是世界的，它是人类共同的遗产，其存亡绝续需要人类共同面对。在此之前，人们普遍认为一个国家境界之内的文化遗产的保护完全是该国自己的国内事务。在战争的废墟中，在灾害和其它的考验面前，面对历史及其遗产，人类开始觉醒，一种由共同的历史导致的人类情感与价值的理性认同的一体化运动开启了，它成为地球村时代人类文化觉醒的先兆。

然而，情感和觉悟并不能解决根本性的问题，对于人类共同遗产的拯救需要法律和体制的建构。经过一些有识之士的推动，联合国教科文组织终于在1972年通过了《保护世界文化与自然遗产公约》，希望为人类共同遗产的保护提供一种制度性的安排和具体的法规性的指导。

《保护世界文化与自然遗产公约》是基于这样的共识性前提，即：地球上的某些地方具有普遍性的杰出价值，这应是人类共同遗产的一部分。在充分尊重国家主权，并在不损害各国立法规定的所有权的同时，《公约》的缔约国承认保护世界遗产是整个国际社会的责任。世界遗产保护包括保护杰出的、具有普遍价值的不动遗产，从印度的泰姬陵，马里的延巴克图古城，到自然奇观如澳大利亚的大堡礁，2005 年时已有 800 多处自然和文化遗产地被列入《世界遗产名录》。它们的保护要依靠国家间的通力合作。

公约一出台就显示出强大的生命力和推动作用，并逐步开启了一场上自各国际组织和各国政府，下到具体的地方和普通的老百姓，且影响深远的世界遗产的保护参与运动。

该公约不仅继承了两次大战之间逐步形成的人类共同的遗产这一核心的价值理念，而且及时地吸收了 20 世纪六七十年代日益兴盛的环保主义思想，将自然的馈赠同样视为人类的遗产，把保护自然和文化联系在一起，认为自然和文化是互补的，不同民族的文化特点是在他们所生活的环境中历史地形成的，并且，最美丽的建筑纪念物和遗址往往和它们所处的环境密不可分。公约提出了一个世界遗产名录制度。具有普遍而突出价值的遗产经联合国教科文组织世界遗产委员会讨论通过，被列入《世界遗产名录》。名录中的遗产分为文化遗产和自然遗产，后来又增添了文化和自然双重遗产以及文化景观。

为了保障公约目标的实施，联合国教科文组织于 1976 年成立了世界遗产委员会。世界遗产委员会是政府间组织，由 21 个成员国组成，每年召开一次会议，主要决定哪些遗产可以录入《世界遗产名录》，对已列入名录的世界遗产的保护工作进行监督指导。委员会内由 7 名成员构成世界遗产委员会主席团，主席团每年举行两次会议，筹划委员会的工作。世界遗产委员会承担四项主要任务：

1. 在挑选录入《世界遗产名录》的文化和自然遗产地时，负责对世界遗产的定义进行解释。在完成这项任务时，该委员会得到国际古迹遗址理事会（ICOMOS）和国际自然资源保护联盟（IUCN）的帮助。这两个组织仔细审查各缔约国对世界遗产的提名，并针对每一项提名写出评估报告。国际文物保护与修复研究中心（ICCROM）也对该委员会提出建议（例如文化遗产方面的培训和文物保护技术的建议）。

2. 审查世界遗产保护状况报告。当遗产得不到恰当的处理和保护时，该委员会要求缔约国采取特别性保护措施。

3. 经过与有关缔约国协商，该委员会作出决定把濒危遗产列入《濒危世界遗产名录》。

4. 管理世界遗产基金。对为保护遗产而申请援助的国家给予技术和财力援助。

联合国教科文组织又专门设立了世界遗产中心，作为《公约》的常设秘书处，又称为“公约执行秘书处”。该中心协助缔约国具体执行《世界遗产公约》，对世界遗产委员会提出建议，执行世界遗产委员会的决定。

教科文组织为一些特殊遗产地的保护提供技术支持，如柬埔寨的古高棉首都吴哥和摩洛哥的非斯城。目前一项新的遗产保护动议正在阿富汗酝酿，该国是世界上文化遗产最为丰富的国家之一，这些遗产在近年的战争中受到严重摧残。

公约得以成功的原因是多方面的，主要有：突破了诸如武装冲突等特殊情况下的遗产保护；建立了一个永久性的决策与专业机构——世界遗产委员会及世界遗产基金、世界遗产中心；更重要的是提供了一个遗产价值、目标、理论与行动方案的对话平台，及遗产概念与理念的不断发展和完善。总之，公约集中体现了理念的先进性、概念的科学民主与开放，以及一系列科学的保障与推动措施。

公约将文化和自然关联本身就是一个创造，文化的和自然的，共同体现了人类生活与创造性的多样性，公约之后更是有一系列和人类认识、可持续发展关联的相关概念的出台，为公约及其理念的普及提供了持久的活力。

一年一度依据公约讨论入选名录的过程就是一个历史与现在及不同文化、价值观念的对话过程。从最初的代表欧洲中心主义的欧洲标准的古典时代的文物古迹、基督教堂等占有绝对优势，战争纪念物的泛滥，到概念不断扩大，对原殖民地、第三世界遗产的逐渐关注，使得名录的结构在不断增加的过程中不断丰富和完善，更加体现人类文化与自然多样性的代表性和均衡性。

1992 年是世界遗产概念发展历程中的一个重要年份。这一年，在美国圣菲召开的第 16 届世界遗产大会提出了文化景观概念，人类和自然相互遗存、相互影响的关系在世界遗产中得到具体的体现，中国的庐山即于 1996 年被作为文化景观列入名录。这一年，在日本奈良讨论了东方遗产的原真性问题。那些历代不断予以维修、更换部分老朽的土木材料的东方建筑与古迹的历史价值受到了应有的尊重，大批东方文明的代表性遗产陆续入选名录。

1994 年，教科文组织又根据上述情况，基于对遗产的整体性与真实性、代表性与平衡性等的系统考虑修订公约中的入选标准，并通过《凯恩斯决议》(2000)、《苏州决议》(2004) 等程序确保入选名录的平衡性，扩大发展中国家的入选份额。

如今，《保护世界文化和自然遗产公约》已经成为联合国教科文组织的旗舰项目，迄今共有 180 个国家和地区加入《保护世界文化和自然遗产公约》，是目前加入缔约国最多的国际公约之一。截至 2005 年 7 月，全世界共有 812 处世界遗产分布在 137 个国家。这个项目也使教科文组织成为联合国旗下最活跃的国际性组织之一。以世界遗产概念、公约和运动为核心，近年来联合国教科文组织的遗产概念和保护范围仍然在不断地扩张着，如：联合国教科文组织在 1989 年提出了《保护传统文化和民俗的建议》，在 1997 年建立了“人类口头和非物质遗产”机构认证体系，2003 年又发展为《保护非物质文化遗产公约》，等等。

三、当代文化建设与文化遗产保护传承

信息化、全球化、都市化是塑造当代文化最主要的三种力量。

那么，当代文化有什么特点？前两化及其影响无须多言，日益进步的交通通讯、大众传播，日益频繁的国际经贸与文化交往，特别是大众旅游等，开启了一个人类经济一体化和文化交流融合的新时代，这的确是过去拾遗补缺性的商品交易和少数的旅行家、学者向自己的民族和文化介绍异邦风情无法比拟的跨文化交往，更重要的是现代科学的考古学复活了许多已经消失的伟大文明和文化，人类学在科学而整体地探索和展示不同民族的文化，而到今天普通的老百姓也能够通过种种方式对其它不同的文化感同身受——现代文明的特点之一是人类拥有了一种“时空收缩”的技术，让自己进入

了一个具有整体性的文化交往与文化见面时代，进入了一个地球村的时代。

需要费些唇舌的是“都市化”。今天的都市化不同于以往人类历史上的其它聚落形态，它开辟了一种全新的文化与生活方式。中外最早的定居村落的历史可以追溯到大约 1 万年前的农业聚落，城市的诞生与发展在早期文明先进的地区已至少有 5000 年以上的历史，但是今天我们所说的都市化和原来作为地区或者国家的经济中心、政治中心、军事中心一类的城市是不完全一样的。今天的都市化已经不仅仅是一种生产或者社会的功能中心，而主要是一种新的生活方式的熔炉，并已影响到人类中的绝大多数，到 20 世纪之末时，全球一半以上的人口都生活在城市里。人类历史的进步往往具有向前兼容的特性，正如工业时代的人们仍然需要农业生产的粮食一样，今天的都市中仍然会延续着以前城市的经济和政治等功能，但是我们可以看到经济与政治资源之外的人才、知识、信息、思想等快速向城市集中，不同城市功能的定位更加复杂化也更加国际化（全球化），城市内部与城市之间的社会组织与关联方式也突破传统聚落的科层制度而发生了显著的变化，从而使城市生活发生了实质性的变化。就文化遗产方面来说，以博物馆这种新兴的文化机构为代表，人类的艺术与遗产精华也在快速向都市集中，甚至近来大家空前关心的无形文化遗产也在向都市集中——传统艺人、古老的手工业、表演等等，只有复杂多样的都市中才能包纳如此之多的文化多样性。就不可移动遗产来说，现代城市往往在古代也就是最适宜人类发展的地区，大遗址、古代城市也大都集中在这里，现在的大都市往往不是矗立在古代城市的废墟上，就是古代城市的有机更新和发展。

总之，信息化、全球化和都市化使人类文化的发展呈现出前所未有的新形态，今天的都市化的城市正在变成传承传统并创新未来的文化熔炉。因此，就文化遗产的保护与传承来说，对这种新文化的认识与把握是至关重要的。

与以往相比，今天的社会发展和新文化的建设更具有自主意识和规划性。然而，人类作为"文化－自然"双重适应的动物，无论如何发展都离不开历史与现实的资源。人类及其文化的发展既需要自然环境的多样性基础（这一点人类的共识形成稍早），同样也需要文化资源的多样性。文化是人类生活方式与智能的集中体现，历史及其遗存是人类生存方式可能性的既有证明，文化资源的多样性当然包括遗产资源在内。因此当代文化的发展与建设必须处理好遗产的保护、传承与利用、创新的关系，必须遵循文化多样性这样一个具有普遍适用性的自然原理。教科文组织成员国于2001年通过了《世界文化多样性宣言》，重申了文化多样性"对于人类的必要性就如同生物多样性对于自然的必要性一样"。

历史已经证明，保持文化的多样性是人类谋求发展的根基之一。而文化遗产的保护也需要更多地依赖理念的导向与制度性的安排——这应该是探讨文化遗产相关概念与社会进步之关系，以及世界遗产公约及其引发的世界遗产保护运动应该获得的最大启示吧！

本文第一部分原为燕山出版社2000年出版的《古玩·文物·遗产》一书的后记，修改后曾以"古董·文物·遗产——走向二十一世纪的中国文物考古事业"为题刊于《东南文化》

2000年第1期。后为参加2006年7月4日南京“第二届世界遗产论坛——世界遗产与城市发展之互动”整理扩充形成此文。

文化遗产学：试说一门新兴学科的雏形

基于文博工作特别是博物馆工作中科研与从业之间的密切关系，杨志刚先生撰文认为，应该借鉴其它学科包括国外的经验，创办职业性的文博硕士专业教育[1]。这种观点是建立在文博或者说博物馆已经被比较普遍地理解为一门科学的基础上的。其新颖之处在于杨先生的主张是将科学向工作延伸，使科研教育能够更好地发挥推动实际工作的作用。

从更广泛的层面来说，文化遗产应该也正在快速地成为一门新兴的职业性学科。因为文化遗产本身包含的科学内涵极其丰富，和社会各方面高度关联，而文化遗产事业要安身立命，又必须有良好的管理与运作体系，并在这个变化迅速的社会中与其它社会要素有比较好的匹配和结合，否则无以担当起保护、研究、弘扬、传承和创新的宏大任务。

雏形中的文化遗产学科首先是有自己专门的研究对象：

1 杨志刚：《创建文博硕士专业学位教育》，《中国文物报》2003年2月21日。

文化遗产及其研究（主要是本体研究和价值诠释）、保护、管理、经营与传播分享；处理这些对象已经产生了许多严格的分支学科，如考古学、博物馆学、管理学、保护科学等。但是，问题的关键是文化遗产学所包括的内容显然比考古学或博物馆学等任何一门单独学科都要大，也比它们简单的加法要复杂。就目前的实际情况来说，对于正在构建中的文化遗产学科来说，不但考古、博物馆、文物及其保护、管理以及世界遗产等似乎都可以装在里边，而且必须进行有机的结合，系统地考虑到遗产的发现、界定、相关资料的采集、整理、保管、保护、研究、管理、经营与传播利用，以及它们与当代社会文化的互动和传诸后代等关联性问题，注意学科交叉之后所产生的新的边缘潜在意义和在实践中的创新与发展，注意文化遗产在现实文化和生活中的动态传承，才能适应时代的要求和文化遗产事业发展的内在要求。

所谓学科的原初意义就是研究某种或者某类学问。但是随着社会的快速发展，社会分工的专门化等，学科越来越和具体的工作、和职业、和科学的范式与运行等密切地结合在一起。现在，职业教育与职业学科方兴未艾，比如著名的MBA（工商管理硕士）、PBA（公共事业管理硕士）等，它们既研究相关的科学内容，更与工作、管理、运作和效益密切结合在一起，在社会的纵向分工日益深化和横向的关联程度空前提高的形势下推动并提升社会某一方面和整个社会的发展水平。

文化遗产学就正是这样一门应当和遗产本体及价值研究、管理、经营、运作等密切地结合在一起的高度综合的创新性学科。它在本质上不是实证的、解释性的科学，而是建立在科研、对对象的充分了解的基础上的实践性、管理性和经营性的科学。它大致可以分为遗产本体研究、遗产传承研究以及遗产社会功能研究几个部分，每一部分都包括科研与工作的二元对立和统一，而文化遗产学的核心则是遗产价值的诠释与分享，因为作为退出历史原创实用性的遗产在当代以及今后社会中的位置及期望在上述遗产科研与工作中受到何种方式的对待，很大程度上取决于人们对其价值的重新界定与发现。

原刊《中国文物报》2003年5月30日。当时不少时贤鉴于文化遗产工作的快速发展，呼吁或探讨文化遗产学能成为被接受的学科，本文也是参与讨论的一篇。

中国特色文化遗产理论体系刍议

一

中国共产党的十七大为我们描述的小康社会蓝图中，文化建设是最有新意的部分之一。十七大报告中关于文化建设的第七部分的标题是“推动社会主义文化大发展大繁荣”，并使用了“兴起社会主义文化建设新高潮”等鼓舞人心的词语，将文化建设提到了一个空前的高度。

文化是人类社会长期积累的适应自然和社会的总的知识体系，就一个国家和民族来说，文化也是其连接过去、现在与未来的血脉。盛世当然要有经济基础的支持，但是一个时代之发展，最终必然是文化与文明的充分发展，给后世留下的往往是辉煌的文明与文化成就。因此，民族的崛起，社会的发展，文明的兴盛，必然伴随着文化的振兴。

资本主义兴起之后，现代科学研究随之兴盛，而现代科学包括经济学都发现，决定一个国家或地区最终之发展的，往往不仅仅是地缘与资源等因素所导致的经济增长和财富积累，更有长期的文化的背后推力在起作用，哈佛大学兰德斯教授在其较近的经典著作《国穷国富》中指出，国家的贫富、经济的发展其实也是文化对这个社会资源选择与利用的结果。500年来，西方文化所支撑的包括西方物质文明成就在内的西方文明在全球独领风骚，近来东亚作为第二梯队的整体崛起，和深厚的以儒家传统为核心的东亚文化具有密切的关联。即便今天，诸如《论语》、《孙子兵法》等2000年前的文化经典，仍然是我们为人处事、进行社群和企业管理等可以不断汲取的智慧源泉。这样的文化智慧不是一时可以形成的，它们是长期历史积淀的结果，早已渗进我们的思维和行为方式的微观形态。

当然，作为人类超越肉体的适应手段的文化需要与时俱进，不断创新，支撑中国这样的泱泱大国之发展的中国文化更需要不断借鉴其它文化、文明的先进因素，需要将自身汇入浩荡的世界潮流。

十七大报告提出了全面建设小康社会的奋斗目标，同时也是吹响了中华文化和中华文明复兴的号角。无论是小康社会、面临复兴的中华民族，还是一个强盛的中国，都不仅要有发达的经济基础，更要有一个健康、先进、发展、繁荣的文化作为支撑，也必将会以一个全新的文化和文明形态彪炳于世。

十七大报告关于文化在全面建设小康社会中的地位、作用，可以概括为“五个力”：文化是国家的软实力和综合国力，是民族的凝聚力和创造力，同时文化建设也是要满足人民群众享受文化成果的权力。总起来，社会主义先进文化是小康社会不可偏废的重要标志和综合国力的重要因素。为了实现民族复兴，我们曾经提出建设社会主义物质文明、精神文明和政治文明的要求和目标，现在十七大又在全面协调可持续的科学发展观念之下，在全面建设小康社会的总目标下提出生态文明、小康社会的先进文化和中华民族的精神家园等概念，是对文化定位和文化理论的全面深入和升华。

十七大报告也提出了建设社会主义先进文化的路线图。要使中华文化成为民族凝聚力和创造力的重要源泉，成为国家软实力和综合国力的积极体现，就需要加强文化的吸引力、感染力、传播力和影响力，这些最终可以概括为文化的生产力。为此，报告提出了要建设社会主义核心价值体系。社会主义核心价值体系是实现文化大发展大繁荣的指针，是建设和谐文化与和谐社会的根本。社会主义核心价值体系是对人类包括中华民族优秀文化成果继承与创新的产物。在这里，一切先进的文化理论、意识形态，包括对传统优秀文化的挖掘整理弘扬、中华民族传统的文明道德风尚的传承发扬，都是我们建设当代先进文化和构筑中华民族共有精神家园的重要资源。所以，十七大报告首次提出，要重视文物和非物质文化遗产的保护。

这样的文化战略、文化理论和文化建设既是小康社会的目标要求，也是中国特色社会主义道路和中国特色社会主义理论体系的重要组成部分。建设社会主义先进文化，实现社会主义文化的大发展大繁荣，既要着眼于全面建设小康社会的未来目标，也要立足于中国的历史和现实，其中正确处理文化遗产就是立足历史面向现实的重要方面。要实现全面协调可持续的经济文化与社会发展，对于祖先留下的宝贵的文化遗产，就不仅应该保护、整理和研究好，更应该使其成为创造新的当代先进文化的宝贵资源。为响应十七大的号召，国家文物局局长单霁翔同志提出了文化遗产保护应成为促进社会主义文化大发展大繁荣的积极力量，成为促进社会经济又好又快发展的积极力量，成为让人民共享文化发展成果的积极力量，成为增强中国文化国际影响力的积极力量的新的文化遗产工作思想。这一思想既体现了对文化遗产与国民经济和社会又好又快发展、与社会主义先进文化建设关系的准确把握，也是文化遗产理论与时俱进的新发展。而将使文化遗产成为这样的四种力量作为文化遗产事业的奋斗目标来追求，尚需要很多努力和工作，需要正确处理文化遗产的保护与利用、继承与弘扬等关系，更为关键的是，需要建立中国特色的文化遗产保护理论体系和工作体制。

二

与世界其它文明古国相比，中华文明具有如下鲜明的特点：一是文明起源和发展的本地性和独立性；二是历史发展的悠久与连续性；三是形成并保持了民族团结和国家统一的文化传统；四是文明昌盛发达，并在相当长的历史时期内对整个人类社会的进步与发展作出了十分重要的贡献。源远流长、辉煌灿烂的中华文明为我们留下了丰富的物质与非物质的文化遗产，它们世代留存，从未间断，其数量之多，规模之大，品类之丰、技艺之精、价值之高，堪称独领风骚，而且中国文化遗产的一个鲜明特点是，它与中华民族具有血肉相连的关系，历史文化传统深深地渗透到民族血脉与人们的思维和行为方式之中。

最近几年，文化遗产概念逐渐深入人心，成为一个比古董、古玩、文物等更为深刻并和现实社会与生活具有更多联系的理论性概念，除了传统的文物古迹、历史街区和文化名城等遗产区划之外，非物质文化遗产、大遗址保护、工业遗产、巨型遗产、线性遗产、城市发展与文物保护、基本建设中的考古发掘与文物抢救、博物馆展示宣传与社会服务等取得重大突破，我们在文化遗产保护的几大基础工作方面取得了重大进展，第三次全国文物普查工作全面铺开。但是，应该承认，文化遗产保护形势依然严峻，经济发展与社会转型过程中很多文化遗产失去存在的依托，在人们的无知与淡漠中面临损毁灭亡的威胁，而盗掘走私、环境变化、城乡发展、不当的开发利用以及扭曲的利益分配协调机制等各种自然、人为因素，使大量文物古迹快速消亡。用国家文物主管部门一位官员的话说：当前的文化遗产工作是既受到空前的重视，也面临着前所未有的压力，迫切需要我们解放思想，大胆探索，不遗余力地做好抢救保护等相关工作。

这其中，有关文化遗产的基础理论研究相对薄弱是一个非常致命的问题。比如，关于文化遗产概念的来龙去脉及其社会文化背景，关于什么是正确、科学的文化遗产保护理念、手段、技术与方法，关于什么是文化遗产的合理利用方式及其控制幅度，关于社会参与文化遗产的方式方法与效果评价等等，都缺乏系统的研究，甚至存在不少认识方面的混乱。文化遗产工作涉及面广泛，社会关注与参与程度较高，科学性、政策性、文化性与公益性特点较强，不仅应该有系统、科学的理论指导行业中的工作人员，统一思想，提高认识，更要用与中国特色社会主义道路、中国特色社会主义理论体系以及中国自身的历史文化传统及社会现实相适合并是其有机构成部分的文化遗产理论来武装和指导广大的人民群众，积极投身文化遗产的保护、传承之中，从而使文化遗产工作得到改善，前述的文化遗产作为推动社会经济、文化、对外交流和人民群众分享文化发展成果的积极力量的目标才能落到实处。

应该说，一个科学的概念，一种科学的理念，一套科学的理论，比一系列由文化遗产工作者自己开展的具体的保护与拯救行动，更能推动遗产保护事业的健康发展。

应该承认，文化遗产理论的中国特色之存在是不争的事实。这不仅是因为我们的文物和文化遗产本体就具有典型的东方特色，而且因为影响文化遗产存在与延续的自然与人为的原因，文化遗产保护与管理的具体技术、方法，文化遗产保护利用管理所面临的中国国情与体制问题等等，都同样有中国和东方特色的问题，尤其是中国文化对文化遗产的态度和价值趋向，也具有鲜明的中国特点。表现在与文化遗产相关的工作与学术研究的各个环节与各个方面，有所谓的文物调查、发掘、发现和研究的考古学的中国特色问题，有所谓的东方特色的文物保护与修复传统与技术问题，有与中国传统文化及国情紧密相连的中国特色的文物收藏和博物馆文化问题，更有中国特色的文化遗产的价值认知、利用和管理等问题——一句话，文化遗产的科学保护与合理利用、文化遗产的传承是为了我们能够拥有一个更加美好的明天，但其实施却从来都是一个历史的与现实的问题。

三

那么，如果试图构建中国特色文化遗产理论体系应该从何入手呢？

我想，这个理论体系应该包括文化遗产的调查发现，文化遗产的解释阐释，文化遗产的科学管理和保护，文化遗产的展示传播与合理利用等不同方面；这个理论体系的目的乃是以文化遗产的价值吸引和鼓舞人，以正确的遗产概念和理论指导人，以科学的方法与手段武装人，从而达到实现文化遗产科学管理、保护、利用、传承的结果；这个理论体系必须是从中国的实际出发，返归和指导中国的文化遗产实践。

建立中国特色文化遗产理论体系必须要立足于回答这样两个问题：一个是遗产本体的中国特色及其保护、研究、利用、管理等问题；一个是文化遗产事业与中国国情的契合问题。

人类社会的发展主要是一个处理好现实社会诸要素关系的问题，但是像中国这样一个历史悠久的大国的发展与崛起又必须同时处理好两个特别重要的关系：一个是中国与世界的关系问题，因为大国的崛起势必要极大地改变世界的经济、政治格局；第二就是与自身的历史传统的关系问题，因为中国不会是在一张白纸上而是在一个宏大而悠久的历史文化传统上描画自己的发展蓝图。这两者都是关系到当代中国是否可以和平和谐崛起的关键问题，而其中第二个问题也是中国文化遗产理论必须面对和回答的问题。文化是适应的，文化也是连续进化的，建设中国特色的社会主义和小康社会的伟大探索，中国丰富的文化遗产资源和文化遗产工作实践，都使得我们必须思考中国特色的文化遗产理论体系问题。

中国特色文化遗产理论体系的基础是对文化遗产特点的把握能力和保存能力。但仅有这些是不够的。中国特色文化遗产理论体系不仅需要对遗产资源状况等的全面科学的掌握和了解，需要探索中国特色的文化遗产维护、保养、修复、保护等涉及文物延年益寿的“文物生理与文物医学”方面的理论、技术和方法，更需要深入开展文化遗产价值的评估研究和文化遗产功能的分析研究。文化遗产概念的扩展与丰富，历次文物和文化遗产资源的普查，考古调查发掘与发现，都大大丰富了中国文化遗产资源的宝库。当前正在进行的第三次全国文物普查，必将大大提升我们对文化遗产资源状况的把握。但是，构筑中国特色的文化遗产理论体系，以下方面的问题应该受到优先重视：

1. 应进一步完善文化遗产的定义。近年文化遗产概念从古董古玩、到文物、到遗产的发展变化已经对相关的实践工作产生了积极的推动作用。遗产本体和概念在不断扩大，内涵在不断丰富，社会认知和参与范围也空前扩大，亟须进行理论的概括，使之更加准确和全面地体现当代社会与历史传统的内在关系。

2. 应进一步探讨文化遗产的价值。通常所说的文化遗产的历史、科学、艺术三大价值，不仅是遗产价值的一种科学概括，实际上也体现了专家、社会和公众对遗产价值关切的不同侧面，但仅有这些显然是不够的，更不能仅仅停留在表面上和口头上，而应该结合考古学、历史学、民俗学、艺术与社会学等不同学科，进行深入全面的整体研究和个案研究，结合遗产本体展开微观价值的研究与阐释，形成文化遗产的价值观念体系，并且要探讨文化遗产价值的传播与普及问题，使文化遗产的价值深入人心。

3. 应与时俱进不断研究和创新文化遗产的功能。文化遗产往往已经退出了其原初的使用功能，但在社会进步、文化发展中又会不断衍生出新的功能。作为处理人类文化遗产的代表性机构的博物馆通常所说的收藏、研究、展示、传播、教育等职能，其实反映的就是文化遗产的若干功能。放在更广阔的范围，不少有识之士也对文化遗产的社会、政治、文化、经济、教育等功能进行过探讨。文化遗产要得到保护与传承，遗产的功能及其利用就不能回避，而应该进行更广泛更准确的遗产功能的探讨和界定，甚至包括更具体的个体遗产的使用功能的可能性与科学性、合理性等探讨，要围绕遗产的价值与功能研究遗产工作的社会服务与经营管理等问题。文化遗产的传承，必须在遗产功能的科学发挥的过程中进行，这应该成为文化遗产理论体系的基础性理念之一。特别是应该结合社会发展与文化建设，探讨文化遗产价值与功能的社会实现途径，把文化遗产的价值、功能和文化遗产的保护、管理、传承和利用工作科学地结合起来。

4．应形成国家的文化遗产战略与文化遗产产业。文化遗产的研究不仅仅是象牙塔里的学术问题，遗产的保护与传承应该和国民经济及社会发展结合起来考虑，应该考虑公益性、公平性（包括现在与未来不同世代人们之间的代际公平）以及效率和效益问题。文化遗产有关的概念、理论与方法以及工作的方针与原则不能代替国家层面的文化遗产行动战略，公益性的遗产事业定位和遗产保护工作不应排斥遗产传承利用过程中的遗产经营。

近年不断有专家提出开展以文化遗产为对象的学术研究和学科建设问题，而构建文化遗产学，应该超越传统的文物学、考古学、博物馆学、古建筑等学科，综合人文科学、社会科学、自然科学、技术科学与管理科学等不同学科的理论方法与成果，提炼关于文化遗产发现、认知、保存、利用与管理的科学理念与科学方法。文化遗产的保护能力、研究和解释能力、展示和传播能力，构成了中国优秀文化遗产的传承和创新能力，而这种能力，最终依靠的是中国特色的保护与管理能力。在文化遗产的保护与管理方面，应该不断通过科学的探索和实践，形成更多的诸如完整性与真实性、最小干预、可识别、可逆性、环境协调以及全民参与共享等科学的共识或原则，应该不断完善文化遗产的法律法规体系，完善文化遗产的科研、保护、利用、管理机制，从而确保文化遗产相关实践活动的健康与科学发展。尤其需要形成共识的是，文化遗产无论从样态、价值还是与遗产关联的科研与工作的方方面面都是复杂的、动态的，与文化遗产有关的一切都必须转化为遗产最终所有者——人民大众的意识与行为的自觉，文化遗产的保护与传承利用才能成为健康而持续的事业。

因此，在文化遗产保护的各项基础工作取得可喜成就之后，应该加强文化遗产事业的理论创新，用科学的文化遗产理论武装人，尤其是文化遗产的真正主人——人民大众；应该让文化遗产事业从行业的事业成为人民的事业。

人类的文化是人适应环境与社会的手段，人类的文化又是连续演化的，中国丰富的文化遗产资源和文化遗产工作实践，建设中国特色的社会主义和小康社会的伟大探索，使得我们必须思考中国特色文化遗产理论体系问题。经过历代文化遗产工作者的努力和积累，我们已经奠定了文化遗产工作的坚实基础，形成了丰富的文化遗产资源体系，建立了相对完善的文化遗产法规体系，并且完成了文化遗产相关工作机构体系架构。可以预计，在一个符合中国国情的中国特色文化遗产理论体系和一整套的科学的文化遗产核心理念和理论方法体系的指导下，中国完全有条件变文化遗产大国为文化遗产强国，中国的文化遗产不仅会成为中国的国民经济和社会发展、中国当代先进文化大发展大繁荣的宝贵资源和积极的促进力量，也必将对人类社会与文化的持续进步和健康发展做出应有的贡献。

原刊《世界遗产论坛（三）——全球化背景下的中国世界遗产事业》，科学出版社，2009年。中国特色是民族复兴过程中的关键词之一。本文鉴于中国文化遗产本体及其保护、传承社会文化背景的中国特色，讨论相关理论体系的中国特色。

历史的合流与共同的命运

——纪念《保护文化与自然遗产公约》颁布40周年

地球村时代的人们已经越来越清醒地认识到，全体的人类享有一个共同的未来，因此应该选择同舟共济。与此同时，人们也越来越清醒地认识到，人类具有共同的历史并应该分享共同的遗产。而那些记录人类过去生存之可能性的文化遗产，正是我们面对不确定未来之信心与智慧的宝贵源泉之一。在形成这个认识的过程中，世界遗产的概念及相关运动曾经起了重要的推动作用。

尽管人类爱护自己的历史记忆、敬拜自己的祖先、善待自己的遗产是具有悠久历史的文化传统，然而相伴随着无知、偏见、利益的冲突以及诸如种族主义、殖民主义、霸权主义乃至文化相对主义等意识形态的干扰，获得这样的认识是一个艰难而漫长的过程与心灵的磨合。直到19世纪末伯利守则等提出的战争中对文化遗产的掠夺是不道德和非法的，到1954年《关于发生武装冲突时保护文化财产的公约》（也称《海牙公约》）的出台，然后发展到各国对自己国内工程建设中的文化遗产进行保护，这种古老而良好的愿望，终于转化为理性的实践行动。

20 世纪 60 年代以来生态自觉和环境保护意识的觉醒，与文化自觉及文化遗产的保护相辅相成。在埃及阿斯旺大坝修建过程中，大批古埃及的文化遗产面临灭顶之灾，共同的环境、共同的遗产的紧迫感油然而生。在联合国教科文组织的主导下，出现了国际社会协调一致的共同抢救行动，之后又进而形成了《保护世界文化和自然遗产公约》（简称 1972 年公约）。

1972 年公约是个里程碑，它掀起了一场广泛而持久的世界遗产运动。人类在学习着以空前理性博大的心胸面对遗产，共同的历史经验快速转变为现代社会的发展资源与智慧。共同的标准、协调的行动、共享的理念、自觉的自然与文化遗产保护运动及不断完善的理论和行动框架，将世界遗产的申报、保护、利用、管理推向纵深。如今公约的缔约国已经超过 190 个，申报积极，竞争激烈，大大推动了共同的遗产概念的普及以及突出而普遍的价值的传播，是联合国框架内最成功的国际公约。

可以说，发现并重新认识历史是全球化重要的组成部分。对于文化遗产的自觉乃至国际性合作保护，使我们更接近于人类共同而整体性的历史，提升了对遗产资源的认识和分享。这个过程与共同的环境、同一个星球的认识相伴产生，并相互激励，深化了人类对自然与文化统一性与多样性的认识与实践，为可持续发展提供了有力的支撑。

中国加入公约较晚，但前进的步伐很快，目前在世界遗产数量上已达 43 处，位居第三，并在遗产类型、概念、标准及保护和传承的实践上做出了自己独特的贡献，成为国际遗产界最重要、最活跃的成员之一。

近来全球各地正以一系列活动纪念《世界自然与文化遗产公约》诞生40周年。不久前2012年作为世界遗产委员会咨询单位的国际古迹遗址理事会顾问委员会会议在北京召开，国务委员刘延东出席会议开幕式并致辞，重申中国作为缔约国和世界遗产大国对世界遗产保护与传承的责任与义务。

我们有理由相信，在公约的倡导和推动下，世界遗产保护事业会为人类的可持续发展注入新的活力，历史的智慧会烛照人类走向一个更加美好的未来。

原刊《中国文物报》2012年11月16日

中国传统文化及当下文化遗产的综合保护与传承

文物是文化的物化与载体。中国是历史悠久的文明古国，中华文明作为世界文明史上唯一没有中断、连续数千年发展至今的文明奇迹，留下了大量珍贵的文物古迹和文化遗产。目前，全国已确定的不可移动文物达40余万处，可移动文物达2000多万件。这些文化遗产，蕴含着中华民族特有的精神价值、思维方式，体现着中华民族的生命力和创造力，是我国各民族智慧的结晶，也是全人类文明的瑰宝。每一种文化遗产都记载着一段华夏历史，凝结着一种民族精神，蕴含着社会进步的片断信息。

文化遗产是人类千百万年来积累起来的最丰富的连接历史记忆、应对未来挑战的发展资源。在当今社会快速发展的历史进程中，对于这些依附着民族魂魄的珍贵遗产，尤其需要我们予以倍加呵护，在保护中利用，在传承中创新，这样才能实现我们伟大民族的崛起复兴和人类文化的继往开来。在此，我愿结合学习收获与实际工作，略谈文化遗产与大众的关系及全民参与文化遗产的保护与传承的若干认识。

文化遗产是全社会共同的财富。我们常说，人民群众是文化遗产的创造者和真正主人，而在民主时代和信息时代，对于文化遗产，人人可以直面文化遗产本体及其蕴含的历史信息，凭吊历史情怀，追寻历史足迹，汲取历史智慧，培养科学与艺术审美的素质。无论是历史的经验还是教训，文化遗产都不掺假，人人可以从中受益。因此，文化遗产的保护与传承同样是人民的事业。最近几年，文化遗产保护主体由文物行政管理部门、相关的单位和专家向政府其它部门、非政府组织和公众的扩展，尤其是一些 80 后甚至是 90 后民众的参与，则是真正的文化遗产主人意识的觉醒和体现。

文化遗产保护与传承事业不仅公益性极强，而且有深厚的文化与科技内涵，参与的过程也是一个增长知识和提高参与者的文化与道德素质的过程，因此，在社会关注与参与方面应该具有广阔的发展空间。但是，要将文化遗产保护传承事业从政府部门的职责和少数专家学者的工作转变为社会的事业、大众的责任，就需要有科学的、理论的指导，更广泛的参与行动就需要更系统、科学和深入浅出的理论指导。应该说，上述这些可喜现象的背后，近年来文化遗产概念和若干新理念的普及和深入人心是极大的推动力量，尤其是 2005 年底国务院发出《关于加强文化遗产保护的通知》并确定设立全国性的文化遗产日，更是起到了关键性的推动作用。在建立政府主导，广泛动员社会参与文化遗产保护新体制的过程中，专家、行业与主管部门也应该积极主动地为社会——包括政府其它部门、广大群众提供正确的、系统的文化遗产保护与传承的理念、理论和方法。在此，我想集中谈谈文化遗产的综合保护与传承理念。

文化遗产的综合保护与传承包括以下几个方面：

第一，观念上应该强调整体地、关联地、生态性地对待文化遗产。文化遗产是在人与自然、社会等相互作用的过程中形成的，因此是多样的、多态的。遗产与遗产之间，有一损俱损、一荣俱荣的关系；遗产的局部的损坏，将会造成其整体价值的贬值。比如历史文化名城或者街区，仅仅在其中插入一个现代的高层建筑，不仅会引起视觉风貌的变化，同时也会引起其周边道路交通、人流、物流的变化，最后的结果可能是进一步的道路扩张，人口增长，区域产业结构等将不得不进行调整，文化遗产的本体与内在价值也随之发生变化。因此，整体性保护是文化遗产保护的重要原则之一，近年来，文化遗产概念不断扩大，从对单个文物到建筑古迹遗址，到整个的历史街区、名城名村名镇，乃至跨地区的线型遗产和文化景观等的关注，就是遗产的整体性观念的不断发展。2005 年国际古迹遗址理事会在中国西安召开的第十五届大会上，发表了关于古建筑、古遗址和历史区域周边环境的《西安宣言》，强调对文化遗产及其周边环境风貌的整体保护，既具有中国文化视角特色，也是文化遗产保护理念发展进程中的一大进步。在这样的视角下，需要我们将遗物与遗迹、遗产的局部与整体、人文遗产与自然遗产、物质遗产与非物质遗产、遗产本体与环境等结合起来，进行观察、思考和处理。这种视角是系统论的视角，其实也是生态学的视角。生态学研究和处理事物（主要是生物）生存的空间、物质与能量等关系，文化遗产的综合保护其实也需要科学地认识和处理各相关要素之间的相互关系。党的十七大明确提出建设生态文明的概念，要以生态文明的观念来指导我们科学地处理社会发展诸要素之间尤其是人与环境之间的关系以谋求发展的可持续性，不仅是科学发展观的重要组成部分，而且也应该成为一个指导人类社会发展的新的文明观。在当下复杂的社会与人文环境中，文化遗产的保护与传承确实需要一种系统的、生态性的思维与行动。生态系统中，每个生物体或者事物都有一个自己特定的生态位，而文化遗产保护与传承的关键，就是在社会与文化的多样性与动态发展中为其存在找到合理的位置——包括价值位置与作用位置。因此，文化遗产传承既要强调保护，也要探索让其发挥应有的作用，让其融入当代人类的文化与生活。

第二，实践上应探索多元主体、多种层次和多种方法的保护与传承。文化遗产的保护与传承不仅仅是专家、特定单位和主管部门的事情，也不仅仅是对文物本体的加固维修复原的科技与保护工程等，政府及相关部门、社会团体、法人、志愿者、公民等，都是文化遗产的利益相关方以及保护与传承的实践主体。文化遗产作为特殊的公众资源和财富，所有的相关者都是其主人，因此都应发挥主人翁意识与作用。文物部门至多只是遗产的受托者，在这个过程中多发挥一些作用、多承担一些责任而已。文化遗产保护的目的是让文化遗产延年益寿，但是光有专家的理论方法和技术这样的医术是不行的，文化遗产主人的态度，文化遗产生存的社会制度、体制、环境等，都可以发挥重要的作用。因此，文化遗产保护是复杂的综合性的社会实践。比如在遗产旅游中，旅游参观者对遗产的保护也是有直接或间接责任的。对于不同的文化遗产，应该区分对象与情况，采取多种层次多种方式的保护，从救命性的抢救，到对损坏的复原维修，到日常的维护与保养，到标示、挂牌、宣传、教育以改善文化遗产生存的人文与自然环境等预防性保护等等。总部设在罗马的国际文物保护修复中心（ICCROM）曾经系统归纳和发布过造成文化遗产损毁的上百种自然和人为因素，而文化遗产保护工作总起来说就是要系统去除这些因素。这个过程中，不仅需要社会更多方面的关注和参与，同时也应为社会参与尤其是非专业部门和人士的参与提供更多的渠道、手段以及引导和指导。因此，在文化遗产保护与传承的实践上，应该探索包括政府、部门、单位、专家、公民及其它相关的社会力量多元主体的保护与多种层次的保护；要探索管理性保护、规划性保护、技术性保护、养生性保护等多种保护实践的结合，尽可能全面地减少遗产面临的自然与人为的破坏性因素。对这多元主体、多种层次和多种方法的保护与传承，更需要科学的规范引导与协调管理。

第三，价值上要实现以人为本的保护与传承。文化遗产是因人而产生并具有其存在价值的。文化遗产和人的关系是相互依存、相互影响的。考古学研究强调从物（即文物，文化遗产）见人，文化遗产与人的关系，是评价文化遗产价值的尺度，而对文化遗产的传承与弘扬也主要是指其所荷载的价值，保护遗产本体的目的是为了保护价值的载体。对非物质文化遗产的保护中，一个主要的手段就是传承人的保护，因为在这里，人和遗产本体是直接结合在一起的。对文化遗产保护来说，离开人，一切都无从谈起，保护更是为了人的保护，是为了提升和满足人的多层次的文化与社会需求，保护的最终目的是为了传承，通过人来传承并进而实现人的提升和发展。因此，在文化遗产保护与传承的各个环节，都应该首先考虑到人的因素，包括古人、今人和后人。对于文化遗产，要从人出发进行价值挖掘，遗产研究与价值评估中要从物中见人；要和人关联起来进行保护，因为遗产活在人中，活在社会中，专家是遗产的医生，公民是遗产的主人，社会文化是遗产生存的环境；非物质文化遗产要关注传承人的保护；当前在文化遗产保护与传承工作中尤其要注重探索关注民生的保护与遗产事业的可持续发展问题。文化是人超越肉体的适应和生存方式，是人体的延伸，尽管文化遗产也像人一样，不可能永恒存在，但是，如果和人联系起来看待文化遗产，让文化遗产的存在具有人一样的尊严，具有社会价值，受到科学、合理、人性的对待，文化遗产有限的存在才谈得上是有意义的存在。

2009 年度的全国文物局长会上，国家文物局单霁翔局长高度赞扬新疆坎儿井的保护案例。曾经在新疆人民生活生产中发挥重要作用的上千条坎儿井，由于社会与环境的变化及各种干扰，很多已经受到毁坏或者废弃，而其实在新疆干旱少雨的环境下，它们本来是可以继续发挥作用的一种技术和设施。为此国家启动了坎儿井的保护计划。但是水利部门的保护与修复方案因对坎儿井的遗产本体破坏太大而难以被接受，文物专家的保护修复计划则价格高昂，工期缓慢。新疆的文物部门创造性地启动了国家资助下的社会参与的群众自救性坎儿井抢救修复计划，并举办坎儿井维修传统工匠培训班，指导工匠在传统技艺修复中引进文物保护的理念和做法，不仅将坎儿井的维修保护成本从原来的数百万降低到数十万元，而且为当地群众提供了工作机会，为改善当地生活生产用水与经济发展创造了条件，同时也保护和传承了坎儿井的民间维修保护技艺。应该说，坎儿井的项目就是一个综合保护与传承的成功案例。

在当今的多元文化和多元社会中，文化遗产和社会发展的关联越来越广泛也越来越深入，文化遗产保护与传承工作就需要与社会经济的发展统筹协调，而只有当文化遗产保护真正能够惠及于民，人民真正成为文化遗产的主人时，保护与传承的社会环境会更好，途径和办法也会更多。

原刊《学习时报》2009 年 9 月 1 日。文化遗产的保护与传承离不开社会文化背景与文化主人的认知及参与，本文试图从系统性、生态性层面探讨多元主体。多种层次和多管齐下的文化遗产保护与传承的可能性，并名之为“综合保护与传承”。

人类的世界遗产事业：30 年的漫漫路

一

在一个一体化趋势明显加强的时代，丰富多样的世界遗产——体现了地球和生活于此的人民的历史，构成了人类共同的记忆。然而由于自然与人为的双重原因，它们面临越来越大的威胁，究竟应该怎样合理地保护它们？答案是：不同的国家和地区、政府、人民、专业人员和社会各界应该携起手来共同行动。1972 年 10 月 17 日至 11 月 21 日联合国教科文组织在巴黎举行第十七届大会，会议于 11 月 16 日通过了《保护世界文化和自然遗产公约》，至今已经整整 30 年。

公约主要是通过倡导共同保护的理念、提出标准、将重要的自然与文化遗产列入名录、对已经列入名录的遗产进行跟踪观测并将受到威胁的列入濒危遗产名录、提供遗产保护的技术咨询和国际援助等方式，推动世界遗产的保护事业。

从《保护世界文化和自然遗产公约》加入国家的数量、它所倡导的理念被接受的程度及其所发挥的作用等各个方面来看，这无疑是最为成功的世界公约之一。它为集体保护具有突出的普遍价值的文化和自然遗产建立了一个根据现代科学方法制定的永久性的有效制度，并使其成为全世界最普遍接受的关于文化与自然遗产保护的法规、理念、行动框架和实施工具。

二

今年的11月16日是世界遗产公约通过30周年的纪念日。联合国教科文组织准备以“用新技术拯救人类共同遗产”为主题，并通过拯救具有独特普遍价值的遗址、景观和文献的系列活动来进行纪念这一人类文化发展史上的盛事。

毫无疑问，《保护世界文化和自然遗产公约》是目前最为成功的国际公约之一，迄今，175个国家加入了公约，125个国家有遗产被列入名录，遗产总数达730处。不仅如此，公约已经成为被全世界普遍接受的关于文化与自然遗产保护的法规、理念、行动框架及操作工具。

尽管如此，人类共同的遗产面临的危险也是空前未有的。有迹象表明，环境灾难和自然腐化已经不再是遗产遭受破坏的主要原因，目前遗产面临的主要危险乃是来自人类自身：战争、盗窃、污染、拙劣的旅游开发、不适当的规划与建设。在一个经济、社会和文化正处在大变革的时代，许多遗产和周遭环境在成千上万年中达成的平衡状态一夜之间不复存在，遗产自身也因此变得岌岌可危。此外，在20世纪之末，在阿富汗这样的古老文明之邦，仍然发生了企图通过毁灭巴米扬大佛、销毁民族传统乐器等荒唐的行为来禁绝人们思想的自由。

现在，730处世界遗产中有33处世界遗产被列入濒危遗产名单之中。还有 100 多处遗产地同样处于十分危险的境地。诚如联合国教科文组织总干事指出的那样，对于世界遗产这样的垂之千古的人类宝贵财富，必须从被动保护转为积极预防，政府、地方官员、商业界、当地民众和国际社会必须携起手来共同行动，决心、团结以及更广泛的保护手段必须被调动起来。

为了纪念《保护世界文化和自然遗产公约》通过 30 周年，联合国教科文组织特意将 2002 年定为“文化遗产年”，就是为了唤起世人对世界遗产的理解与珍惜，并同时计划围绕高科技特别是媒体信息技术与遗产的传播保护这个主题开展系列的活动来促成这一目的。

其中，联合国教科文组织与加利福尼亚大学伯克利分校的视觉设计中心计划在世界不同地区的 7 个城市策划 7 次互动性会议，归结为“数字化时代的世界遗产”，于 10 月 16 日在法国参议院隆重推出。

从 10 月中旬到 11 月中旬，会有来自不同领域的人聚会在亚历山大、北京、达卡、墨西哥、巴黎、斯特拉斯堡等著名的遗产富集的现代化都市，探索怎样将最新的信息和通讯技术应用于遗产地的管理。联合国教科文组织总干事和法国议长亲自参加在法国总会场的开幕式。大约 250 名来自世界遗产界的官员、专家围绕“选举代表与世界遗产：地方化对遗产保护与管理的挑战”（“Elected Representatives and World Heritage：Challenges of Decentralization”）交换了他们各自的观念、信息和经验。

与此同时，还有两个会议将同时在亚洲和非洲举行，一个是在塞内加尔达卡的“在非洲进行世界遗产教育”；一个是在中国北京，亚太地区的专家们将聚集一起以“建筑与世界遗产”为主题进行交流与研讨。

在阿拉伯地区和欧洲也将举行同样的活动。埃及的亚历山大图书馆举行的“亚历山大论坛”，主题是“遗产管理与绘图：地理信息系统与多媒体的应用”（“Heritage Management and Mapping：Geographical Information Systems（GIS）and Multimedia”），集中探讨如何将包含有遗产地的数据库系统转化为多媒体的地图，从而为城市发展和遗产地的规划管理提供切实的帮助。

此外，10月21–24日，由联合国教科文组织主持，在法国还将举行“巡视遗产的大河：危机与风险的文化管理”，来自亚马逊、多瑙河、恒河、印度河、卢瓦尔河、湄公河、尼日尔河、尼罗河、奥得河、莱茵河、长江等孕育过古老文明的大河盆地的代表们在实地考察欧洲葡萄牙、奥地利等遭受过损坏的历史建筑、文化景观和博物馆后，将共同探讨用新技术来分析、预防和管理河流泛滥对文化财产的危害问题并试图形成一种应对的共识。

11月份还有两个相关的会议，一个是在法国斯特拉斯堡由联合国教科文组织副秘书长主持的题为“空间技术与遗产保护”(Space Applications for Heritage Conservation)。目前已经有地方采用卫星观测自然遗产——比如非洲大猩猩生存之地，今天新一代的卫星技术已经可以用于监控对建筑的破坏和对遗址的盗掘。这次会议的目的就是探讨这些技术应用的可能前景及其费用。另一个是在墨西哥，来自国际、国家和地区等不同层次的代表将以“遗产管理与历史城市：综合利用与社会平等的规划”（Heritage Management and

Historical Cities：Planning for Mixed Use and Social Equity）为题，研讨目前世界遗产中大约200余处历史性文化中心都面临的旅游和土地资源紧缺的困扰。良好的城市规划是解决这一问题的主要办法，而地理信息系统GIS因为可以有效地分析人口密度、地价、基础设施等方面的信息，无疑是一种城市规划中予以运用的有效工具。

在纪念活动中，视觉艺术将发挥关键性的作用，各地将举行各种各样的展览，向人们介绍遗产的多样性及其艺术价值。媒体特别是互联网将在有关信息的传播中扮演主要角色。

三

中国于1985年12月12日成为缔约国，同年12月22日，经全国人大6届13次会议审议批准加入该公约。

中国1987年加入《保护世界文化和自然遗产公约》，并正式开始申报世界遗产。

1987年12月，万里长城、北京故宫、秦始皇陵及兵马俑、敦煌莫高窟、周口店北京猿人遗址被列入世界文化遗产。

1987年12月，泰山被列入世界文化与自然双遗产。

1990年12月，黄山被列入世界文化与自然双遗产。

1992年12月，九寨沟国家级名胜区、黄龙国家级名胜区、湖南武陵源风景区被列入世界自然遗产。

1994年12月，西藏布达拉宫、承德避暑山庄及周围寺庙、曲阜孔庙、孔府及孔林被列入世界文化遗产。

1996年12月，江西庐山风景名胜区被列入世界文化与自然双遗产。

1996年12月，峨眉山－乐山风景区被列入世界文化与自然双遗产。

1997年12月，云南丽江古城、山西平遥古城被列入世界文化遗产。

1997年12月，江苏古典园林被列入世界文化与自然双遗产。

1998年11月，北京天坛被列入世界文化遗产。

1999年12月，重庆大足石刻、福建省武夷山被列入世界文化遗产。

2000年11月，青城山和都江堰、洛阳龙门石窟、皖南古村落、明清皇家陵寝被列入世界文化遗产。

2001年12月，云岗石窟被列入世界文化遗产。

在1991年缔约国第11次大会，中国首次当选为世界遗产委员会成员。

1992、1993年的世界遗产委员会上两次当选为副主席。

1999年10月29日，中国再次当选为世界遗产委员会成员。

目前，中国的世界遗产总数已达29处，位列世界第三。为了加强世界遗产的申报、管理和保护工作，2002年国务院授权国家文物局设立了世界遗产处。

四

最早的缔约国是美国（1973年12月7日），1974年，埃及、保加利亚、伊拉克、苏丹、阿尔及利亚、澳大利亚、扎伊尔、尼日利亚、尼日尔等9国也相继成为缔约国。

自1978年第一批《世界遗产名录》共12个项目问世，到2002年6月的24年中，缔约国中的125个国家或地区的

730个项目已列入《世界遗产名录》。其中，文化遗产563项、自然遗产144项，文化和自然双重遗产23项。

世界遗产公约的标志象征着文化遗产与自然遗产之间相互依存的关系。中央的正方形是人类创造的形状，圆圈代表大自然，两者密切相连。这个标志总体呈圆形，既象征全世界，也象征着要对这些人类共同的遗产必须进行保护。

原刊《中国文物报·遗产周刊》2002年11月1日创刊号

中国世界遗产事业的 2003 年
——反思世界遗产保护、管理、经营的若干问题

一

2003 年对中国的世界遗产事业来说是不平静的一年。原定在中国苏州召开却因为非典事件而移师法国巴黎的世界遗产大会将全国性的世界遗产热热到了一个前所未有的高潮；云南“三江并流”入选世界遗产，北京明十三陵和南京明孝陵也被作为“明清皇家陵寝”扩展项目列入世界遗产名录；古琴艺术成功入选人类口头与非物质遗产，遗产概念在迅速扩展；中国民族民间文化遗产保护工程正式启动……这一年也发生了一系列与世界遗产有关的争议性事件，保护与开发利用的矛盾仍在继续，学术界围绕世界遗产的管理体制展开了激烈的讨论等，都说明中国的世界遗产意识在空前觉醒——中国的世界遗产事业正处在一个重要的关口。

对中国人来说，2003 年是一个不折不扣的世界遗产年。

2003 年新年的第一天，为配合原定于 6 月 29 日至 7 月 5 日首次在中国苏州召开的第 27 届世界遗产大会（原称世界遗产委员会年会，在中国被社会各界和媒体升级为世界遗产大

会，这里权且用之），国家博物馆的“神州风采——世界遗产在中国”大型图片展览亮相京城。虽然因为非典的原因第27届世界遗产大会临时移师联合国教科文组织总部巴黎，但是经过长期的酝酿、蓄积，中国各地对世界遗产的热情还是被烧到了高潮。巴黎的大会上，中国云南“三江并流”自然景观如预期的那样顺利入选世界遗产，北京明十三陵和南京明孝陵也被作为“明清皇家陵寝”扩展项目列入世界遗产。这届大会同时决定，2004年度的世界遗产大会将破例再次安排在中国苏州，以满足这个文化遗产大国的期盼。因此，国人对于世界遗产的热情在加长的时段里被持续地增温。

继2001年昆曲入选首批“人类口头和非物质遗产代表作”在中国引起了强烈的反响，2003年11月7日中国的古琴艺术又成功入选第二批人类口头和非物质遗产。尽管非物质遗产两年才评选一次，但却是联合国教科文组织继世界文化遗产和世界自然遗产项目之后的又一重大举措，标志着遗产概念的不断丰富与扩展，在世界范围内对无形文化遗产的抢救与保护已受到高度重视，到目前为止，两批共列入名录的此类遗产全世界已经达到47个。

借助申遗东风，这项新的工作在中国也受到了空前的重视。2003年2月19日，中国民间文化遗产抢救工程在人民大会堂宣告启动。此工程已被列为国家哲学社科重点实施项目，并作为正在启动的“中国民族民间文化遗产保护工程”的分支工程。该工程预计将用10年左右时间对中国的民俗、民间文学、民间艺术进行地毯式的普查。著名作家冯骥才说，这个抢救计划的目的是给后人留下一个完整的家底。季羡林、于光远、启功等近百位中国当代著名学者和专家在《抢救民间文化遗产呼吁书》上签名，表示对这项工程的支持。经文化部授权，“中国民族民间文化保护工程国家中心”在中国艺术研究院正式挂牌成立。这是我国唯一一家专门从事中国民族民间文化遗产抢救与保护工作并负责向联合国教科文组织申报非物质世界遗产的专业机构。目前已先后有包括宁波“梁祝文化”、少林功夫、广东粤剧粤菜、秦腔、汉剧、越剧、纳西古乐、满族“说部”、南京云锦等几十种民间文化项目申请进入文化部“人类口头和非物质遗产代表作”申报名单，而且不同的地方之间还出现了申报同一项目的激烈竞争。

2003 年初的 1·19 大火中，世界遗产地武当山遇真宫最有价值的三间主殿共 236 平方米建筑在不到 3 个小时的时间内化为灰烬，周边文物也受到不同程度的影响。这场大火起因于租用大殿的武术学校学员的不当用电，预示着这一年同时也是中国世界遗产的多事之秋。引起各界广泛关注的与世界遗产有关的相关事件还包括：

四川东方佛都公司开发建设的东方佛都主题公园，按照 1:1 的比例在世界自然与文化遗产地乐山大佛－麻浩崖墓保护区域内复制高 37 米的被阿富汗塔里班武装毁坏的巴米扬大佛。该公司对外声称要在乐山大佛旁边建立一个真正的现代东方佛都，计划复制的大小佛像共有 3000 多尊；

还是在四川省，都江堰管理局拟在距离都江堰水利工程鱼嘴分水堤 1300 余米、世界遗产核心区 350 米处修建高约 23 米、宽约 1200 米的杨柳湖水库大坝。杨柳湖大坝一建，不但都江堰附近的千年景观将彻底改观，千年古堰本身也将面临严重威胁。虽然论证过程中反对建坝呼声强烈，但是管理局仍坚持继续上马，直到 2003 年 8 月 29 日，四川省政府否定了杨柳湖电站建设项目，被遗产界称为“都江堰保卫战”的行动告一段落；

7 月份，南京明孝陵为庆贺申报世界文化遗产成功连续三天向市民免费开放，为一睹“世界文化遗产”的风采，近 30 万游客拥向范围不大的明孝陵，陵园区域人山人海，人数创下历史之最。许多游客爬上墓道两旁的古石像留影纪念，历经 600 多年沧桑的古石像在庆贺声中痛苦地呻吟。时隔不久，一条公路又要穿过孝陵的墓道，有关部门决定让墓道上的石像生搬家让路，引起各界侧目。有媒体以《何苦要申报一个世界遗产来糟蹋？》为题，公开表达自己的愤怒；

世界遗产大会举办地苏州博物馆新馆馆址因为与世界遗产有关，也引起了广泛的关注。2001 年，苏州的有关方面决定把将拟建的新的苏州博物馆馆址选在与世界文化遗产、著名古典园林拙政园和全国重点文物保护单位太平天国忠王府毗邻的苏州古城北部历史保护街区，并委托建筑大师贝聿铭负责新馆设计。尽管设计方案承袭了苏州水乡古城粉墙黛瓦的基本风貌，整体布局上巧妙地借助水面，遵循“不高不大不突出”的原则，力求与拙政园、忠王府融会贯通，但消息传出，仍然引起一些专家的强烈反对和广泛关注。但是最后有关方面还是批准了原来的建馆选址及设计方案，现在已经正式破土动工。

周口店北京猿人遗址的问题已经是一个多年的老问题，遗址被发现 70 年间，尤其是近 10 年来，关于遗址本身的安全和保护问题一直被反复提及，但表述都是宽泛的“由于自然风化雨水冲击等原因，存在坍塌危险”。更关键的问题是与其它的世界遗产地形成的鲜明对照：尽管这里距离北京市只有咫尺之遥，但这里常年游人稀少，门可罗雀，是目前中国所有已入选世界遗产地中游客最少的一处，保护没有资金，环境污染严重。去年北京市和中国科学院决定对遗址进行共建共保，尽管仍然困难重重，今年又进行了历史上首次大规模地质病害调查，11 月结果出来：核心区 8 处遗址中的 7 处，共存在 21 处险情，其中 13 处病害程度为“特别危险”。这次病害调查量化险情，有关方面将在此基础上制定遗址的新的保护方案。

与这些具体问题相伴随的，是普遍的世界遗产地开发建设热。

比如在都江堰地区，19 个重点旅游项目的建设将在 2005 年 6 月前完成，总投资达 29.23 亿元，33 个重点旅游项目面向全球招商。都江堰旅游局宣称，从今年到 2007 年的 5 年时间里，都江堰 – 青城山旅游区将重点打造“中国西部生态休闲度假第一城”。这项工程总投资达 94.12 亿元。

云南的丽江已经大大地尝到了遗产旅游的甜头，但是也许它也最能够代表中国世界遗产地具有普遍性的时下心态和未来命运。下面一段文字引自一篇网上匿名网友的文章：

“天生丽江，投资福地”——一大型广告牌高耸在机场路上，格外醒目。今年的丽江，一直沉浸在招商引资的热闹气氛中。2003 年上半年，项目协议总投资高达 146.9 亿元。紧挨古城，以“恢复和开发古城商业文化”为名，修建一个规模宏大的仿古建筑风格的商业旅游城，已经成为丽江项目开发的流行模式。今年 3 月，丽江市政府重新制定的《丽江市关于进一步扩大对外开放、加快发展、实现第二次创业目标的若干优惠政策》，明确规定对农业及生物资源产业开发、工业及公益项目实行零利润、低成本供地等措施。并组建市级土地收购储备中心，要求“把土地作为招商引资的重要手段，大胆招商引资”。

网友描述的那块广告牌子我也曾亲眼看到，当时心里掠过的是昆德拉的书名《生命中不能承受之轻》，我在想这是不是最新版本的圈地运动？干嘛什么投资都要蜂拥丽江？丽江这块风水宝地到底能承受多少这样的开发，以及应该怎样开发？

当然，广泛的关注同时也意味着对世界遗产问题普遍的思考和探索。专家学者的思考更系统也更有深度。数度看到类似世界遗产论坛之类的研讨集会，也看到若干在精美图录之外的文集和专著，更多的是媒体关注，一些刊物在世界遗产之年纷纷编辑关于世界遗产的特稿特刊。特别需要提及的是两本关于世界遗产的大型刊物——中华书局的《中华遗产》和中国文物报社的《中国文化遗产》正在筹备，现在的说法是2004年一定按时出刊（按：现在果然都已出刊，都是全彩印的精美刊物）。

一些大学纷纷设立世界遗产研究中心甚至专业，而更大的举措来自于世界遗产地的觉醒与自律，来自于政府有关部门的高度重视。

3月份，21家世界遗产地在四川都江堰共同发起成立了世界遗产工作委员会，长城、颐和园、天坛、九寨沟、都江堰、苏州园林、丽江古城等都是委员会的成员单位。这个组织的宗旨是加强对我国世界遗产地的保护、规划、建设和管理，并为国内外世界遗产地、联合国教科文组织世界遗产中心、国际上相关保护组织提供多种形式的科技与信息交流。

继2002年5月文化部、国家文物局、国家计委、财政部、教育部、建设部、国土资源部、国家环保总局、国家林业局联合发出《关于加强和改善世界遗产保护管理工作的意见》之后，国家几个相关部门由国务院研究室牵头进行了有关世界遗产保护、利用与管理的系统调研，为世界遗产保护管理体制的改革寻求对策。

反思2003年这个世界遗产年引起的世界遗产热绝对不是坏事情。虽然因为“热”带来了很多新问题，但更多的一些问题是长期存在，日积月累起来的，因为“热”、因为更多的人开始关心，它们终于浮出了水面，并开始受到更多方面、更多人的理性审视。关心总比漠不关心要好，学术界与媒体能够围绕世界遗产问题展开讨论是好事情，各地各种各样的行动也好，政府的调研也好，事业历来都是在不断遇到问题、解决问题中前进的，这些比将头埋在沙子里一味地回避问题要好。

二

中国政府历来重视世界遗产的申报与管理工作，为了世界遗产的申报和保护进行大规模的拆迁、维修和投资。作为回报，世界遗产也对旅游等地区经济的发展起到龙头式的拉动作用，并成为社会全面协调持续发展的一支重要的平衡力量。但无可否认，在社会转型时期，一些地方政府过于注重经济政绩，各种与世界遗产相关的利益主体的关注焦点不同，利用与保护的矛盾十分突出。中国的世界遗产保护、利用与管理仍然面临着很多的问题。

我国于1985年加入《保护世界文化和自然遗产公约》

后，党和政府高度重视世界文化遗产申报与保护管理工作。截至 2003 年，我国列入世界遗产名录的遗产地共 29 处，其中世界文化遗产 22 处，自然遗产 4 处，自然文化遗产 3 处，是位列西班牙（36 处）、意大利（34 处）之后的世界遗产第三大国。

为了申报世界文化和自然遗产，同时也为了保护世界遗产，一些地方付出了相当大的努力。武夷山、龙门石窟分别花费 1 亿多元拆除各种破坏遗产地景观的建筑；庐山、峨眉山、武当山等也都曾为此花费了上千万元；承德为了保护避暑山庄的周边环境将山庄围墙附近的上万间新房子拆除；青城山－都江堰为了确保申报成功，不仅拆了大量非遗产经营性建筑物和构筑物，还对古迹进行修复，单是修葺费用就超过 4 亿元，都江堰市还为此拿出 2.2 亿元拆除了有碍古迹风貌的商业建筑……

我国丰富的文化、自然遗产，不仅是古老文明、壮丽山河的象征，更是社会发展的重要资源。除了旅游等直接的门票收入之外，文化遗产、自然遗产所带来的边际效应非常巨大。文物遗产是中国旅游业发展的最重要的景观要素，中国的世界遗产的一个显著特点是文化遗产多，而自然景观与人文景观的有机结合几乎是中国的世界遗产的独家特色，有专家认为中国文化道法自然的哲学思想使双重遗产的数量没有任何国家可以与我们相比，应该努力通过对世界遗产运动的参与，应该对遗产观念、人与遗产的关系及世界遗产运动作出具有中国特色的贡献。据统计，2002 年中国旅游业总收入达 5566 亿元，国内旅游人数达 8.78 亿人次，入境旅游人数达 9781 万人次。如果没有丰富的历史文化遗产资源，这样的旅游业绩几乎是无法想象的。有关的国际组织预计，在 2025 年左右，中国可能会成为世界第一旅游目的地大国。

我国世界遗产的另外一个特点是遗产地基本上都具有国有化属性，属于社会公共资源，由政府实施保护并进行管理有很便利的条件。因此我国世界文化遗产的保护与管理主要实行政府宏观指导，属地管理，具体机构负责的体制。大多数世界遗产地以文物保护单位、风景名胜区和历史文化名城为主体构成。根据《中华人民共和国文物保护法》、《风景名胜区管理条例》等法律法规的规定，我国的文物保护单位、风景名胜区实行属地管理。由于大部分世界遗产都具有重点文物保护单位、国家级风景名胜区等双重身份，所以事实上也都是实行属地管理的制度。从保护机构的性质看，有具有政府性质的特区、管委会等，如武当山特区、八达岭特区、峨眉山管委会、泰山管委会，也有政府行政部门所属国有事业单位，如故宫博物院、天坛、颐和园、大足石刻等的管理部门，也有政府所属或民营的经济实体，如黄山管委会、大同云冈旅游开发有限责任公司、北京中坤公司经营的安徽省黄山市黟县宏村、村委会管理的西递村等。从保护机构的级别看，则有隶属于省、市、县不同级别政府管理机构的多种情况，甚至有乡村一级管理的。

根据《保护世界文化和自然遗产公约》的规定，缔约国家有义务采取必要的法律、科学、行政和财政手段以保护其遗产，我国作为该公约的缔约国，在这个方面做出了庄严的国际承诺。但是，目前我国每年花费在世界遗产管理和保护上的费用非常少，用于遗产保护的投入严重不足，给世界遗产的保护工作带来很大的障碍，特别是在文物保护、安全防护设施、科研工作和环境保护等方面存在较大差距。有些世界遗产地，缺乏基本的文物保护措施与制度，安全防护手段落后甚至根本不存在。有许多世界遗产地的管理机构，缺乏基本的科研条件和专业人员队伍，无法对世界遗产进行有效的管理、保护与研究。

同时，由于世界遗产的巨大名片效应，在入选世界遗产名录后，许多世界遗产地的知名度大大提升，无形资产价值迅速升值，也为当地带来旅游和投资等直接的经济效益。如山西平遥、云南丽江等，在申报遗产前后其旅游经济收入的差别非常明显。前述的南京明孝陵，仅仅因为入选遗产，加上媒体炒作，立即就人满为患，好像入选之前和入选之后真有什么大的不同似的。这些现象在一定程度上刺激了地方政府对申报世界遗产、开发以世界遗产为旅游资源的旅游项目的热情。许多世界遗产地的收入以门票为主，也有少量遗产地通过上市进行融资。对世界遗产的开发利用，无疑给世界遗产地带来了新的经济增长点。然而，与对社会发展、国家经济发展的巨大贡献率相比，世界遗产地的门票和通过直接开发产生的经济效益通常是非常微不足道的，文物、自然资源对于产业与社会发展的贡献往往是隐性的，对于它的直接开发，尤其是破坏性的开发利用，往往会造成对它的边际效应的严重破坏。而由于管理体制等方面的问题，即使是门票这部分直接收入，也往往被作为地方财政收入以及相关开发公司的收入和利润挪作它用，能够投入到遗产保护与科研方面的资金非常有限，根本无法满足世界文化遗产保护与可持续利用的需要。

因此，尽管就国际范围来看，目前世界遗产所面临的主要威胁除了自然灾害，还包括人为因素，其中比较突出的人为因素还包括战争、地区和国内冲突、大型工程和大众旅游及其失控的旅游开发等，而我国由于目前正处于社会转型、遗产地价值刚刚开始被发现和认识、经济开发和旅游业正方兴未艾之时，遗产地面临的最大威胁则是掠夺性开发和建设性保护，而隐藏在两者背后的，则是遗产价值与理念认识方面的严重错位，具体可以概括为以下几个方面：

1．偏面追求经济效益，过度开发，超常利用

北京大学的谢凝高教授将我国大多数自然文化遗产地的情况总结为失控的旅游开发，尤其是错位的、超载的旅游开发，造成不少遗产地的景区人工化、商业化、城市化程度严重，而遗产自然度、美感度和灵感度严重下降。他一针见血地指出，一些遗产地正在被变成吃喝玩乐的游乐场[1]。

2．认识混乱与违规经营

尽管全面协调可持续的科学发展观早已深入人心，但是经济成就往往被当作目前地方政府最重要的政绩。世界遗产本身所具有的巨大“名片”效应，很容易使一些地方政府更加关注其带来的经济效益，忽视世界遗产价值的多重性和丰富性，特别是荷载世界遗产各种价值的遗产地的原真性、完整性以及生态系统的协调性，以及世界遗产的不可替代性和不可再生性，片面追求经济效益，进行过度开发。有些政府部门在为遗产地制定的工作标准与各项评选活动中，将为游客提供的交通、游览、安全、卫生、邮电、购物等服务设施

1 谢凝高：《自然文化遗产的最大威胁：失控开发》，《江南时报》2002年7月2日第24版。

的建设远远置于对遗产本体及周边环境的质量保护之上，即便遗产受到某种程度的破坏、污染，自然度、美感度和灵感度严重下降，但是只要肯在服务设施方面花大气力，遗产地的工作与服务仍然可以获得先进、星级等称号，完全是本末倒置。一个典型的例子是世界遗产地黄山的各项管理工作都通过了ISO质量管理体系认证，但是由于遗产管理在目标与使命定位上的错误，仍然面临着许多无法克服的体制问题，有关专家在考察评估之后仍然认为遗产资源质量严重下降[1]。

有些地方决策者与开发商违规开发，规划与建设脱节，领导指令代替科学决策，被专家形容为“先上车，后补票”，“先建设，后规划”，“先破坏，后整治”，最终是造成对遗产地的错位开发和超载开发，建设性破坏变本加厉，造成无法挽回的损失。更有一些地方为了加快开发，谋求地方性、局部性利益，权力部门出让遗产所有权和管理权，把遗产当作一般性土地低价出租或转让给开发企业，把国家遗产的“经营权”转让，甚至将整个景区交给企业管理，将“羊”交给“狼”管理，结果是竭泽而渔，遗产地资源破坏，“三化”问题愈演愈烈。

遗产保护的千百年大计，让位于一些地方干部三五年任期内的所谓建设成果和“政绩”以及经营企业的收益。因此有关专家呼吁：莫让世界遗产变成世界遗憾。

3．基础工作差，安全保护措施不健全

有些遗产地或者因为缺少保护资金，消防设施老化，设

1 徐松龄：《黄山：面临挑战，需要更新》，载《第三国策：论中国文化与自然遗产保护》，科学出版社，2005年。

备不完备；或者因为缺乏专职和专业人员，管理不到位，相当一部分遗产地安全设施基础建设差，火灾隐患严重。一些遗产地尽管有较高的经济收入，但是因为多头管理或者企业化经营，经营者不愿意对安全设施特别是永久性的安全基础设施进行投资，使遗产地在高负荷、不安全的情况下向游客开放，如庐山的全国重点文物保护单位美庐为旅游公司管理，在山上诸景点中观众最多，内部的电线却安装极不规范，为游客和遗产本身留下安全隐患。再比如作为世界遗产地安徽民居的西递村和宏村，环境条件相似，西递村在当地政府的管理指导下，安全管理措施到位，而宏村由北京一家公司承包经营管理，则没有进行消防供水设施的建设。

此外，由于人力、物力、财力甚至技术手段等方面的局限，不少遗产地的文物古迹日常维护和保养工作也欠账很多，在自然与人为因素的影响下，一些遗产地的文物古迹岌岌可危。

4. 重申报轻管理，法规与公约意识淡漠

许多地方热衷于申报世界遗产，为了申报成功或者获得申报资格，宁肯花大气力、大投入整治环境，改善条件。但是申报成功以后，当地政府往往热衷于利用世界遗产的名片追求短期的、轻易的经济效益，希望通过发展旅游来拉动经济，相应的管理和保护工作往往没有跟上，整体的管理水平差，一些行政措施（特别是某些破坏性建设行为）的决策具有较大随意性，反而加速了遗产地的掠夺性开发、建设性破坏，与申报时的整改承诺和保护规划相违背，造成很大的资源浪费与破坏，有些已经造成无法挽回的损失。一些专家将其概括为“重申报，轻管理，重利用，轻保护”，“开发建设是成绩，拆除整治也是成绩”，翻来覆去地折腾。

另外，对世界遗产的跟踪监测是世界遗产工作的重要组成部分，《保护世界文化和自然遗产公约》要求应该根据国际公认的遗产保护准则对各个世界遗产地的保护状况定期进行严密细致的检查、审议和评估，向世界遗产委员会提出详尽的报告。我国的实际检测工作缺乏有力的协调机制甚至完全缺位，很多问题和隐患不能及时发现，往往是出现问题被曝光之后才采取纠正措施，亡羊补牢，既浪费资源也破坏遗产。目前，已经有数处遗产地受到联合国教科文组织的点名批评，若干遗产地已经面临被联合国教科文组织警告和将被列为濒危世界遗产名录的境地。

联合国教科文组织驻京办事处的前任文化官员木卡拉先生表示："出于对中国'世界遗产'的热爱，我个人建议中国暂缓申报'世界遗产'。"他向记者介绍，与欧洲一些国家不同，目前中国在"世界遗产"保护方面还没有专门的管理机构，许多内行的专家也没有对遗产进行管理和保护的权力，甚至没有建立发表意见的机制，使得现在对"世界遗产"的利用更多地趋向于以实现经济效益为目的。

三

加入《保护世界文化和自然遗产公约》和申报世界遗产的根本目的，就是为了在国际水准层次上进行保护与利用的永久课题。对世界遗产的保护、研究、传承、分享与利用方面，我们仍然有很长的路要走，关键是以科学的管理来平衡不同的利益主体、不同的时代对永恒的遗产事业需求，走可持续发展之路。

每一处世界遗产地都是独特的、唯一的，所处的环境和面临威胁的原因也千差万别，但是造成我国世界遗产地以上诸问题的原因却具有某些共同性，分析与归纳起来主要有：

1．对世界遗产及遗产工作的认识不到位

加入《保护世界文化和自然遗产公约》，通过世界遗产的申报和申报以后的相关工作，不仅是要提高遗产地的知名度，为发展遗产旅游事业提供核心性的竞争力，更主要的是推广了遗产本身具有的丰富价值和《保护世界文化和自然遗产公约》所倡导的保护文化与生态多样性、人类文明携手共进等观念。通过参与世界遗产的活动，可以使更多的人能够认识和分享遗产的价值，参与保护遗产的行动，推动文明的进步。以联合国教科文组织《保护世界文化和自然遗产公约》为基础的世界遗产活动——包括评选活动是一项综合性的文化遗产保护工程，入选既是一种荣誉，更是对一种具有普世性的遗产理念、管理与保护准则以及价值体系的认同，是为了将我们对遗产地的管理、保护和利用工作提升到一个更高的水准。

而我们的一些地方却把遗产地主要是当作一种经济资源，将遗产地的管理当作旅游经济区进行开发与操作——有人一针见血地称之为“申报一个遗产来糟蹋”。因此，普遍缺乏现代环境意识、缺乏对遗产地价值的科学认识以及“可持续发展”的觉悟是世界遗产地面临威胁的思想根源。

2．法律法规不健全

对具有复杂的价值体系、多重历史与社会使命的遗产地管理的操作必须建立在科学与法律的基础之上。目前我国尚没有关于世界文化遗产保护的专项法规。作为世界遗产，其整体性的价值不仅仅是文物古迹、风景名胜等的简单加权，特别是不同的遗产地的价值特点没有一个是完全一样的，保护与管理工作更为复杂，而对于不可移动文物、历史文化名城、历史文化街区、村镇、自然保护区和风景名胜区的法律规定，并不能代替对世界遗产的法律规定，所以，我国目前缺乏基本的对于世界文化、自然遗产的立法。同时一些遗产地还没有专门法规和保护、开发利用规划。有的虽然制定了管理办法和规划，也往往不能和有关的国际公约、法律法规、我国的社会经济发展状况及遗产地的价值与管理工作使命很好地衔接，需要在实施时不断予以修订和完善。更为令人担忧的是，即便是这样一些不完善的法律法规在实际操作中也往往得不到很好的贯彻落实。

3．多头管理，体制不顺

按照国家有关规定，目前我国的世界遗产申报工作由文物局和建设部分别管理。而具体的世界遗产地大多由文物保护单位、风景名胜区或历史文化名城为主体构成，目前已全部开辟为公众参观游览的场所，在管理体制上则大多仍然沿袭申报前的风景名胜区和文物保护单位保护与管理方式，近来又新出现企业化经营等新的动向，涉及遗产地管理的部门包括建设、环保、林业、国土资源、宗教、旅游等不同部门，而且中央部门往往只进行业务上的宏观指导，具体管理由不同级别的地方政府实施，普遍存在部门管理和地方各级政府管理条块分割和交叉的多重管理体制，形成管理部门分散、协调机制不健全、政出多门、政府管理职能弱化的现象。少数世界遗产如宏村、西递村，部分古建筑产权属于私人，在现行的法律法规中找不到进行国家行政部门管理的依据。

遗产地管理与经营的首要目标应该是保护和传承，开发和利用必须在保护的基础上合理地进行，但是根据我国的现行体制安排，具体的遗产地管理和经营单位基本上是自负盈亏的事业单位，被赋予了同企业一样的赢利目标。虽然从原则和职能上讲，这些单位应该以保护和传承为主，但是由于经营机制的缺陷，加上在保护目标、质量标准与管理措施等方面存在的问题，比如缺乏标准或者信息不对称，保护的目标也往往容易流于形式，管理单位的经营目标实际上已经变成了以利润极大化为主。特别是在最近泛滥起来的所谓“所有权”与“经营权”分离的名义下，把本属于国有社会公益事业的遗产地转移、租赁给垄断性的企业管理和经营，已经从根本上改变了世界文化遗产地的性质。

总之，由于管理体制不顺，条块分割，不同部门各自关注遗产地不同的价值与工作使命，难以形成共力，一些遗产地内遍布部门宾馆、地区饭店、各类培训中心，争吃遗产肥肉。虽然不少遗产地曾经进行过一些整治，但是往往治标难治本，具体的遗产地管理者无法突破条条系统和块块集团的利益，无法排除地方利益、局部利益的干扰。

后记：世界遗产的认识、保护与管理任重而道远

1972 年诞生的《保护世界文化和自然遗产公约》以及入选世界遗产名录，以及以《公约》为核心形成的世界遗产保护运动，是人类文明进步的重大成果之一。它向人类提出了这样一个关于遗产地的简单而永恒的理念：这些东西不但是当地人的，也是全民族乃至全人类的共同遗产；是今人的，也是子孙后代的宝贵遗产与财富。世界遗产保护运动在全世界的成功，不仅仅是因为有一个公约和公约背后的世界遗产

委员会等组织及世界遗产基金，与我们国内法律体系等比较起来，世界遗产公约更缺乏强制性，世界遗产委员会也没有我们的各级政府部门手中的权力，基金对各遗产地的支持更是杯水车薪，它的成功依靠的正是前述的进步理念，以及围绕世界遗产价值、世界遗产意义的国际性的对话体系。在不断的对话与交流之中，人们传播和弘扬了世界遗产的价值，确立了正确与错误的界限，推动了保护与利用水平的提高。加入《世界遗产公约》和申报世界遗产的根本目的，就是为了在国际水准层次上进行保护与利用的永久课题。对世界遗产的保护、研究、传承、分享与利用方面，我们仍然有很长的路要走，关键是以科学的管理来平衡不同的利益主体、不同的时代对永恒的遗产事业需求，走可持续发展之路。遗产是历史和祖宗留下的，未来的人同样有权力面对这些遗产，同样需要与历史、与祖先进行感情和理智的交流，因此，对于世界遗产，我们只能不遗余力地保护，在守望与传承的同时适当地加以利用。

遗产保护必须坚持完整性与原真性的原则。当代科学技术发展迅速，但是科技手段不能再造遗产，也无法提升遗产的价值。那些千万年而形成的石钟乳，那些人类早期历史的遗痕是造化的鬼斧神工，是特定历史条件下的产物，是过去时代的物证，是人类集体记忆的凭证。来到秦始皇陵，站在兵马俑面前，我们就如同直接面对历史，接通了千万年历史演进的电源，充满对未来的憧憬，这种真切的感受是任何其它媒介都无法替代的。

对遗产价值的认识是一个不断发现、不断添加的过程，这也是为什么世界遗产名录可以不断更新的重要原因之一。

我们必须提高对世界遗产价值与保护管理工作的认识，采取切实的措施纠正遗产保护与利用中存在的问题。

中国的世界遗产事业至今已经有将近20年的历程，面对由世界遗产大会引发的世界遗产热潮，我们应该冷静地思考和分析，在全面建设小康社会的过程中，世界遗产事业如何在世界遗产公约与科学发展观的指导下，发挥更为积极和全面的作用。

原文为《中国文物报》撰写的中国世界遗产事业年度专稿，并提交北京理工大学举办的“2004年世界文化遗产亚洲国际研讨会”。

人类共同的遗产与我们

——中国世界遗产事业 25 周年

1985 年 12 月中国加入《保护世界文化和自然遗产公约》以及 1987 年 12 月包括周口店北京人遗址、敦煌莫高窟、泰山、长城、秦始皇陵及兵马俑在内的第一批中国的文物古迹入选世界遗产时，不仅国人鲜有反应，国内的媒体也几乎没有任何的报道。相对于十几年后席卷中国各阶层的世界遗产热，地方政府动辄投入上亿、十数亿元整治遗产地环境和申遗，变化之巨大的确显得有些不可思议。

变化的不仅是文物考古和文化遗产行业及人们对文化遗产的态度，更重要的是由此而对社会、时代所产生的影响，在人与遗产的相互作用中折射的时代进步。

今年是中国加入《保护世界自然和文化遗产公约》25 周年。25 年了，我们的确应该认真总结一下这件事情、这项事业。文物与文化遗产事业虽然不是当今中国经济与社会发展的主战场，对大多数人来说，它们似乎也不关乎国计民生，甚至对于文化建设来说，也属于边角旮旯地带。但是，反思中国的改革开放，历史显然不能缺少这一笔。世界遗产公约及其所引发的世界遗产运动让国人知道，我们祖宗留下的这些遗产受到全世界的普遍重视；让国人知道，世界其它地方同样还有那么多值得重视的遗产和重视遗产的人——公约让我们知道了文化与自然的多样性。

网上有段话曾经引发我深深的共鸣，特略加修改附录于下：

“在遗产观念的确立过程中，在世界遗产事业的展开过程中，国人打开了一扇独特的窗户，生动、具体地了解了古往今来众多不同文化的知识和魅力，在潜移默化中树立起全球性眼光和多元的文化观。

世界遗产事业促使我们更深入地省思本土文化的特点和价值，更珍惜也更注重弘扬民族文化，藉此，‘激活’了传统在现代的活力，提升了中国的形象和综合国力。

世界遗产事业构成中国改革开放的一个精彩侧面，构成了当代中国走向世界、融入世界的一个侧面。25 年来的世界遗产事业具有无可估量的文化启蒙的意义。”

其实，与《保护世界文化和自然遗产公约》相伴随的文化遗产概念并不是一个新概念，关注人类的历史及遗留的文物古迹在人类文明中有悠久的传统，但是从文化遗产角度思索和处理人类的古代遗产，却开启了人类文化进步的一个十分重要的新时代。我们人类从对古代遗存的简单兴趣（古玩）到学术兴趣（考古），到要将它们保存下来传之久远（文物工作），到全民性的文化遗产运动与文化自觉，要共同面对共同继承和发扬人类历史地形成的顺应自然、协调社会的这些宝贵的智力资源，这期间人类智慧的进步不可以道里计。

这种具有普遍性的文化自觉是最近几十年才兴起的。第二次世界大战之后，科技革命带动工业革命向纵深发展，信息社会初露端倪，人类才有机会在整体历史的视野下思考和梳理自己发展的资源与思路，20 世纪的 60 年代，先是在生态危机的逼迫下环保意识觉醒了，紧接着又在全球化的促使下文保意识也成为世界性潮流。70 年代，《关于禁止和防止非法进出口文化财产和非法转让其所有权的方法的公约》（1970 年）和《保护世界文化和自然遗产公约》（1972 年）分别诞生。这是人类处理自己的文化遗产事务领域的里程碑。中国的觉醒稍晚些，但是如上所述，在世纪之交也分别在环保和文保领域中完成了这种全民性的觉醒。

与个体的道德自觉一样，群体的文化自觉包括两个维度：一是能够客观地认识自己的文化，二是能够客观地认识他人的文化，不仅包括当代共存的不同的人类文化，也包括业已消失的古代文明与文化遗产，它们都是不同时空条件下人类适应自然、协调社会的智慧结晶。做到这两者都很难。如果说我们的文化——各个人类的文化，对作为个体的人即主体本身及其与社会、与环境的关系——即主客体之间的关系，都有相当的认识，已经构筑了相当深刻和系统的主体间性知识和理论，以及相关的信仰、道德、法律等文明成果，那么我们对于作为整体性的适应手段的人类文化本身、尤其是不同文化之间的关系、文化间性等问题则犹如盲人摸象，一直没有找到很好的认识和应对的手段。这不仅是哲学、文化学和实践的问题，也是全球化、地球村时代古往今来各种文化大会面、大碰撞过程中所无法回避的关乎人类的持续生存适应与发展的重大问题。今天，在科技高度发达、人类的行动能力及传播组织能力空前增强的条件下，集体无意识等文化病毒如极端民族主义、宗教原教旨主义、国家至上主义等的煽动性、渗透性与破坏性，已经远远超过历史上个体、阶级、部族等等之间的生存冲突，人类面对着整个物种和整体文化的存亡绝续的历史性选择，而选择的能力则主要依赖于文化自觉与文化建设。

考古学、博物馆学和文化遗产学这几门学科发现、保存、研究和处理人类的古代遗存，早已洞察到无数的文化与文明生生灭灭，直到今天，我们才渐渐探索以文化自觉和科学理性的态度面对这些宝贵的遗产，为全球化时代的文化建设提供宝贵的借鉴，借助人类历史演化的漫长曲线，为未来提供一点观察与预测的基线。

文物、文化遗产是人类恒久的财富，但是我们看待和处理这些东西的眼光、思路却是因时而异并不断更新的。我们先是以科学的态度对待历史，现在又开始让普罗大众一起以科学和理性的态度对待历史的遗产，超越了纯科学的范畴，文化遗产事业不再仅仅是科学家、考古学家、文物保护专家的职业，而成为了一项全民性的事业，成为文化传承与创新的文化建设事业的组成部分。全球化使人类文化进入一个新的纪元。这里边，人类共同的文化遗产概念的确立以及遗产意识的觉醒是非常重要的内容和推动力量。

中国是文化遗产的大国，也是人类多元文化、多种文明重要的主体之一，又在走向全球化的进程中深受文化交流、冲撞的激荡和洗礼，中国文化中的许多基因、元素与价值，历经数千年而不断，呈现出坚韧的合理性，当然应该在人类新文化的建设中提供镜鉴作用或占有一席之地。就中国的文化遗产事业来说，当务之急是在全社会普遍的关注和参与中尽快构筑具有中国特色的文化遗产理论体系，这套体系不仅应该建基于中国特色的文物古迹与传统文化，而且应该在概念表述、价值认知、保护与利用等传承实践方面延续遗产与历史、遗产与环境、遗产与中国人民以及当前社会、经济、文化建设发展的无法割裂的内在关系；不仅应该为那些优秀的历史文化遗产在当代社会中找到安身立命的合理的文化生态位置，还要能够成为促进当代的文化创新与未来的文化建设的有机的宝贵资源。

2010 年 12 月 7 日，曾署名傅斌，刊于《中国文化遗产》2010 年第 6 期。

守望、传承、弘扬、分享：建立新的世界遗产伦理与管理体系

——答《风景名胜》杂志记者问

问：人和世界遗产到底是一种什么样的关系？

答：《中国文物报·遗产周刊》创刊时报眼中有一个固定的栏目——“守望遗产”，每次以图配文的形式介绍一处著名的文化遗产。当初起这个名字时，同事们颇费了一番心思，因为这个栏目虽然内容简单，但是大家都有同样一种共识：既然要长期经营，没有一种理念贯穿其中是没有生命的，于是选择了“守望”二字。我们认为，这两个字很能代表当今我们对待文化遗产的态度——遗产很重要，但并不是所有时代、所有人都会有同样的认识。我们文化遗产的从业人员或者一些先觉者目前所能做的，就是守望——将它们保护下来，并通过相互审视，不断深化对它们的认识。

其实1972年《保护世界文化和自然遗产公约》诞生时就向全人类宣布了一个关于遗产地的简单而永恒的理念：这些东西美吗？重要吗？当然；但是，它不但是您们的，是当地人的，也是我们的；是今人的，也是子孙后代的——它是全人类共同的、值得子子孙孙永宝用的遗产与财富。

人与自然在长期的演化过程中结成了休戚与共的关系。文化和自然遗产就是这个过程中开出的一些花朵，记录着地球和人类演进的过程，入选世界遗产的更是其中的佼佼者，按照《世界遗产公约》的说法，它们具有“突出而普遍”的价值。遗产的价值是一个复杂的概念体系，通常来说，任何一处遗产地都会具有以下几方面的价值：历史价值；审美/艺术价值；科学研究价值；社会价值（其中包括人类的感情认同价值）。对遗产价值的认识是一个不断发现、不断添加甚至是不断变化的过程，这也是为什么世界遗产名录可以不断更新的重要原因之一。当代科学技术发展迅速，但是科技手段不能再造遗产，也无法提升遗产的价值。那些历经千万年而形成的石钟乳或化石，那些人类早期历史的遗痕是造化的神斧鬼工，是特定历史条件下的产物，是过去时代的物证，是人类集体记忆的凭证。来到秦始皇陵，站在兵马俑面前，我们就如同直接面对历史，接通了千万年历史演进的电源，充满对未来的憧憬，这种真切的感受是任何其它媒介都无法替代的。

因此，对于世界遗产，我们只能不遗余力地保护，在守望与传承的同时适当地加以利用——其中欣赏、开展遗产旅游是最主要的利用的形式之一。而既然遗产是历史和祖宗留下的，未来的人同样有权力面对这些遗产，同样需要与历史、与祖先进行感情与理智的交流，因此，遗产保护必须坚持完整性与原真性的原则。

问：评选世界遗产的目的何在？是为了开发和发展旅游业，还是为了保护、保存、展出和遗传后代，如何对它们进行区分和权衡？

答：现代社会商品经济的发展使人们习惯于将一切都当作资源看待。自然与文化遗产却是一种具有公共物品性质的公共资源，不同于一般的物品或商品：它们是独一无二的历史与文化载体，是地球与人类历史发展的见证，它具有时代性、不可再生性和不可替代性，特别是文化遗产还往往具有符号和象征的作用，与人类的文化感情、群体认同具有密切的联系。随着我国遗产事业的发展，这笔丰厚的遗产所具有的价值正逐步得到社会各方的广泛认同。

当然，作为资源的遗产可以被利用，被消费，但是不能被破坏，更不能被“消费掉”。不是所有的资源都必须立即被开发、被利用。对资源的开发和利用同样必须遵守可持续发展的要求，特别是对于遗产这类具有公共性、不可再生性和不可替代性、与人类的历史与未来密切联系在一起的特殊资源。然而，处于经济和社会大变革时期的中国，各种社会利益五花八门，因此人们在处理遗产资源时所看中的价值实际上也是各不相同：专家学者注重其所具有的历史、科学价值，广大的老百姓更欣赏它们的艺术审美价值，而商人则看重其经济上的价值。几种不同的眼光一交织、一打量，遗产的形象也就成为一种神秘的斯芬克斯（古代埃及传说中狮身人面的怪物），因而见仁见智，众所纷纭，遇到问题时对遗产的处理方式、遗产的命运也就各不相同。而一旦将短期的经济效益放在首位，遗产的其他价值就必然被置之不顾，民族、国家和全人类以及子孙后代的共同利益就可以让位于某一小群体的一己之利。

因此，加入《世界遗产公约》，通过世界遗产的申报和申报以后的相关工作，不仅是提高了遗产地的知名度，客观上可以为发展遗产旅游事业提供帮助，但更主要的是推广了遗产本身具有的价值和《世界遗产公约》所倡导的理念。我们可以将世界遗产的评选工作视为加入遗产事业的WTO——它既是一种荣誉，是在更广泛范围内对遗产价值的分享，更是对一种具有普世性的遗产理念、管理与保护准则以及价值体系的认同，是为了将我们对遗产的管理、保护和利用工作提升到一个更高的水准。

通过参与世界遗产的活动，可以使更多的人能够认识和分享遗产的价值，参与保护遗产的行动。我认为应该将以联合国教科文组织《保护世界文化和自然遗产公约》为基础的世界遗产活动包括评选活动，理解为一项综合性的遗产保护工程。其中，遗产的保护是核心，严格科学的管理是灵魂，遗产的价值分享与永续利用是目的。申请加入世界遗产名录是一个漫长而严格的过程：整治环境、准备材料、申报、检查验收、讨论、通过……但是，加入了名录并不就是万事大吉，而是在一个更高的水准上继续保护和利用这一永恒的课题。世界遗产委员会虽然没有管理世界遗产的强有力的行政手段，但是世界遗产活动绝不像现在泛滥的许多评选活动那样只管出卖招牌而已。世界遗产委员会不但会时时跟踪监测入选遗产的状况，并且要求各缔约国切实建立健全保护遗产的法规和机构，定期向其报告入选世界遗产名录的遗产状况，包括蜕变、自然因素、工程建设、变更利用方式和易主等任何潜在的可能性破坏因素。如果这些可能不幸变成了现实，遗产将被列入濒危遗产名录，必须采取保护措施，改变持续破坏的现状，必要时甚至可以申请国际社会的援助。如果保护措施无效，遗产遭受实质性的毁坏，则可以将其除名，取消其世界遗产的资格。

由此我们可以看到，在与不在世界遗产名录之中，最终的结果是什么并不是最重要的，重要的是这是一个不断的保护、管理和持续地发挥遗产作用的过程，在这个过程中确认与实现人与遗产应该具有的那种协调关系。保护和永续利用是千秋万代的大业，就像一场没有终点的接力赛，在哪一个环节上，接力棒都不能松手，否则遗产没有管理好、保护好，前人所有的努力都将前功尽弃，何遑拿遗产来赚钱？

因此，加入《保护世界文化和自然遗产公约》，分享世界遗产的盛名，同时就必须接受挑战，严格按照公约的精神和规矩办事，就必须切实提高对遗产的管理和保护水平，遵守活动的规则。当然最终的结果是遗产会受到更多人的关注，得到更好的保护，充分地发挥了综合效益包括旅游业发展的效益，使遗产的所在地成为最大的受益者。

问：世界遗产的申报成功是保护的开始，然而从我国目前许多遗产地的现状来看，却往往成了破坏的开始。我国目前有很多世界遗产所在地经济十分落后，没有能力更好地保护这些世界遗产。有人提出通过市场化运作，发展旅游业来募集资金，从而达到保护世界遗产地目的。您对此怎么看？

答：成功申报世界遗产、列入世界遗产名录是好事。屡屡申报成功，在我国掀起了世界遗产的热潮，世界遗产地往往成为旅游胜地，更多的遗产地加入到申报行列，据说现在进入候选名单排队的已达到一百多家。在这个热潮中也出现了一些问题，即重申报，轻管理和保护。因此，申报时投入大笔资金进行遗产保护和环境整治，申报成功则往往变成了开发性破坏、建设性破坏的开始，遗产地原来长期形成的人与遗产的平衡关系立刻被打破了。

究其原因，主要不是经济发达不发达的问题。很多地方申报世界遗产，出发点就是希望通过遗产搭台、经济唱戏，促进地方经济发展。入选之后，知名度提高了，获得了一张响亮的名片，游客大量涌入，而相应的管理和维护没有跟上，有的甚至开发过切，带来很多问题，如近期媒体和各界高度关注的下列事件："水洗三孔"凸现文化遗产保护管理人员专业知识缺乏，工作杂乱无章；周口店遗址维护欠佳，遗址博物馆门可罗雀；张家界、泰山等在景区人工建设过多，庐山、黄山景区甚至面临城市化压力，新建的人工景观和自然文化遗产景观不相协调……掠夺性开发、建设性破坏、权力部门出让遗产所有权和管理权、把遗产用地当作一般土地低价出租或者转让给开发企业、把国家遗产的"门票经营权"转让，甚至将整个景区交给公司管理，作为企业资产上市。

所以，遗产保护主要不是资金问题，而是认识问题和定位问题。其实对于大多数遗产地的保护，需要支付的机会成本仅仅是放弃遗产所占土地开发带来的局部性眼前利益——不必投入什么人力物力——只要不为了眼前的蝇头小利去触动它，改变它存在的环境，打破它千百年来和人与自然形成的平衡关系，它的价值就会存在和延续。

当然，遗产作为特殊的资源应当合理的加以利用，应当进行适当的开发经营，

但是如果希望依靠市场机制对遗产的保护、利用与管理、经营进行配置，为保护和管理筹划资金，是不符合遗产这种

特殊资源的品性的。发达国家的经验告诉我们，在经济高速发展时期，往往也是文化遗产的处境比较尴尬和危险的时期。因为，经历着经济高速增长的人们更倾向于藐视遗产的价值，在休养、知识、道德、家庭负担等水准都一样的情况下，体验着经济高速增长的人总会比没有体验着高速增长的人更加“目光短浅”（行为短期化），要求的时间贴现率更高。即便不是经济高速增长的时期，由于未来人的市场缺席，他们的利益也总是倾向于被忽视，因为没有任何市场机制可以让未来世代的人口与现在世代的人口进行“讨价还价”的交换并决定一个合理的市场价格来配置这些原本属于“代际人口”的遗产资源。因此，无论从什么角度说，完全用市场手段来配置遗产的开发与消费是不可行的——因为在所有的市场上，遗产的价值和市场定价总是容易倾向于被低估和轻视。

所以，在目前处于过渡阶段的市场经济条件下，尽管很多人口头上十分重视遗产工作，热衷于对遗产的开发、利用、参观，我们在遗产事业方面却面临着多重尴尬：一方面是遗产的价值在实质上、整体上被低估，大批遗产资源被破坏；另一方面是经营者的恶意炒作，哄抬某些具有市场需求的遗产的定价，热衷于对具有一定的门票价值的遗产资源进行竭泽而渔的开发和改造，垄断性地抬高本来属于社会和公众的遗产的门票价格以收回所谓的经营开发成本并牟取暴利，公众、当地人和未来人作为弱势群体的利益被一再忽视。同时，在城市规划设计中为获取规模性的“集结经济效益”，地方政府和开发商往往会忽视这里成百上千年积累起来的文化遗产价值，大规模开发老城区，破坏城市的历史面貌，以未经验证、弊病丛生的“现代化”、新面貌博取所谓的政绩和眼前利益，为长远持续发展带来严重的负面效应。这些情况正是经济学上著名的“科斯定理”视角下等价于“河流污染”、“工业噪音”或“不可再生性资源的开采”这类具有外部效果的经济学问题，也就是通常所说的“公共资源灾难”。因为有这种外部性，遗产背离了它的公共性和它应该具有的真正价值。

当然，当市场原则已经成为一种具有普遍性的社会准则和运行机制，在提倡发展市场经济的条件下，对遗产地的价值判断和定价乃至管理与运作的某些方面无法、也不必回避市场这只看不见的调节之手，但是，需要明确的是市场的力量在很多方面又是十分有限的，市场不能亵渎作为社会发展与人类持续生存之灵魂的文化与文化遗产。

问：什么是我国世界遗产和风景区的最大威胁？如何持续、有效地保护世界遗产？

答：《保护世界文化和自然遗产公约》1972年通过，我国1985年才加入，但几乎年年都有新的遗产被列入名录，目前中国的世界遗产已达28处，仅次于意大利、西班牙而居世界第三，业已确立了世界遗产大国的地位，同时也确立了作为遗产观光大国的地位。这既有数千年丰厚的文化底蕴、文物古迹和自然奇观的客观基础，也表明我国的遗产保护和管理水平一直在大踏步地前进。

但是，无庸讳言，我国的遗产事业也面临着严峻的挑战，其中最大的威胁是对遗产地的掠夺性开发和建设性破坏，为了获取局部性的眼前利益，盲目改变遗产地的环境，打破它千百年来和人与自然结成的平衡关系，并由此带来不可逆转的灾难性后果。

世界遗产不是终身制。有许多非常著名的自然和文化遗产地之所以不能列入世界遗产名录，还有许多遗产地之所以可以被陆续地被添加进名录，不是因为遗产本身的价值发生了什么变化，关键是人的认识发生了变化，对其管理和保护的水平得到了有效的提高，整体环境得到了实质性的改善。相反，如果已经入选的遗产地管理混乱，破坏严重，也可以被出示红牌，逐出名单。所以高声誉也带来了高风险。

我们必须纠正对世界遗产事业存在的上述片面性认识。入选世界遗产，说明对其价值的更普遍的确认，但是如果仅仅看到经济上的价值，仅仅将遗产地当作旅游资源，将会造成不可弥补的恶果。

目前的当务之急是如何全面评估和认识遗产的价值并在此基础上全面长远地规划遗产地的保护与利用，以及如何建立完善科学的遗产管理体制，使保护与利用的规划切实得到实施。这已成为我国遗产事业能否健康发展的关键。

遗产地是历史、现在与未来的联结交叉点，是人与自然的结合部。遗产地的价值评估、保护、管理和利用是一项复杂的系统工程，为此，我们亟需整合相关部门的各种资源，在观念、法规、认识、操作等各个层面上协调行动，才有可能做好这项工作。特别是应该尽快按照党中央、国务院的要求建立与完善文化遗产保护与管理方面国家保护为主、动员全社会广泛参与的新的运行体制，以适应遗产事业的不断发展。

总之，世界遗产不仅仅是一流的名胜古迹、响亮的名声以及由此而来的旅游经济效益，世界遗产也意味着全人类共同的财富，意味着一流的管理水平和保护措施，意味着对遗产价值在更大时空上的分享。或许我们可以自诩为现代人，我们要面向未来，但是不要忘记，我们不但是生活在文化的传统之中，在历史的延续中，甚至连我们自身——人类及其基因都是历史不断演化的产物，因此我们必须善待遗产，并在合理地利用这份遗产、这份资源与今人、与后代的交流、互动之中创造新的文化，缔造人类的明天。因此，应该提倡围绕遗产价值与遗产事业的更加广泛的对话和交流，从道德、观念、文化、规划、法律与市场等多重角度来设计全社会和未来人的遗产权利和价值分享机制，建立多元化、开放式、前瞻性的遗产利益分享平台。

曾以《对话曹兵武》为题刊于《风景名胜》杂志2003年第6期，后略有改动并以现题目刊于《中国文物报》2003年7月4日。

迎接文化遗产事业的春天

近来，一系列令人振奋的事件让我们明显可以感觉到文化遗产事业春天的信号：国务院关于加强文化遗产保护的通知；中央领导一系列指示、批示所体现的高度重视；各地持续的博物馆建设热潮；蓬勃发展的遗产旅游高潮；全球化背景下对文化安全、民族文化多样性重要性的清醒认识；近来中共中央政治局常委李长春同志视察北京市文物工作的讲话；第一个遗产日的宣传与实践活动渐渐达到高潮。等等。

作为一个正在走向伟大复兴的古老的文明和民族，中国的可持续发展当然要处理好传统与创新的关系，处理好文化遗产保护传承与利用的关系。即便现在文化遗产的保护受到了前所未有的重视，但文化遗产也仍然在遭受着前所未有的破坏，而且无庸讳言，近些年和今后相当长一段时间里，我国的文化遗产事业仍将处境艰难。工作的体制、结构等问题，正在加速的城市化进程与文化遗产工作的内在矛盾，薄弱的基础工作等等，仍然会继续制约文化遗产的保护利用与管理。

我们迎来的春天仍然是艰难的春寒料峭的春天。

但是，希望上述困难只是历史发展过程中必然遇到的暂时性困难，我们必须设法在科学发展观的指导下，以自己的能动性和创造性尽快度过这个艰难的时期。

迎接文化遗产事业的春天必须转变观念，实现文化遗产工作从少数专家学者到大众共识的转变，从部门行动到社会参与的转变。要让更多的人认识到文化多样性以及文化遗产资源在社会可持续发展中的作用。为此，我们要加强相关知识和保护意识的宣传，加强普及教育工作，要将浮泛的遗产热转变为人民群众理性的、自觉的行动，要总结轰轰烈烈的“文化遗产日”的节日效应。

迎接文化遗产的春天必须做好理论的准备，加强基础理论研究，澄清一些基本概念和方法方面的误区，正确认识保护、利用的关系，并为文化遗产的科学保护、利用与管理提供应有的技术和手段。要吸收国内外的先进理念和经验，为处理文化遗产保护利用与管理中的具体事件、解决实际的问题提供科学的指导，以科学的理念、理论和方法促进工作，以科学的管理实现文化遗产保护与利用的双赢。

迎接文化遗产的春天必须扎扎实实进一步做好基础工作。近年来文化遗产工作在档案建设、人才培养、立法订规等方面取得了长足进展，但是尚不能说文化遗产家底已清，保护管理工作规范到位，还要继续努力，做好第三次全国文物普查工作，进一步完善系统的人才培养、引进和发挥作用的机制，变文化遗产的被动守护为积极主动融入社会文化的发展，为开展科学的保护、管理、利用提供更好的条件。

真正的文化遗产春天的到来，必须是科学的保护管理体制与具体做法的接轨。因此，应该在科学发展观的指导下，依法治国，依法保护，科学保护，以历史与未来的眼光处理好目前的保护与利用、继承与发展的关系。

文化遗产不是意味着老旧，更不是破破烂烂的代名词和科学发展的绊脚石，它是人类生存方式的多样性的体现，是人类文化丰富多彩的表征。在文化遗产事业的春天即将到来之际，我们要尽快抖落料峭的春寒，播种汗水和希望，迎接漫长的酷夏，期盼秋天的收获。

此文是《文化遗产保护中长期科学和技术发展规划纲要》出台时为《中国文物报》撰写的评论员文章，2006 年 5 月 9 日初稿，刊登于《中国文物报》2006 年 5 月 16 日。

保护·传承·发展

——迎接文化遗产事业的新时期

2010年6月12日，借第五个中国文化遗产日到来之际，中共中央政治局常委李长春同志在《人民日报》发表《保护发展文化遗产 建设共有精神家园》的文章，提出发展文化遗产事业的思想，强调文化遗产事业的真谛在于传承，并对文化遗产工作的许多方面提出了新的要求。

这些思想与要求是对科学发展观在文化遗产工作领域的展开和深化，标志着文化遗产事业步入了一个新阶段，文化遗产由少数精英把玩，由少数专家学者研究，由遗产保护从业人员死看硬守，到渐渐与社会大众具有理性、广泛和深刻的联系，成为提升公众历史、文化和科学素质，开展旅游与文化创意产业，推动社会与社区和谐、持续发展的宝贵资源，是文化遗产事业不断发展、人类社会不断进步的具体体现。

人类的文化是人类适应环境和社会的产物，文化遗产是可以被后人直接面对和传承的那部分文化适应的结果和代表性成果。就今天的文化遗产事业来说，保护当然是永恒的话题和不变的前提，因为，没有文化遗产的原真性与完整性，文化遗产所包含的信息与价值就无所依附。但是传承才是文化遗产事业的最终目的，促进文化与人的不断发展与进步才是从事文化遗产工作的硬道理。换句话说，保护文化遗产是为了传承之，传承是为了提升人的文化素质和适应能力，最终是要促进人类社会与文化的不断创新与健康发展。

因此，文化遗产事业的关键与最大的困难永远是在不断变换的社会与自然环境中保持文物古迹的原真性与完整性；文化遗产事业的本质就是不断地在遗产与人——专家与公众、古人与今人乃至未来的人之间建立起一种良性的互动和新的文化适应性。这些观念上的变革以及李长春同志的文章，实际上是在全面的审时度势之后，文化遗产工作与时俱进的新的发展与文化遗产工作重心的自觉转移。

李长春同志在文章中指出，“人民群众是文化遗产的所有者、鉴赏者和传承者”。国家文物局单霁翔局长多次强调人民是文化遗产的真正主人，多次呼吁文物保护工作要融入社会，融入社区发展，保护成果要惠及民生。如果说，文化遗产要传诸后人，代代传承，那么文化遗产事业首先就必须成为人民的事业，文化遗产的保护就应当由少数专家和从业人员的死看硬守变成公众的自觉参与与传承，文化遗产要传诸后人，首先应当做到传诸同时代的公众，只有专家以外的大众都能够正确认识文化遗产的价值，理解文化遗产保护事业的意义，都愿意加入这“承”的活动，这“传”的事业才有意义，才有可能。因此，将传承与发展作为文化遗产工作新的目标与要求，是文化遗产事业本质性的提升。

原刊《中国文物报》一版“本报时评”栏目

第二部分

文化遗产价值论

迎接文化建设的新世纪

20 世纪开始的时候，天空中没有飞机的轰鸣，城市里没有汽车的喧闹，人们的家里没有电冰箱、电视机；深思默想不会被不请自到的电话铃声打断；出门在外，不会有寻呼机、大哥大像追魂一样时时盯着你的行踪；外层空间里没有卫星、飞船；更重要的是，这世界上没有那么多你按下去后不太清楚结果的按钮——比如游戏机和核武器的按钮。

20 世纪，科学的进步的确是太神速了。但是，19 世纪或许是一个更加伟大的世纪，这不仅是因为构成本世纪科技主体的所有学科——电磁学、物理学、生物学、遗传学、化学、地质学及各人文科学的基本概念和理论方法都已经成熟，深埋的地层业已向我们敞开了人类历史纵深的奥秘，蒸汽机、电动机的齿轮已经启动，而且那个世纪为人类贡献了进化论和马克思主义（包括科学社会主义和共产主义）的社会学说。19 世纪，人类已经进入了 20 世纪的助跑线，这场飞跑不知将会把人类带到何方。

20 世纪是一个科技进步的世纪，也是一个令人眼花缭乱的世纪，人类进行了太多的实验和组装，20 世纪的人文学界也承接 19 世纪的余绪，在科技大潮的推动下，进行了无穷无尽的分析、实验，深入的程度是前所未有的，并产生了各种各样的主义——存在主义、现象主义、结构主义、功能主义、凯恩斯主义、魔幻现实主义、达达主义乃至法西斯主义等等，但是相对于迅速膨胀的世界和人类的欲望来说，它们都显得太支离破碎和无可奈何了。20 世纪的人文学界没有 19 世纪的马克思主义，没有自然科学中的爱因斯坦和霍金。在 20 世纪人类经历了历史上两次规模空前的自相残杀，到世纪之末，人类这种内在的分化和孤独在比特（信息革命）和核子的碰撞之中显出了前所未有的危害性，战争与恐怖的危机四伏，民族主义和干涉主义争吵不休，全人类的命运都被装进了叶利钦和克林顿的核密码箱里，文化的前景从来没有像今天这样歧路丛生。

20 世纪，可以说借助于科技进步，人类的听力、视力是空前地延长了，传说中的千里眼和顺风耳似乎已经成了事实，而我们深层次的沟通能力、综合性的判断能力和决策能力在大量的冗余信息面前却是空前地被削弱了。中产阶级的头脑被淹没在丰裕的物质海洋中，对身边的事物还有我们生存于其中的这个世界的理解和预见能力，相对于科技的进步却大大地落后了。更加可怕的是，我们的反应能力仍然停留在一有风吹草动就不自觉地伸手摸家伙——以前是石块、后来是刀剑枪炮到现在是按钮的状态。我们还没有从文化上真正区分石块和按钮的深层次的区别。

因此，人类需要一种深层次的综合。21 世纪，在承接科技进步的余绪时，我们需要更多地关注文化的建设。我们认为 21 世纪应该是文化建设的世纪。

面对这一庞大的难题，我们并不知道应该从何做起？怎样去做？但是我们坚信，数百万年人类及其文化进化的底蕴是异常丰厚的，兴兴衰衰的文化，匆匆如过客的文明可以提供给我们的经验与教训也是异常深刻的，许多密码尚未破译。如果每一种已逝的古代文化都曾经是人类生活方式的一种写真，那么它们就是 21 世纪人类进行文化建设的最宝贵的资源，而且所有人都应当明白，尽管历史上一个一个古文明曾经生生灭灭如走马灯般登台又退出，但是在信息化的地球村时代，人类文化与文明已再也经不起以灭亡来换取教训那样惨重的代价了。

因此，在 21 世纪，人文科学应该回溯历史与文化的源头，选择考古学、历史学和人类学——当然还有其它相关的、从不同的角度、以不同的材料研究前现代时期的人类及其文化的学科为起点，在文化遗产的视角下，在人类历史的整体图景下来关注现代，注目未来，进行这场前所未有的文化建设的综合性尝试。

在全球化时代之前，中华文化是迄今为止人类文化和文明中最大的单一性的体系单位，她经历了人类起源和文化进化的各个阶段；在文明社会产生以后，中国历史又具有着无与伦比的连续性，中国考古从时空的概念上说，至少与整个欧洲或美洲的考古是等量齐观的，而社会主义革命之前中国各个民族的经济和社会形态，又几乎涵盖了从旧石器时代的狩猎采集到资本主义的工业社会的各个形态。因此，中国是进行这场文化建设的综合性探索的最为理想的实验场所之一。这是中国考古与遗产学界的幸运，同时也暗示了责任的沉重。

当然我们的目光绝不应仅仅局限于中国。在全球一体化的步伐空前加快的今天，整体地观察和处理人类文化的前途与命运是起码的要求，中国只是我们的立足点和出发地，系统论和比较将成为一切人文科学最大的方法论原则，考古学当然不会例外。在新世纪，人类需要从精神到物质进行一次彻底的综合，考古学应当拿出拼对陶片的功夫，去追寻和触摸人类整体的历史经验，《人类与文化》将是从中国、从考古出发的一种探索。一切古代的文化遗产，都应当回归到当代文化建设与未来文化发展的最终使命。

2000年1月10日初稿。此文原是为原中国历史博物馆馆长俞伟超先生等拟联合某出版社创办的《人类与文化》杂志草拟的发刊词，虽经各方努力，该刊并未能诞生，后经修改作为《中国文物报·遗产周刊》发刊词刊于《中国文物报》2002年11月1日第5版，即《遗产周刊》第1期首版。

文化之路：从传统看现代

在变化和发展的过程中，在尝试我们生活的种种可能性之前，我们往往需要首先清理一下自己已经拥有了什么，已经经验了什么样的可能性。对于现代人类，我想，我们已经拥有了最大的财富莫过于自己的历史。这是一笔最值得宝贵的遗产。

现代的特征

在当代词林中，“现代”一词可能当之无愧地是争论最大、歧义最多的词汇之一。“现代”一词渊远流长，各个时代都有一些具有时代意识的智者使用“现代”来表达一种与古代息息相关的认识和感受。因此，现代就有了某种认识上的相对性。“现代”与“古代”、“现代的”与“古典的”之间的关系，从来没有形成一个固定不变的历史参照点。

然而，在历史的最近时代，“现代”一词的出现和重复开始具有新的特点和指向，新的时代意识的自主性在不断地加强，现代意识在人类生活的各个领域中开始显示出前所未有的影响。我们很难为现代找出一个确切的起点。因为，历史的发展具有连续性，新的观念、新的生活方式总是慢慢形成的，这是一个过程，而且在这个过程中，不同地区、不同民族进程的快慢并不是完全相同的，有时候即使在相同的发展阶段上，其文化发展的具体表现也不一定完全一样。但是，在世界历史和中国历史上，在人类文化与社会生活领域的不同方面，某些事件如英国的产业革命、法国大革命、波德莱尔（Charles Baudelaire）的诗歌、塞尚（Paul Cesanne）的绘画、辛亥革命和五四运动乃至最近的科技与信息领域的革命性变化等，则具有界标的作用。它们开辟了各个领域中人类生活的新方向，它们汇集在一起，最终导致了哲学意义上现代主义的产生。下面，让我们检讨一下现代以及现代的时代精神——现代主义的实质。

在物质生活领域中，构成现代主义基础的是高度集约化和机械化的农业、养殖业，大规模自动化的工业，日新月异的科技以及空前的交通和通讯能力。无数的车轮、齿轮和电子包围着我们，为我们的生活带来了极大的方便。在过去，一个人可能一辈子也走不出方圆几十里的活动范围，在现代，我们却可以一日之间环绕地球一周。借助于科技等手段，我们可以听到、看到千里万里之外世界其它地区发生的事情；可以在遥远的北国品尝南方的瓜果蔬菜；可以在晚上从事白天应该做的工作，可以在冬天干夏天应该干的事情……现代使我们的生活变得丰富多彩，但是，更为重要的是，现代改变了我们的时间与空间观念，在我们日常感官的世界中，运动、速度、光、声、冷、热，都具有了从前的世界所完全没有的特征，人们生活的物理世界得到了空前的扩展和细化，但与此同时，这些变化也导致了人们在空间感和时间感上的严重错乱。庞大的组织机构、万能的无情的机器和技术，也严重地改变了人类的自我感受和认识。这些正是现代主义在文学艺术与哲学认识范畴内产生和蔓延的根源——现代性源于现代化的过程中，而绝不是非现代主义知识分子的闭门杜撰。

艺术是人类的触觉，艺术家对现实世界的感受具有特殊的敏感性。让我们看看现代派艺术的一些主张与表现吧。在现代派艺术中，绘画是最为激进和变化最大的一个领域。从“现代绘画之父”塞尚开始，相继产生了野兽派、表现主义、立体派、未来派、形而上画派、达达派、纯粹的精神自动主义、超现实主义、动作化派、波普艺术等，它们共同构成了现代主义绘画的庞大阵营。塞尚以前的绘画艺术，是模仿或再现自然的艺术，而从塞尚开始，西方画家则要力求直接表现主观的感受，制作自己心灵的作品。这种艺术观念的革命，带来了对绘画方法的全方位探索。与塞尚同时的高更（Paul Gauguin）的宽阔色面、凡·高（Vincent Van Gogh）的解放的色彩，到野兽派被发展至极致；而立体派把一切物象加以破坏和肢解，把自然形体分解为各种几何切面，然后通过主观组合借以表达四维空间的做法，则解放了绘画的形式。其结果，在绘画领域中，终于产生了与现代生活的时空观念相对应的表达方式。有了这么一个容器，现代主义的画家们就可以在里面装上各种各样的产生于现时代的人类的主观感受。类似的情形，在诗歌、戏剧、小说、电影、音乐等几乎所有的艺术门类中，都一一经历。人类生活的现实世界、物理世界已经发生了天翻地覆的变化，这种变化来自科学的魔手，来自真正近代意义上的科学产生以后无数科学家的有意识的探索和试验，然而，这种变化必须被人类的感受所容纳，世界的整体才能大致接近平衡。在现代主义中，在艺术这一作为与科学相对立的认识形式中，第一次出现了真正的"试验"并泛滥开来，形式的试验、色彩的试验，甚至语言的试验——人类的感受与表达，在拼命追赶着这迅速变化的现实世界。有人说，现代哲学的主要问题就是语言的问题，语词、语境、符号、象征、所指、被指、解读、交流，这些人类早已习惯并似乎已经成为本能的东西，现在却又变为需要重新研究、解决的问题。

由科学开始，现代的人类揭开了一项宏伟的工程——在各个领域、各种视角之下，全面探索自己生存的可能性。这是一种前所未有的带有自主性的探索。身处于这么一个轰轰烈烈的过程中，我们很难对此做出正确或者错误的评价，但是，我们必须指出其中存在的一些弊端，这是参与者的责任和义务。

二次大战以后，由于通讯媒介和信息领域的革命，现代主义终于从一部分艺术家和哲人的先锋意识，转变为大众生活的价值取向，它不再仅仅是对于传统的冲撞和变改，而是一种具有普遍意义的生活方式。对现代主义的哲学概括与思考成为时代的要求。

美国新保守派的代表人物丹尼尔·贝尔（Daniel Bell）在《资本主义的文化矛盾》中说：现代主义的文化最终渗透到日常生活的价值中；生活——世界深受现代主义的影响。由于现代主义所具有的力量，未受限制的自我——经验的要求，以及由于刺激过度而十分敏感的主观主义——所有这些，最终都居统治地位。因此，文化与生活呈现一种分裂的关系[1]。

马克斯 · 韦伯（Max Weber）给文化的现代性赋予了实质理性的分离特征。他认为，表现在宗教与形而上学之中的这种分离构成了三个自律的范围，它们是：科学、道德与艺术。与之相对应的认识——工具结构，道德——实践结构，以及审美表现的合理结构，都无一例外地处于专家们的控制和掌握之中[2]。

从表现上看，各种民族文化的渗透越来越迅速，人类生活方式的广度与幅度有了空前的拓展，世界一体化的趋势愈演愈烈，但是，在文化与生活的内部结构中，本质性的东西则越来越支离破碎，每个人、每个群体所能够观察和体认的都只是某一视角、某个局部的碎片，而整个世界的流动性又在不断加大。随着现代主义哲学家尼采的当头棒喝——“上帝死了”，每个人就成了自己生活的中心。

德国现代哲学家哈贝马斯（Jürgen Habermas）指出：“人们越发痛切地感到现代主义者的这种转变，艺术也越发从生活中异化了自身，并隐退到完全不可触摸的自律之域。由此，从这样一种情绪倾向中，最终汇集了那些超现实主义者已经摆脱的爆炸性的能量，以试图炸毁艺术的自给自足的领域，并用强制手段调和艺术与生活。”他还说，艺术必须“成为一面批评之镜，展示着审美世界与社会世界调和一致的特性”[3]。

现代主义的这些弊病已被一些当代哲人所充分认识，而

1、2、3 转引自哈贝马斯《论现代性》，载于《后现代主义文化与美学》（王岳川、尚水编），北京大学出版社，1992年。

且，他们已经在思考着克服这些弊病的良策。前述的丹尼尔·贝尔认为，现代主义的真正问题是信仰危机的问题。他指出，当人们以破碎的艺术去对抗破碎的世界时，就已经注定了他无法将心灵的碎片重新聚合起来，这样人就走到了一个生命意义匮乏的“空白荒地的边缘”。他认为，解决的办法是建立一种新宗教或新的文化科学，因为宗教是人类意识的一个组成部分，是对生命“总秩序”及其模式的认知追求[1]。哈贝马斯则创立了一种全面系统的“交往理论”，认为必须从最基本的“语言”、“话语”问题入手，打破阻绝人们“言路”的各个自律领域的隔膜，使人们关闭的心灵敞开，通过“语言”使人们的“争辩”转化为“对话”，通过理解达到意见一致的真理，达到和平共处与社会的和谐。哈贝马斯的构思被称为“新理性”的图景。

让我们再来看看人类学家对现代的认识。玛格丽特·米德（Margaret Mead）在《代沟》一书中，对漫长的人类文化作了一种很有意义的划分。在她的方案中，文化的发展包括三个阶段：后象征阶段——未来重复过去的阶段；互象征阶段——现在指导未来的阶段；前象征阶段——年长者不得不向他们的孩子学习自己未曾有过的经验的阶段。她指出，在60年代，当文化的变化和渗透越来越迅速，一种新型的世界性文化渐渐显出端倪时，代沟问题也越来越严重，人们普遍把年轻一代中存在的对传统和现在的否定趋向，解释为青少年的一种极端的反抗形式。她认为，这其实是文化开始了

1 引自王岳川、尚水编：《后现代主义文化逻辑》，北京大学出版社，1992年。

一个新时代[1]。

至此，我们对现代的特征已经有了比较明确的了解。在现代化的过程中，意识形态领域中首先出现了具有先锋姿态的现代主义；当现代主义渗透并支配了普通大众的生活时，人类及其文化进入了现代。它的特征是，文化的变化和一体化的速度在不断地加快，人们在各个领域中尝试着自己的生活的可能性。然而，由此也出现了一些现代主义独有的弊病，比如文化内部过分的专门化，信仰的危机和虚无主义等。特别是，我们从现代主义的骨子里还可以看到一种明显的割裂历史和传统的倾向。

因此，在现代主义的炽风中，在我们用不太坚定的目光打量自己的未来时，非常有必要重新校定一下历史与传统的位置，给我们的认识寻找一个合理而坚实的支点。

历史的价值

《神祇·坟墓·学者》一书的作者西拉姆（C.W.Ceram）说：“人类假如想要看到自己的渺小，并不需要仰视繁星密布的无垠苍穹，只要看看在我们之前几千年前就存在过、繁荣过、而且已经灭亡了的世界古代文化就足够了[2]。”这种感觉，和现代主义赋予人生的“无可奈何”感已经十分相似。然而，知道这些并不是历史科学的目的。一位考古学家说过：“作为科学范畴的考古学，最根本的价值应是：了解人类的已往过程，寻找文化进步的本质，认清今后的前进方向。其中，透过文化的

1 玛格丽特·米德：《代沟》（胡进译），光明日报出版社，1988 年。
2 西拉姆《神祇·坟墓·学者》（刘迺元译），三联书店，1991 年。

历史过程来理解今天和预感未来，是考古学得以存在的基点[1]。”换上另一位考古学家的话来说：“考古学家的任务就是：让干涸的泉源恢复喷涌，让被人遗忘的东西被人理解，让死去的转世还魂，让历史的长河重新流淌，因为这长河沐浴着所有的人，不管他们住在布鲁克林还是蒙特帕纳斯[2]。”所有这些，都强调过去对于人类的重要性。

这种重要性究竟在哪里？我想，主要应在于历史是一种宝贵的人类经验。经验和经历，不是一回事。拿具体的个人来说，某件事可能许多人都经历了，但不能说所有的人都从中获得了经验，更不能说他们从中获得了一样的经验。经验包括经历加认识，具有某种抽象的成分。作为人类整体的经验与个人的经验不完全相同，但具有基本的类似之处。如果说现在的人类正当盛年，那么，历史时期就是他的青年时代，史前时期则是他的少年和童年时代。对于一个人，童年与少年时代可以奠定他的基本性格、爱憎、追求、伴随一生的习惯，等等。那么，作为历史科学的认识对象的过去，对于人类也具有类似的意义。史前时期，社会生产上的分工、社会组织的基本类型和结构、宗教、人类的情感、艺术的感觉与重要的表达手段等，都已经萌生甚至成熟。人类的打制了第一块石器的粗糙的手，就已经预示了今天的卫星、火箭和飞船。可惜的是，一个人可以从自己父母的口中，从照相册甚至自己模糊的记忆里，了解自己的童年，而人类作为一个整

1 俞伟超、张爱冰：《考古学新理解论纲》，《中国社会科学》1992年第6期。

2 西拉姆《神祇·坟墓·学者》(刘迺元译)，三联书店，1991 年。

体，对自己的童年甚至少年却总是所知甚少。

我们常常认为，过去的事情是无所谓的，关键的是放眼未来并把握现在，且将此自诩为现代人的胸怀。其实，这是一种不折不扣的偏见，是现代主义弊病的一个表现。无论是一个人还是整个的人类，都无法摆脱自己的历史。对于人这种会思考的动物，过去、现在、未来是同等重要的，怀旧与向往，是动物世界中少有的两种能力。人屹立于动物之林，高居于生物金字塔之巅，靠的并不是强健的体力、锋利的爪齿，而正是这样两种独特的能力，前者给人以经验，后者给人以召唤，而两者共同成就了人类的智慧与情感，构成了人类开拓自己生存方式的深度与广度、不断前进的支柱。历史科学就是要揭示这个幽暗的过去——不但揭示其时间上的深度，而且还要揭示出一个动态的文化过程，在这个过程中，既有事件的时空位置，也有人与自然、与社会、与文化、与其他的人相互作用的机制，有经验也有教训，历史学家要对过去人类生活的一切方面进行发生学和形态学的诠释。

过去对于人类具有无可置疑的意义：过去是人类生存可能性的写真。现在，世界人口日益膨胀，食物资源面临着严重的危机，许多科学家和政府要人都在苦苦思考着解决的办法，而生物界最近的一个小小的发现却给科学家们带来了无尽的启迪：有一种鞭毛虫，在分类学上属于动物，然而，其皮肤中却含有一种类似植物体内叶绿素的东西，可以像植物一样进行光和作用，将阳光和空气转化成为自身生存、运动的能量。科学家们由此提出大胆的假设，如果模仿这种鞭毛虫，用人工方法合成叶绿素，并将之移植于人体上，也许是将来解决食物问题的一条出路。假设固然离奇，但也有某些科学上的依据，而且，现代仿生学的许多成果正大量应用于工农业生产，与现代的其它成果一起，改变着我们的日常生活，这就是现代科技史上的“绿色革命”。有人因此预言，21世纪生物与生命科学将是科学世界的主体。

一种鞭毛虫，为仿生学研究提供了一种新的可能性，而任何一种已经存在过的人类文化，都可以被视为人类生活的一种可能性。人类的文化绝不是哪一个国家、哪一个民族或者个人单独创造的，民族和国家——无论强弱，个人——无论伟大或平凡，都或多或少、或正面或负面地对人类的文化宝库做出过自己的贡献。而由于各个文化的形成背景、发展过程不完全一样，它们的贡献又都是不完全一样的。

生物世界有一条规律：对于种群，在各方面条件相似的情况下，其脆弱程度与个体数量成反比，个体的数量越多，它所能承受的外界压力也就越大，遭受挫折之后恢复得也就越快；对于生态系统，物种越丰富，大自然的基因库也就越丰富，由于许多物种在生态位和功能上具有相互补充甚至替代的性质，因此，整个生态系统也就越稳定，它所能够承受的内外压力也就越大。所以，现在有无数明智之士正在为地球上日益减少和灭绝的生物资源痛心疾首、奔走呼号。许多国家的元首可以因此而共聚共商保护生物资源与环境的全球大计（指巴西世界环境大会）。然而，关于人类自己的文化，又有多少人意识到了这一点？古往今来，许多文化和灿烂的古代文明生生灭灭，许多民族如同过眼烟云，然而，它们中的每一种，都丰富了人类文化的总体，都为人类社会的进步，道德、感情和心智的完善，做出了自己独特的贡献。它们逝去了，这是历史必然的规律，但是，它们绝不应该被遗忘，否则当代人类的文化便会从某一方面失去其丰富性，当代人类的生活便会失去某种可能性。这样，尽管我们时代的文化可以十分发达，但也可能因此而变得非常脆弱。因为这些可能性与当代人类在现代主义旗帜下对人类文化与生活之可能性的种种探索，虽然具有不同的性质，但却具有相同的地位和意义。

生物世界的丰富性是建立在物种或个体的共存关系之上的，由于人类具有记忆，具有学习和认识的能力，人类文化的丰富性相应地也就包括了时间的维度，就具有了一些生物世界中不可匹配的特性。我们既需要向同时代的人学习，向新奇的未知领域探索，也需要向过去学习，向传统学习。由于科学的发展、交通的便利，现在环球如同村落，世界文化的一体化已经成为不可抗拒的潮流，然而，一体化并不意味着丰富性的必然丧失。这一点，现代主义已从另一方面做出了证明，相反，它反而对丰富性提出了更高的要求。试想，在核武器已可以成千上万次毁灭地球的时代，道德、感情、理智的进一步完善难道不是一件更为艰巨的任务吗？一体化仅仅意味着原来的文化形式的多样性，将可能会让位于个人生活的无限丰富多彩、人性与道德的无限张扬。过去的文化，过去的知识和智慧，将以种种方式在一个一体化的文化中的不同个人或者阶层身上延续，不但如此，人类还将会发展出许多更新和更加优秀的文化形式与内容，充实到自己的文化中去。

然而，不管怎么发展，人类的一些最基本的东西将不会发生太大的变化。丹尼尔·贝尔说："如果从美学的角度提问，现代人与古希腊人的情感经验有何不同？答案一定与人类的基本情感（例如不分长幼人所共有的友谊、爱情、恐惧、残忍、放肆等）无关，而与运动和高度的时空错位有关[1]。”文化的内容扩充了，人类视域中的时空范围扩大了，但是，它的基本的结构应当还是相似的，关键是怎样在这一结构中给文化的各个自律的领域以恰当的位置，怎样在这些不同的领域之间建立足够的、合理的交流与沟通，使结构的整体具有合理的秩序。

在这里，经验将再一次发挥十分重要的作用。经验包含着对过去的事情的感受、认识与抽象，但是，只有当这些东西与未来之事相遇时，经验才能显示出来，实现自身的圆满。所以，经验是所有人类认识领域中最富魅力和永恒的一种，它同时光临过去、现在甚至未来，沟通已知与未知，它的特征总是拿过去开导现在，拿已知开导未知，并设法将后者整合到已有的体系和结构中去，而且在这个过程中，未必一定包含着保守的成分。

汤因比（A.J.Toynbee）的文明观在当今世界具有相当大的影响力，而且也具有相当的合理性，我相信，现代甚至今后的绝大多数文明的运数，不能逃脱他的文明观的预言。他的文明观具有两个最为重要的论点：其一，历史研究中无可再小的可以理解的领域是整个社会而不是关于社会的任意分割的片段；其二，一切叫做文明的各类人类社会的历史，在某种意义上说都是平行的。汤因比是怎样形成他的观点的呢？1910年前后，波斯尼亚危机已经开始孕育着第一次世界大战

1 丹尼尔·贝尔《文化：现代与后现代》，载于《后现代主义文化与美学》（王岳川、尚水编），北京大学出版社，1992年。

的火花，而汤因比与当时绝大多数英国的年轻人一样，并不知道就在离他们的家很远的巴尔干半岛的某个地方，他们自己的前程也正在被毁掉。1913 年，汤因比到希腊徒步旅行，考察伯罗奔尼撒战争的遗迹，第一次大战的阴云已经十分浓厚了。一天，当他在索福克郡的灰蒙蒙的、平静的北海海岸上散步时，突然对历史上有名的地中海产生了一种深切的怀念之情。次年，当他重新站在大学的讲坛上给学生讲授修昔底德（Thucydides）的著作时，他感到自己的理解力受到了深刻的启发：我们在当时的世界上所感受的经验，修昔底德在他所处的世界中早已经历过了[1]。修昔底德的著作早已被汤因比读得烂熟，而只有在他本人也遇到了曾经启发修昔底德写出他的著作的历史转折点时，他才能体会到蕴含于其中的深刻的含义和感情，认识到修昔底德的世界和我们的世界在哲学意义上说是同时代的，并由此开始了他自己的至关重要的关于文明问题的思考。

在汤因比的例子中，我们看到了经验的震憾人心的力量，看到了过去、现在甚至未来在哲学天平上的平等性，而赋予这种平等的正是人类记忆、学习、求知等诸种独特的本能。历史的过程具有方向性，时间之矢不可重复，但是，在我们追寻生存方式的可能性时，那业已存在或消失的种种可能性便可以作为一种评判的砝码，甚至被直接作为一种仿效和追寻的对象。这绝不是历史的简单的重复。

1 汤因比：《我的历史观》，载于《现代西方历史哲学译文集》，上海译文出版社，1984年。

考古学的启示

在有文字的历史时期，人类社会和文化发生过许多重大的变化，它们的意义和影响都是相当深远的，比如巴比伦、埃及文明的出现和解体，希腊、罗马文化的形成和结束，中世纪的兴衰，文艺复兴与近、现代的开始；再比如中国历史上春秋战国对商周的取代，汉唐明清帝制发生、发展和最后瓦解等。在这里，我想谈一谈两次更伟大的全球性的变化——食物生产革命和城市文明革命。这些变化发生在史前时期，它们直到最近二三十年以前对于人类还如同巨大的谜语。现在虽然仍有许多细节无法解决，但在考古学家的努力下，已经显示出比较清晰的轮廓。我们无法漠视19世纪以来这又一次全球性的巨变，但由于这一巨变尚处于未定之中，由于我们自身就置身于这一巨变之中，我们根本无法将它们与先前的变化做一合理的比较，甚至无法对之做出比较中肯的评价。但是，在这个时候，谈论前两次人类文化的大变化，也许可以使我们获得某些有益的启示，也许在20世纪的最后几年中，会有另外一个汤因比在另外一个什么地方由于考古学家们的这些贡献，获得另一种深刻的启示，并通过自己睿智的思考，将过去的光明投射到人类未来的道路上。

从文化史的角度来说，考古学家向我们揭示得比较明确的时间深度也只有二三万年甚至更短，在此以前我们所知道的不过是由一些独立的人体形态进化的信息和工具形态信息缀联起来的不连贯的碎片，根本构不成文化的景观。那么，让我们首先勾勒一下二三万年以来人类文化发展的大致轮廓，赋予理解前述的两次文化巨变以背景性的框架。

大约三万年前，人类正处于旧石器时代的晚期，工具主要是石器，有砍砸器、刮削器和尖状器等类型，已经出现了弓箭。有了比较发达的艺术，比如西南欧洲发达的洞穴壁画。至于这些艺术表达什么，我们现在还不得而知，据说与信仰有某种关系。工具的门类表明这是一种狩猎－采集的经济，考古遗存表明被狩猎的对象往往很大，比如马、驯鹿甚至猛犸象等。人们以大小不等但往往十数或者数十人的小规模的群体构成社会或行动的基本单位，但还没有定居。之后进入了中石器时代，全世界（指旧大陆）普遍流行由小型的、几何形的小石片组成的复合工具，仍然营狩猎－采集经济，但狩猎－采集的对象普遍小型化，比如鱼类、贝类、季节性迁徙的鸟类和某些植物。这就是一些考古学家所称的“广谱性经济”。在某些这类生物富集的地方，已出现定居的趋势。距今约一万年前后，新石器时代开始，出现了制陶术和磨光石器，表明工具的效率有很大的提高。从原来狩猎和采集的对象中，出现了几种驯化的动、植物，比如在两个主要的驯化中心西亚和中国分别是羊、大麦、小麦等和猪、鸡、水稻、小米等。定居的农人的村庄普遍流行开来，一般村庄都包含有上百甚至上千的人口。艺术的形式更加多样化，比如彩陶、各种质料与风格及母题的雕塑、人体与室内的装饰品等，还出现了一些宗教性或仪式性的建筑。区域性文化或部族性文化繁荣发达。

这三个顺序相接的阶段已经构成了人类文化的一次空前的巨变，考古学家称之为“食物生产革命”。但这只是问题的一个方面，实质上这个革命体现在人类生活和文化的各个方面，是生活方式的一次大革命。关于这场革命发生的原因和具体的机制，考古学家们有各种不同的解释和假设，比如罗思（Roth）的“天才理论”、柴尔德（Childe）的“绿洲理论”、布雷伍德（Braidwood）的“核心区域理论”、宾福德（L. Binford）的“边缘区域理论”等，目前并未达成普遍的一致，但是在这场革命中，我们可以看到下列一系列相关且连续出现的社会文化现象：人口不断增长、工具方面新的发明和改进、定居、劳动分工、社会组织结构的扩大和复杂化（中国的姜寨遗址的材料表现了这个时期的一个十分典型的例子）、新的艺术形式等等。现在，已有人从史前人类的营养状况、古病理及劳动强度等角度提出确凿的证据，证明食物生产革命带给大多数人的并不是什么积极的后果，然而，从上面列举的一系列现象中我们可以看出：人类生活拥有了更多的可能性，其广度和深度——无论经济上、意识形态上和社会组织上，都有了空前的拓展，文化变得丰富而更有生命力了。这场变化是慢慢出现的，但相对于此前人类漫长的历史，则不啻是一场革命。它对于当时人类社会的冲击力，一定不亚于现在尚未完成的现代主义的巨变。

人类历史上另一次世界性的巨变发生在距今约四五千年（新大陆要更晚些）。西起地中海、北达太平洋之滨的北温带地区，所谓的“文明社会”普遍出现，它以城市（城邦）、青铜器、文字和神殿等为特征，在工具中分化出了专门对付人的武器，构成了人类文化的又一个全球性的景观。通过这次巨变，人口的增加和集中更为明显，社会分工与分层、系统的艺术与宗教得以确立，民族与民族之间以武力、个人和个人之间以法规和专政，建立起一种新型的人际关系和行为准则。虽然关于这次全球普遍性大变化的具体过程以及各种因素在其中的具体作用，在考古学家中间至今争论不休，但已经可以肯定的是，人类的生存方式已由此发生了根本性的变化，文化和社会变得更加复杂。这种生存方式虽然对于一部分人显得十分残酷，然而，它能够承载前所未有的人口规模并顺利地过渡到现在，证明它是一种合理的和成功的文化体系。我们至今并未完全走出这种生活方式，我们所享受的相当一些知识、智慧、艺术、社会人生乃至物质生活的成果，都是这个时代的产物。

两次变化都是波澜壮阔的，并且具有一些共同性：每一次变化都使社会能够容纳更多的人口，而且并非所有人的物质生活水平特别是食物水平都能够得到提高，有的甚至还有所降低。技术与生产能力的提高构成每一次变化的基础，在第一次中，它们是食物生产与制陶术；在第二次中，它们是生产与技术的专门化（专门化即意味着高效率）和冶金术。社会组织与沟通能力都在以前的基础上有很大变化，前一次中，这种变化是定居以及目前尚不完全清楚的亲属与联盟关系，产生了符号；后一次中，是统治者与被统治者、超越时空的物理特性的文字和作为交通工具的车马。世界观和宗教信仰的变化在艺术等领域中已分别为我们留下了各具特征的资料，但其中蕴含的意义和丰富的信息尚有待于进一步的发掘。

人类历史上每一具体的发展和变化都意味着对自身生存方式的探索和证明，但是，像这样全面的巨变却并不多见，往往属于阶段性的产物。前述两次巨变由于已经完成，所以对于现在尚未完成的全面的世界一体化和现代主义的巨变理所当然具有启示意义。特别是由于过去在资料方面的特性和现代人类观照过去时所拥有的较高的、超脱的视点，往往使我们更能发现事物的内在性质和规则。汤因比在论述希腊－

罗马历史研究的优点时总结了三点：(1) 由于它们已经结束，我们能够看到其全貌；(2) 它们的材料在数量上易于处理，在质量上是上乘的，而且相当均衡；(3) 它们本身已经具有比较广阔的视野[1]。汤因比所讲的实际上是所有历史学家在观照自己的研究对象时所具有的优势。由此看来，要理解现代对于人类的意义，我们必须首先对过去的巨变有一个比较透彻的认识。人类的文化是行进在时间维度上的，是连续的，我们无法割裂历史上哪怕任何一个片段。

文化的出路

让我们把目光重新转向现代，转向现代主义。这是一个轰轰烈烈的、嘈杂的、丰富多彩的、一体化的世界。纽约的股票市场打个喷嚏，东京的商人就心惊胆战；波斯湾燃烧的石油井不仅仅是科威特政府和人民的事情，它所耗费的能源和污染的空气与地球上每个人都有关系……在这个时代，关键问题已经不是经济以什么速度增长、科学技术还有什么地方有待于改进。这些问题都只是区域性的、国家性的问题。最关键的问题已是所有人都必须适应这个一体化的世界，都必须适应这个核武器已可以成千上万次毁灭这颗蓝色星球的时代。这是人类及其文化存亡续绝的大问题，不是哪一个人、哪一个国家和民族可以独立解决的。在现代，人类必须共同建设一种新文化，建设一种新的行为准则，才能够保证社会和文化继续合理地运行下去。

1 汤因比：《我的历史观》，载于《现代西方历史哲学译文集》，上海译文出版社，1984年。

社会文化是一个复杂的机体，它包括经济基础、社会组织、意识形态以及交往沟通等不同的部分，各部分相互协调、共同运作。在历史过程中，我们已经看到这一机体及其各组成部分一直是在不断膨大的，不断突破其原来的广度和深度，赋予人类生活以更多的可能性。现代和现代主义就是这一过程的继续。这就是进化。然而，既然人类及其文化是在进化，当然就具有进化所特有的方向性和危险性。因为存在是有条件的，可能性只有被追加到进化的链条上并保持了进化的继续，它才是合理的。对于人类及其文化，这样的可能性已经构成了历史。

在以往的历史上，为什么日益丰富的人类的生存方式、日益膨大的文化机体并没有导致真正的危险呢？答案是，文化自身保持了一个合理的结构和机制，每一种新出现的因子都可以被容纳进来并引起其它部分做出相应的调整，以维持整体的和谐。

在“食物生产革命”发生以前，人类以小规模的流动群体为单位，进行狩猎和采集，虽然已有工具、某些信仰和文化，但毕竟去动物不远，血缘关系是整个社会文化系统最有力的调节杠杆，它对内使各种不发达的文化因子各归其位，对外则组织人们合理地向自然索取生存之需并协调不同人群之间的关系。在这种生活方式中，现代意义上文化的各主要部类都已经萌芽，但并不复杂，尚有待于体系化和完善化。

食物生产革命以后，许多人定居下来，共同生活在一起的人口大大增多，生产和知识已有所分化，在血缘关系的基础上，社会控制与调节有了长足的发展，但并未出现其最完善的形式——民族国家和政府。为了适应生活的多样性和弥补以血缘关系为基础的社会控制的不完善性，原来处于萌芽状态的宗教信仰（其早期形式即英国人类学家泰勒所说的万物有灵）迅速发展，出现了各种各样的行业神、区域神和职能神，神与神结成一个完整的世界，它们彼此之间的和谐关系有力地干预了现实世界并赋予业已大大复杂化的人类生活以秩序。这个时候，血缘关系和宗教共同构成了文化体系运转的核心。

城市和文明社会出现之后，血缘关系的纽带被彻底冲破，许多没有亲属关系的人走到一起共同生活，社会协调和控制的基础由血缘关系转变为国家政权，宗教经过进一步完善并充当了意识形态上的润滑剂，宗教世界迅速阶层化和体系化，映射并影响着尘世间的秩序。所以，新的文化因子和生活方式以国家政权和系统的宗教为核心，重新组合成一个和谐的整体。

到现代，宗教的神话已被科学打破，作为国家政权之基础的强权规则也近乎失去效用，而社会文化的因子又变得空前丰富、多样，那么，什么将扮演这一新体系的核心和聚合剂呢？什么东西才能赋予现代世界以合理的秩序，以使所有这些文化因子和生活方式摆脱混乱和无序，使人类及其文化不至于在这种有质量的混乱中耗尽自己呢？

从上面的分析中，我们可以看出，在人类的历史上，血缘关系与宗教曾经扮演过这个角色。当血缘关系失效后，宗教经过进一步完善，与建立在强权规则基础上的民族国家一起，继续扮演这个角色。那么，现代文化的出路又在哪里？宗教的作用和地位已经无可挽回地衰微了，在有知识的现代人的头脑中，不可能再为宗教留下多少位置。那么社会呢？

社会控制不可能就此消失，相反，它需要进一步的完善和加强，只是就像强权规则曾经取代血缘关系作为社会控制的基础那样，强权规则也将寿终正寝，初显端倪的民主制度将有可能成为它的替代者。然而，某些事实已使我们看到，民主并不能成为未来的新型社会的唯一保障。现代的复杂性，信息的冗余性，使合理的交际和沟通越来越困难，使运用民主规则做出决断越来越危险。因此，在民主之外，我们需要有新的润滑剂作为弥补。这个角色最有可能的扮演者就是道德。首先，道德早已是人类行为准则的一部分；其次，道德与宗教不同，它具有更多的科学性和合理性；再次，道德又不是纯理性的，它为人的本能、本性、经验、感觉留下了足够的空间。从道德身上，我们可以看到科学、艺术和宗教三重影子。因此，有理由推测，在成熟的现代及现代主义中，以民主制度为基础的社会控制和更加完善、系统的道德将取代原来的宗教与强权政治，成为文化新体系的内核。当然，民主与道德都是人类文化中很古老的因子了，现代的问题是怎样完善它们，就像在城市和文明社会阶段人类对国家政体和宗教的建设与完善一样，民主与道德要求我们倾注更多的热情、思索和精力。

从传统与历史悠长的脉息中，我们已可以隐约地感觉到，民主与道德将是引领人类及其文化穿越繁杂的现代，过渡到另一个新的发展阶段的旗帜。对于它们的建设，人类呼唤新的文化巨人。

原刊《传统文化与现代化》1993 年 9 月号

文化遗产与都市化、全球化时代的文化建设

——兼谈文化遗产相关学科及博物馆在文化传承和创新中的作用

最近500年的世界历史表明：文化使得每个国家发展的局面完全不同。

文化的重要性正日益被人们认知并且似乎正在变得越来越重要。近年随着经济与社会的纵深发展，人们越来越意识到文化对持续、全面、协调发展的重要性，文化产业、文化竞争力、文化发展白皮书、蓝皮书、策划书、指南等纷纷涌现。

其实，将眼光放得更加长远些，用新史学或者大历史的视角来考察，世界历史最近的500年是工商经济蓬勃发展的时期，由工商经济而带动的具有普遍意义的都市化进程，开辟了人类历史上一种全新的聚落形态，从经济、社会、文化等不同角度缔造了一种人类集结和相互作用的全新的时空结构，代表了一种生产、生活、管理——即经济、文化与社会的新的一般生态状况，并逐步开始形成真正的现代意义与文化生态上的城市和都市。尽管迄今为止，都市化的进程并未突破人类生存的最大组织单位——国家的约束，但是无论经

济还是人类的其它活动都已经体现了明显的超国家趋向，并与过去时代君主为了战备、贵族为了享乐或单纯的商业货物聚散所形成的早期城市、城镇、城堡等完全不同，代表了一个文化发展和社会进步的全新阶段。

按照马克斯·韦伯对15世纪以来关于社会发展的经典理论的理解，是宗教改革过程中出现的新教伦理首先孕育的资本主义精神，奠定了近世西方持续繁荣的精神和文化基础；而被奉为当代国家竞争致富的新经典《国富国穷》的作者、哈佛大学著名历史学家兰德斯新近的说法则更直截了当：最近500年的世界历史主要是表明一点——文化使得每个国家发展的局面完全不同。

文化的重要性、复杂性与文化重建的必要性

在经济全球化的时代，社区、群体、国家、民族的发展与竞争在某种程度上的确是一种文化的竞争。在作为生产力要素的诸因素中，原材料可以购买，取消关税壁垒以后资金和技术流通的速度在加快，而由于国家主权、移民政策和精密管理等的限制，使得大规模跨地区的劳动力转移仍然比较困难，复杂的历史、地理、意识形态及国情等差异，使组织与制度的移植与复制更是困难重重，因而在国家间的全民性竞争中，只有人和人所秉承、创造的文化是无法取代的，它决定个人、企业、单位乃至所有群体沟通、决策和社会实践的态度、方式、能力与方向，决定着其它生产力要素的组合形式及价值定位。

按照研究文化的文化人类学的传统定义，文化是可以被社会传承的行为模式、艺术、信仰、机构、体制及其它人类

创造和观念的总和；它们与特定的时代、人群等联系在一起，并且可以通过学习继承和发展。

比较注重文化与社会及经济发展关系的前世界银行执行副行长 B.P.Singh 先生在 1999 年由意大利政府、世界银行和联合国教科文组织联合举办的“文化的重要性：可持续发展中文化的财政、资源和经济学问题”的佛罗伦萨会议上，从发展和人文的角度提出：“文化不仅包括艺术、音乐、舞蹈和戏剧，而是整个的生活方式。”他认为：“文化由语言和艺术、哲学与宗教、教育与科学、电影与报纸、广播和电视、社会习惯和习俗、政治组织和经济机构来体现，它可以全面提升一个人或者一个社会的各方面的技能，因为人和社会只有通过文化才能对整体有所洞悉、有所把握……从某种程度来说，文化是一种提升的过程。文化应当从这个最广泛的角度来看待。[1]”

新考古学的代表人物宾福德从考古学研究自身的需要出发将文化定义为人类对环境的超肉体的适应方式，并被考古学家普遍接受。他进而借用人类学对文化概念的认识，将考古遗存划分为三种大的产品类型：技术经济型的人工产品，如工具、武器等；社会技术型人工产品，如皇冠、权杖、古代中国代表社会等级的器用制度等；意识形态型的人工产品，如神像、氏族徽标、抽象的符号、祭祀用品等，分别对应于人类学的物质文化、社群文化（制度）和精神文化的范畴，探讨它们在处理人地（与自然）关系、人我（人与人）关系

1 文社选编：《古玩·文物·遗产：为了未来保护过去》，北京燕山出版社，2001年。

和自我关系时的功能与方式[1]。显然，宾福德在这里所说的环境已经包括人文与自然两个方面，他所说的文化也已经不仅仅包括人类适应自然与社会的技术手段。

因此看来，文化是我们人超越肉体的所有科学、技术与艺术、知识、社会等成就的总和。它不仅是个体的人的素质的重要组成部分，构成个体与社会合理正确选择的判断能力和实施能力，同时文化也减少社会协调与管理等成本，因此文化不仅是人类社会发展所追求的目标之一，也是社会持续发展的重要资源。文化不仅依附于一定的自然和人文生态——是从与它们的相互作用中产生和成长起来的，同时也是人类世代学习积累和有意识发展建设的结果。文化不仅可以将我们同环境决定论、历史偶然论区别开来，而且可以让我们从传统的创造性转化和有意识演化的角度来处理一切与发展有关的问题。最近的人类学家喜欢将文化表述为人类进步的基石，文化是制度之母[2]。

文化往往被划分为不同的层次，并对应于不同的载体。城市作为一种在当代文明生态中占据主要位置的生活方式，不仅为文化的成长提供了一种全新的社会生态，而且作为人类历史上最重要文化设施的博物馆也正是这种新型的城市化过程中的人类最重大的发明与创造之一。在早期的人类学史上，也曾经有过几次特别重视文化的经历：最早是重视保持原始状态的土著人的文化问题，目的是为我们人类的文化进

1 刘易斯·宾福德：《作为人类学的考古学》，载于《当代国外考古学理论与方法》，三秦出版社，1991年。
2 胡晓明：《文化是制度之母》，《文景》2002年第3期。

步提供一个起点或者进步阶梯上的踩脚板；二次世界大战前后，本尼迪克特等人从另外一个角度提出文化与国民性、国民性格与各当代民族的国际表现问题，从而为政府的宏观战略决策提供参考[1]。这样的研究向人们展示了文化研究的力量。

但是这样的研究同时也是文化研究被加以运用的较有争议的例子之一。因为文化从来就是一个较复杂的、超乎于纯学术之上的问题，它与感情及群体的标志紧密相连，指出某一民族和地区文化上的缺陷或者将某些不受欢迎的集体表现归咎于文化，无疑是较难论述和不受欢迎的方式和学术禁区。于是文化相对主义在较长的时间里占据了上风，这其中最典型也最有影响的是萨义德及其所倡导的东方学——他把几乎一切的文化论述都贴上政治正确或者错误的标签，并且完全排除了从外视角研究文化的可能性，从而也排除了文化比较的可能性。这种做法与人类学界文化生态学范式对文化进化论的胜利不无关系。但是在这样一种学术背景下，人们更喜欢直接谈论经济，谈论民主与发展这些实际上的制度性文化——这些文化皇冠上的明珠或者文化结果，而文化本身，包括萨林斯提出的文化中的大传统与小传统，文化的结构和深层次的东西，反而都成为一种塔布（taboo，图腾，意为禁忌）。这种极端的文化相对主义实际上是一种文化神圣论或者感情神圣论的见解，某种程度上也是一种“文化迁就论”，它与世界的冷战、政治体系及意识形态间的对立、隔绝、无知、大众盲从以及种族主义等现代文化病症紧密联系在一起——

1（美）鲁思·本尼迪克特：《菊与刀》（吕万各、熊达云、王智新译），商务印书馆，2007年。

人们宁愿忍受无知和贫困，也不愿意在感情、在信仰、在文化上让步，不愿意输在嘴上。

工业革命以来，人类患上了科技迷恋症，这种病症自19世纪末期以来有不断加重的趋势。某种程度上说——如果我们有机会在更漫长的历史时空中回溯人类社会的发展进程的话，19世纪或许是一个十分伟大的世纪，构成当代科学主体的几乎所有学科——电磁学、物理学、生物学、遗传学、化学、地质学及各人文科学的基本概念和理论方法都在这个世纪中成熟，蒸汽机、电动机的齿轮都已经启动，同时那个世纪也为人类贡献了进化论和马克思主义（包括科学社会主义和共产主义）的社会学说。

紧随的20世纪是一个科技进步更加迅速的世纪，人类进行了太多的分析、实验和组装，把飞船送入了浩瀚的太空，把探索的触角精确到分子、粒子和荷载着生命秘密的遗传物质DNA。在20世纪，可以说借助于科技进步，人类的生活水平得到了极大的提高，全世界一半以上的人口开始生活在与从前完全不同的现代都市里，尽管我们肉体的很多方面在萎缩，但是借助于机器的帮助，人的寿命延长了，甚至连听力、视力也被空前地延长了，传说中的千里眼和顺风耳似乎已经成了事实，而我们对历史的认识除了以考古等手段对伟大祖先的某种程度的证实或者证伪，时空范围的延伸之外，基本上没有超越荷马和司马迁、基督、释迦摩尼以及孔子那些伟大的古典人文主义者的视野和襟怀。人类深层次的沟通能力、综合性的判断能力和决策能力在大量的冗余信息面前被空前地削弱了。

因此，人类需要一种深层次的综合，需要为科技进步安装精神与文化的灵魂。21 世纪，在承接科技进步的余绪时，我们需要更多地关注文化的建设。刚刚开始的 21 世纪无疑应该是一个文化建设的世纪，共存、宽容、对话、发展成为这个时代的主题，全球主义作为一个新的理论雏形已经出现。

文化遗产与文化重建

发展与建设当代的先进文化，设计未来的文化，我们从何做起？怎样去做？这是一项宏伟的工程，历史事件和历史过程从来不会为之提供现成的答案。但是我们进行规划与展望，可以通过历史的启示对未来展开理性的塑造，所以我们首先应该重新清理和盘点人类已有的文化资源。人类已有的历史就是人类生活所有方式的可能性的集合，它们不仅蕴涵着关于未来的部分答案，同时也包含着我们应对未来的宝贵经验。

数百万年来人类及其文化进化的底蕴是异常丰厚的，兴兴衰衰的文化，匆匆如过客的文明可以提供给我们的经验与教训也是异常深刻的，人类与文化进化的许多密码尚未破译。如果每一种已逝的古代文化都曾经是人类生活方式的一种写真，那么它们也是 21 世纪人类进行文化建设的最宝贵的资源，而且所有人都应当明白，在信息化的地球村时代，人类文化再也经不起以灭亡来换取教训那样惨重的代价了。

因此，在 21 世纪，人文科学应该回溯历史与文化的源头，选择考古学、历史学和人类学——这几门从不同的角度、以不同的材料研究前现代时期的人类及其文化的学科为起点，在人类历史的整体图景下来关注现代，注目未来，进行这场前所未有的文化建设的综合性尝试。当然，描绘这幅整体图景，试探人类整体文化的景深，需要找到恰当的比较与分析单位，支撑文化的框架体系。如汤因比这样的历史哲人已经指出，有史以来生生灭灭的古今文明正是展开探寻与比较人类社会与历史运行规律的合适单位。而从历史的角度看，中国是迄今为止人类文化和文明中最大的一个体系单位，它经历了人类起源和文化进化的各个阶段；在文明社会产生以后，中国历史又有着无与伦比的连续性，中国考古从时空的概念上说，至少与整个欧洲或美洲的考古是等量齐观的，而社会主义革命之前中国各个民族的经济和社会形态，又几乎涵盖了从旧石器时代的狩猎采集到资本主义的工业社会的各个形态。中国已逝的考古泰斗苏秉琦先生曾经这样概括中国的历史与文明："超百万年的文化根系，上万年的文明起步，五千年的古国，两千年的中华一统实体。"(1991 年答记者问)。此外，幅员广阔的国土，丰富多样的环境资源，众多的民族与人口所提供的文化多样性，使中国成为进行这场文化建设的综合性探索的最为理想的实验场所之一。

这既是中国人文学者的幸运，同时也暗示了在中国进行历史、考古与人类学的学科整合的光明前景和沉重责任。历史、考古与人类学以不同的角度与方法面对几乎人类诞生以来的全部文化遗产资源，相信只有从这样的深度与广度之中，才能提炼出具有有效景深的人类放眼未来的文化透镜。

中国的历史现实与文化意义

中国有悠久的历史学传统，但是中国的考古学与人类学却是地道的舶来品，虽然学科的建设、资料的积累已经初具规模，但是从大历史的角度看，整个国家和文化仍然在继承与创新的漩涡中摸索，学科的中国化或者与中国现实的结合，仍然只是停留在相当浅显的水平上。迄今为之，我们仍然无法理性地对待自己丰富的传统文化遗产。近 20 余年的改革开放虽然使经济与社会诸方面迅速发展，同时也以牺牲和消灭大量宝贵的传统文化资源为代价。

因此，我们首先需要整合前述各学科的力量，对中国的文化遗产资源进行系统的调查、搜集、研究和保护，在综合的眼光下展开研究，在科学整理的基础上进行继承与创新，创造性地汲取精华，扬弃糟粕。历史学曾经是古代中国唯一的人文科学，今天，在进行了诸多学科分工建设的基础上，我们需要重新回到一种综合的历史科学，特别是，如果我们没有能力对历史遗产和文物等文化遗产资源立即给以科学的诠释，我们也应当力求培养和建设一种科学保护和科学展示文化遗产的理念与体制，让更多的人参与到文化遗产的继承与创新之中，让它们融入当代文化的建设与发展之中。文化遗产是全民族和全人类的遗产，文化是活生生的人类生存的适应过程与成就的累积，所有的人都有权利与义务对文化遗产进行创造性转化，让文化遗产成为建设与发展当代先进文化的原材料。

进行这样的学科、观念与资源的整合，涉及考古学、民族学等田野资料收集，也涉及系统的人类学视野的科学分析与综合研究，更涉及诸如博物馆这样的文化机构对遗产资源的收藏、保管与展示，同时还涉及科学地规划和开发不可移动文化遗产的旅游分享与大众传播等等。

从文化的角度来说，作为文化遗产集中代表的文物是文化的物化与载体，包含着具体和抽象的文化涵义。首先，它是一种形态语言，表现为一定的形态和空间维度；其次，它有独立的历史源流和发展变化过程，表现为一定的风格特征和时间维度；最后，在这些物品的背后总是隐含着文化的结构，即文化的语法，因为将物品符号化是人类文化共有的现象和规律。因此，对文物的科学研究和解释就是通过对古代遗存的系统比较与分析，用文化的语法来还原文化的结构和文化发展的过程，这通常被认为是科学的考古学的工作。打个不恰当的比喻，考古遗存犹如古代文化的残章断简，考古学的解释就是要根据它们的意义以及社会与文化的语法逻辑对其进行释读和缀连，希望能够读通读懂古代这部天书。在文化迈进新纪元之时，人类确实需要从精神到物质进行一次彻底的综合，考古学应当拿出拼对陶片的功夫，去追寻和触摸人类整体的历史经验。

文化殿堂：博物馆的重要性

这里我要特别强调一下博物馆这种新兴并日益成长的文化机构在这种文化遗产的继承与创新中的特殊作用。虽然不少人喜欢将博物馆的源头追溯到公元前 4–3 世纪希腊化时代亚历山大的缪斯殿堂，但是应该承认博物馆是最近产生并与城市化、都市化的发展具有密切联系且其前途在当代社会中仍颇有想象空间的一种文化机构和设施。按照国际博物馆协会的定义，博物馆收藏、保管、研究和展示人类生存及其环境的物证，并且着眼于知识的普及和教育；博物馆藏品的内涵包括古往今来人类生存及其环境的一切自然与人文遗产，人类生存及其环境的物证从各个方面向为数不多的区域性的博物馆里集中，而遗留在野外的遗址，也普遍成为城市居民游览观光的旅游胜地，并逐渐向一种全新形态的博物馆——遗址博物馆或者生态博物馆发展。同时，尽管许多博物馆的收藏和展示具有国际性的视野，观众也往往来自世界各地，是古往今来不同的文化与文明交流对话的场所，但是，具体的博物馆往往隶属于具体的地区，从当地社区与观众中寻求发展的支撑和资源。因此，博物馆更倾向于被视为是一种综合性的社区文化中心，是当今城市生态与文化的重要组成部分。在全球化的形势下，博物馆被认为是不同民族、地域文化认同的名片，是不同地区与社区人们的由藏品的物质链条缔结的贯通古今的精神空间的物质结构与庙堂建筑，是一种新型的科教教堂。

而不管这样的比喻是否恰当，毫无疑问，当代博物馆——包括那些综合了切实的人类生存样态与生态环境的遗址博物馆和生态博物馆的各类博物馆，确实是当代城市生活方式的重要组成部分，是进行文化继承创新和探索学科综合的一个十分重要的试验场地，并属于广义的文化事业与文化产业的一部分，为公众提供特殊的精神和文化服务，并担负着人类文化的继承与创新的神圣使命。目前的博物馆是一个使命与属性迅速发展的新型文化机构，几乎与大学一样，包括了各个门类的专家，而文物考古与历史、人类学的专家在这里占据主要的地位。进行历史、考古与人类学的跨学科整合，推动人类文化的继承与创新，博物馆是一个突破口。

当然，在文化遗产的继承与创新方面我们的确有太多的工作要做，但是当前更加迫切或者更为当务之急的是文化遗产的保护。因此在博物馆的传统使命之外，我们必须赋予博物馆以新的功能与定位——博物馆是文化遗产保护的主力军，在博物馆发挥其作为文化继承与创新的“文化工场”的作用之前，在我们还没有能力将人类宝贵的文化遗产全部研究清楚、认识透彻之前，我们首先应该尽可能地将它们收集起来，保护起来，应该为未来的人留下重新认识和接触它们的机会，为未来留下接通历史电源的物质导线。在全球化、现代化的风声鹤唳之中，我们必须提高对博物馆收藏功能和收藏使命的认识以及对博物馆收藏体制的完善。

新世纪已经开始，大众旅游、体验消费、文化与知识经济的时代已经来临，人类应当欢呼这些历史性的进步，更应该对文化及其前景保持更高的警觉与自觉。文化遗产事业注定要担负更加重要的使命，历史、考古与人类学者必须做好充分的准备，博物馆应该做好准备。德国考古学史家西拉姆说：要想看清未来的100年，人类必须了解过去的5000年。文化遗产事业虽然无法担当大众文化的主力军的角色，无法直接为公众提供现成的精神食粮和精神家园，但是历史、考古、人类学与博物馆应该努力携手复原和诠释一个人类共有的完整的科学的历史现场和历史记忆，并引导人们将当代的社会过程理解为一个继承与生产新型文化和文化产品的“文化工场”。我们应当通过历史与文化的透镜，赋予人类足够的展望未来的视觉景深与判断能力，推动人类共同设计和建设一个合理健康的社会精神和文化殿堂，引导大众培养一种健康强健的文化口味，以确保在未来的日子我们的头脑和身手能够相互匹配，确保人类社会发展的协调性与持续性。

原刊《中国文物报》2004年8月6日

略论传统文化资源与当前的社会文化建设

2003年“非典”事件之后，尤其是中国共产党的十六大以来，社会建设问题受到空前的重视，与此同时当前社会的一些不良现象也的确令人触目惊心，隐隐之中，我们似乎能够听到转型阶段我们这个社会某些部分所发出的咔嚓咔嚓的分裂声，亟需予以认真的对待、深入的研究和妥善的处理。

中国社会属于超级巨型，而且正处于千年未有的大变化中，从农业社会向工业与信息社会、计划经济向市场经济、封闭社会向开放社会的转变同时进行，这无疑加剧了此一问题认识与管理方面的难度。

转型时期往往也是社会发展过程中的危险期，主要表现在：社会各个方面变化的速度快，包括经济社会发展与生活水平的改善等，都是空前的，但是人心的期望值一旦被释放出来则往往会更高更快，这里就构成了一对矛盾，很多人在心理上形成失衡甚至是挫折感；转型时期的社会本来在很多方面就是失范的，旧的规范过时了，新的规范尚未形成或者没有成熟，而新的社会内涵又空前增加，往往造成社会面貌复杂而混乱；在这种情况下，一些富人以行贿获取利益，瓦解社会威权，一些穷人或者不满意的人以造反形式对抗社会威权，这些极端的方式往往会对社会调节和管理能力形成巨大的挑战。

其实中国历史上的人生、社会与文化资源异常丰厚，某种程度上它们是现代化需要转化的对象，另一方面它们也是中国文化在现代化转型中的独特之处和优势，而且如果认识与处理妥当，后者的特性将更为突出，可以对当下社会发展起到积极的推助作用，这一点在东亚地区的现代化历程中已经得到证明。

日本是亚洲率先步入发达行列的国家，接着是所谓的亚洲四小龙——韩国、新加坡以及中国的香港和台湾，它们历史上都曾经是广义的中华文明圈——即东亚文明圈的成员。可以说，东亚之崛起，与东亚的文化，与中华文化不无关系。但到底是一种什么样的关系？应该说是比较复杂的，有各种见仁见智的意见。四小龙崛起之后曾有专家以所谓的儒家第三期复兴学说予以解释[1]，参考欧美地区韦伯的新教伦理与资本主义兴起之关系的学说，似乎有些道理。暂且不管这种具体看法的对与错，东亚地区的崛起显然与东亚地区的独特文化和社会资源有关，则是可以肯定的。我们可以看到前述这几个国家都有以下一些共同的特点：

1. 都是自然资源贫穷，靠人力、文化、组织与技能的调整，终于后来居上，发展起来。

2. 都有开放好学、见贤思齐的精神。

---

1 方世忠：《儒家传统与现代性》，华东师范大学 2004 年博士论文。

3．文化都相对包容，虽然发达之后颇有些去中国化的逆流发生，但是对儒学的东方文化核心、对自己和东亚的传统文化还是尊重的，能够取其精华去其糟粕，并能对西来的佛教和新兴的基督教以及欧美现代文化等兼容并包，真正做到三教合流。

4．都注重人、文化与社会的关系，注意社会组织结构的建设与社会内部和谐。

总之，它们都能够从理性角度坚守自己的传统文化，憧憬并拥抱西方文化，并面对现实不断进行自身的调适，这些都体现了东亚文明中所固有的适应性、实用理性等文化特性。

但是，在东亚文明的大本营，中国的情况则更复杂一些，过程也更曲折一些。在接受以西方文明为代表的现代化挑战与应对过程中，一百多年来中国主流阶层尤其是精英阶层对历史和现实的认识与改良、改革，一直跑不过社会内部张力所引发的革命。尽管革命最终在中国共产党的领导下使得中国人民终于摆脱了封建主义、帝国主义、官僚资本主义三座大山的压迫，实现了建设新中国的梦想，并启动了民族复兴与现代化建设的伟大事业，取得了空前的成就，但是在这个过程中，传统的社会结构也被破坏、消解的差不多了，而一个理想的新社会还没有很好地构建起来，最近 30 余年经济社会建设更是取得空前成就，但是目前整个社会至今仍然处于急剧的转型和变化过程中，一些社会矛盾和危险也空前暴露。

在占中国最广大人口的农村中，传统的社会结构已经不复存在，而解放后 30 年曾经主导农村社会生活生产的生产队、人民公社等新型社会组织结构也在转型过程中解体了，尽管农村经济经过联产承包责任制以及经济多元化等获得空前的发展，但是现代化的新农村仍然是一个愿景。

同时，城市在中国社会中的比重不断提高，城市化进程不断加快，当前城市人口已经接近全国总人口的一半，中国城市的结构体系不断完善，但应该承认，城市中的市民社会、公民社会的发育仍然有漫长的路要走。城市的基层社会建设基本上仍然是一片空白，街道办事处、居民委员会和居民的实际生活以及社会管理、服务等基本脱节。曾经，我们的单位文化似乎很发达，几乎人人都是单位人，单位对一个人的管理也是全方位的，党组织和单位基本上能够对城市人口实现较为全面的覆盖。但改革开放以来，随着人口流动，资产及生产、生活方式的多元化、多样化，一方面丰富了城市内容，另一方面，越来越多的人不再是单位人，而是变成了自由职业者，或者是私企、外企的员工，而单位人与社会人、与社区人逐步脱节，同时由于社会化服务与管理相对滞后，使不少人的生产、生活等行为游离于城市社会之外，城市中的盲区也不断增加。

上述城乡社会组织方面的空白与欠缺还只是横向的，从纵向来说，就业、教育、医疗与社会保障，城市与乡村、民族与地区、部门与行业发展的不平衡甚至是不公平等问题，也滋生出更多的社会的离心性因素。因此，建设社会主义和谐社会过程中，中国社会无论是城乡还是其它的社会组织文化等，均需高度关注乃至重构。这里，对传统文化与社会的反思及创造性转换利用，尤其是传统中国对于人、家及社会关系的认识与实践，或许可以提供一些有益的借鉴。

文化和社会均由人和组织而展开。人的素质固然重要，但是连结人的组织是更高层次的、更能表现和发挥文化的特质。很多学者概括中国文化与社会最重要的特征之一是家国同构，这是因为早期中国国家建立的过程中，往往以部族为核心力量，国家建成以后又以部族的力量来进行统治，这在文明初期夏商周三代时期表现尤其明显[1]。后来秦汉以后，虽然部族的力量有所削弱，家族的范式则得以强化，社会性因素不断加重，而且无论从皇族到平民，家族不仅仍在发挥重要的建国作用（少数民族南下时往往又重新回到部族建国的立国道路上，并最终融汇到家族国家的中华文化中），具体到基层，也是家族与家担负了生养、培育一个人完成修身齐家治国平天下的教化和实践人生。可以说，中国人总是把家放在最基本、最重要、超出原本的生产生活的家庭组织的位置，放在比一个一个的人更重要的位置。对于传统中国人和社会来说，家是最重要的单位，虽然人的飞黄腾达可以光宗耀祖、光大门楣。

儒家将家庭作为传统社会中耕与读这两种经济与文化最重要活动的基本实施单位，并由耕与读延伸出其它的社会性责任义务规范与事项。许倬云概括中国文化三原色：宗族、精耕细作的小农经济与文官制度[2]，无一不以家为出发点和实施的单位。被称为中国封建社会最后一个实现了儒家理想的儒家代表人物清人曾国藩，在其教子诲人的著名家书中也反复讲到耕读传家的问题。

家说到底是建基于血缘关系之上的最基层的社会组织，但是在中国文化的发展过程中被不断在其中加进社会性的文

1 曹兵武：《夏商周国家的特点及其启示》，《南方文物》1997 年 1 期。
2 许倬云：《中国文化与世界文化》，广西师范大学出版社，2006年9月。

化因素，因而逐渐形成了中国文化的上述的特征。费孝通用差序格局的理论模型[1]来表示自己对家在中国文化中作用的认识，是非常贴切的。从个体的人出发，围绕着家，社会关系像一圈一圈的涟漪荡开去，形成一个同心圆结构，其间有纵横的网结，将个体牢牢织进社会组织的大网。不同位置的人，分别担负不同的角色并拥有不同的责任、权力和义务。而文官制度为核心的官僚体制，尤为有道德有能力（德才兼备）的个体提供了在社会性系统中升迁进退的上下通道。

然而随着文化因素的不断增加以及现代社会生产生活方式的演化，具体地发挥作用的家的规模却在缩小。新石器时代一个村庄就可以被视为中国文化中的一个大家，因为这个村庄里所有的人都具有血缘上的关系，都可以借用这个关系协调和组织起来做一些大家共同感到需要做的事情，比如维持生存，举行公共仪式，修建房屋以及庙宇、村庄防卫、环壕等公共设施。国家产生以后，人们就很少再管别人家的事情，大家只是对名义上的祖宗尽些义务，家里的事情主要就是耕读，养活自己，然后培养后代读一点子曰诗云，在分层次的社会组织系统中升降进退。这种社会发展的实质可以概括为国进家退。

由于中国社会的政治组织和家有如许密切的联系，国家将管理运用到社会基层，不仅是一个十分缓慢的过程，而且往往极不彻底。在早期国家和文明中，作为统治者的贵族和被管理的对象之间没有多少缓冲，以族立国阶段，仅有贵族与平民、“国人”与“野人”等不多的社会层级分别。封建制

1 费孝通：《乡土中国》，北京出版社，2009年3月。

度确立之后，很长一段时间中上层政府只管理到县，乡村虽有里正之类负有行政责任的人士，但主要仍然是一种自治状态。具体到对个人的管理，很大程度上仍然是依靠家或者家族来实施。尽管如此，基层社会基础却十分牢固，因为国从家中产生，从国到家，传统文化的根须十分健旺，齐家治国道德选荐以及读书科举上下升迁的通路也十分顺畅，家国同构和儒家思想使得局部与整体的关系在正常情况下一般都十分协调。

钱穆先生认为，中国汉代以前不断削弱封建制度，以族立国的贵族不断被铲除，除了皇族，平民做官的路子逐渐被开放和规范化，社会上没有培养出新的诸如工商一类的强有力的组织，因此，社会规模尽管不断扩大，却往往结构单一，活力有限，与外族交接时，形势早晚迥异，魏晋南北朝因还有变相的贵族残存，他们在地方上拥有大产业，有大群的民众，他们一号召，总可有几千上万的部曲附庸跟从附和，形成割据和抵抗的局面，尚可对外族入侵予以抵抗，此后，外族一旦消灭了中国的中央政府，社会便没有抵抗能力，因此宋明很容易被元清接替[1]。但是，外族可以很容易地征服小农，改朝换代，但实际上小农社会却是一种摧不跨的结构，它们像一个一个的社会的细胞，任何政治体制和制度都必须在这个零散的基础上重建，而新建立起来的社会也仍然是中华文化的延续。

这可能是中国文明绵延数千年而未能被外力中断的一个

1 钱穆：《中国文化传统之演进》，见姜义华等编《港台及海外学者论中国文化》（上），页1–19，上海人民出版社，1988年。

十分重要的原因。但是，几千年农村社会的耕读传统也难以在家庭与国家之间培养出新的社会组织类型，因此，发展变成了一种轮回，王朝兴替形成一个怪圈，中华文化单靠自身已很难取得社会形态与文化观念的重大突破。

近代西方文化东渐之后，包括新型的组织文化、制度文化等的引进，导致新一轮社会复杂化过程重起，新生事物中很多就是新的社会组织的萌发，诸如学校、企业、社团等，黄仁宇先生认为中国共产党半个世纪的革命，最重要的成就是对乡村基层的翻个和重新建设，是政令行于人人[1]。今天，当我们迎接建国60年的时刻，改革开放也有30余载，新中国所建立的城乡社会组织又一次被重塑或者瓦解，一度非常发达的单位组织与文化也大大消弱，不仅很多人与组织以及其它的社会资源游离于现有单一的以政府为主的社会管理的视野之外，而且社会与经济、文化、生活、生产的主体及形式均更加多样，社会文化发展过程已经不可逆转。因此，在完善民主法制等现代文明要素的同时，中央提出加强社会建设正当其时，而未来中国建设的核心仍然需要不断完善包括家庭、单位及其文化在内的这各类社会组织的肌体与生命力，尤其是要加强乡村社会与城市社区及其能够兼容传统适应未来的相关文化及制度的微观构建。可以说，只要这些组织和基层社会富有活力，积极健康，和谐社会建设与中国文化的复兴就有希望。

初稿于2009年12月，原刊《东南文化》2010年第4期

1 黄仁宇：《近代中国的出路》，台北：联经出版公司，1995年4月。

对待文化遗产要有文化眼光

——兼谈圆明园流失文物回归问题

最近一段时间，中国在近代被以各种方式劫掠到国外的流失文物的返还问题成为一个牵动社会各方面神经的敏感问题，相对于从前人们对文物的破坏、盗掘走私等掠夺破坏行为的麻木不仁应该是一大进步。

拿处于问题焦点上的圆明园被破坏和劫掠的文物这一问题来说，从1860年英法联军侵华起始，先是帝国主义者一把火的焚烧和疯狂劫掠，然后是我们自己民族的一些败类在废墟上的继续劫掠，再到长久的荒废以及较近的无知与商业化以利益为驱动的折腾，各相关方面在这个过程中鲜有一点道义心和历史责任感。曾有专家概括，今日的圆明园，是经历了火劫、木劫、石劫、土劫、水劫之后，才最终成为目前的模样。相较于1980年代以前长达一个多世纪的种种人为劫难，最近几年围绕圆明园文物回归及其复建等问题的争议，我认为已经是一种历史的发展和认识的提高，当然其中不少问题还是有需要加以具体分析和讨论的。

比如，流失国外的圆明园被劫文物的回归问题就相当复杂，不仅牵涉到当前国际、国内的法律对此类问题的界定，也涉及要求回归一方怎么认识、被要求归还的一方又怎么认识——总之，这一问题既是个法律问题，还是个道德、情感乃至理性和学术的问题，或者说它们是同一问题的不同层面，无论是观念还是操作，都无法回避这些复杂的问题。

但是，就 2009 年那场闹得沸沸扬扬的圆明园流失铜兔首、鼠首拍卖闹剧的具体结果和方式来说，我认为蔡铭超的做法绝对不可取。记得网上有篇文章说，在圆明园文物这件事情上，中国人先是被英法列强以武力劫掠了一次，而这种不理智的做法又使得我们在道德上被羞辱了一次，这真是以圆明园所代表的中国文化的悲哀。

圆明园被劫，国人当时不痛，或者是顾不上痛，后来成为挥之不去的痛，2009 年发生在法国的圆明园铜兔首、鼠首拍卖事件则又戳到了我们的伤痛处。今天，这些文物已经不仅仅属于没落的大清国皇帝以及那个提请拍卖的法国持有人，也不仅仅属于对相关流失文物有所有权主张的圆明园管理处，它更属于我们全体中国人乃至整个的人类文明。因此，对圆明园文物的一系列反应其实是对所有人的一种考验。

我认为，对于此类事情，痛心疾首，举国震怒，要不得；不惜一切代价、不择手段回购，更要不得。依据有关法律的追索可以尝试，要不回来也没关系，通过追索，通过讨论、辩论，可以提升相关文物的价值，提高大家对文物和相关历史等的认识。但是，当下更有可为的或许是更多地应该围绕相关文物展开政府间、学术界包括民间在内的各种形式的谈判、交流，更多地共享文物的信息和价值。

文化遗产作为古代遗存，不仅连接人类的过去、现在与未来，也联系着当今世界的你我他。围绕文化遗产的争夺与对话，必将是塑造未来新文化的重要的力量源泉。圆明园文物拍卖的争议就是一起典型的围绕古代遗产的现代争论，不仅涉及国际法、中法两国的国内法、物权争议与国家公法、主权等，更涉及历史、关于人类文化遗产的民族情感、道德以及学术等问题。圆明园的流失文物想一下子要回来，虽不那么容易，但是历史不容遗忘，人心不应淡漠，还是应当努力尝试一些合法或者是合理、合情的做法，至少是不断探索这样的可能性。哪怕一时半会儿文物不会回归甚至是永远不会回归，这样的努力与过程也可以提醒人们历史的真实并从中思考更深入的相关法律道德理性甚至是学术的问题，展开更加深入的文化与文明之间的对话。

2008 年 3 月，为纪念联合国教科文组织促使文化财产返回原属国或归还非法占有文化财产政府间委员会（简称 ICPRCP）成立 30 周年，由希腊政府发起并主办了文物归还原属国的雅典国际会议。会上着重讨论了促使文化财产返回原属国的《关于禁止和防止非法进出口文化财产和非法转让其所有权的方法的公约》和委员会成立以来国际上文物回归的一些成功的案例，包括：意大利归还二战时期从埃塞俄比亚运走的阿克苏姆方尖碑（Axum Obelisk）；德国独立博物馆在其政府支持下归还大津巴布韦一只皂石质石鸟的身体部分，使其与此鸟的头部重新“团聚”，从而恢复了被认为是大津巴布韦国家象征的石鸟的精神价值；英国爱丁堡大学归还了对于南澳的纳林杰里（Ngarrindjeri）民族来说具有高度宗教意义的祖先遗骸；丹麦向格陵兰岛归还殖民时期被掠走的系列文物；法国卢浮宫博物馆和美国纽约大都会艺术博物馆通过罕见且具有突破意义的合作，将分置两馆的被肢解的古代美索不达米亚的重要雕塑品苏美尔雕像（Sumerian Statue）复原，并在两个博物馆之间交互轮展；英国博物馆以长期出借的方式向加拿大温哥华岛上的夸夸嘉夸族（Kwakwaka' wakw）原住民归还了仪式上使用的面具。这些案例有一个共同特点，即被要求归还的遗产不仅被认为是特定社群、国家或民族的文化遗产中具有重要价值、维系他们存在的必要元素，而且案例所涉及的物品、纪念碑或人类遗骸都是在1970年之前——也就是说，在联合国教科文组织的《关于禁止和防止非法进出口文化财产和非法转让其所有权的方法的公约》出台之前——被转移出原属国的，而它们的成功回归是一系列争取回归的行动与长期协商的结果。每个案例中的文物归还行为都属自愿，是双方对话的成果，而非求助司法程序或争论的结果。研讨会上，涉案双方均有代表出席，以体现对同一个事件的双重或多重的观察视角，以图体现一种对话的特征。

当然，在文化遗产物权界定清晰、被盗走私过程清楚、有关国际和国内法律规定明确而持有者并无归还诚意时，通过司法追索是必需的。但更多的情况下，事情却可能并非如此，扩大围绕文化遗产问题，尤其是被劫掠遗产的交流、对话，引起更多的关注，是一种更理性的策略。它提醒我们应该理性地认识文化遗产的价值和作用。毕竟，归还原属国，是文化遗产保护与价值体现的最佳选择。因此，这些案例可以被认为是文化遗产返还方面堪称良好做法的范例。文化遗产不能吃、不能穿，尽管在有些人的眼里也很值钱，但主要当然还是因为它们在文化建设方面所能发挥的积极作用。文化不能直接创造财富，不能直接改变什么，文化似乎是柔弱的，可有可无的，但是文化可以改变人，被改变之后的人可以改变世界。这就是文化及文化遗产与人、与世界的真正关系。拥有它时可能没有感觉，失去它时却又万万不能，它们像我们生存的水与空气一样，不能被忽略。

2009 年 12 月 12 日初稿，曾以《不能让羞辱再次发生》为题刊于《社会科学报》2010 年 2 月 25 日，2011 年 1 月 20 日再修订。

欧洲一体化与世界文化的战国时代

欧洲的一体化进程因为法国、荷兰在全民公决中的失败，同时也因为欧盟 25 国首脑在制定下一个 10 年预算中各怀心事，而遭遇搁浅，再一次遇到重重困难。但是我相信，对于欧洲，这只是前进道路上的又一个挫折而已，而不是什么事关存亡的重大问题——欧洲面对的问题与当前世界其它地方面对的问题不是同一个层次上的，欧洲经年探索和积累起来的协商机制并没有因此受到破坏。西方有句谚语说：罗马不是一天建成的。何况在世界其它地区仍然深受贸易保护主义、民族主义国家、极端宗教势力分裂活动等等困扰之时，欧洲却在尝试以和平的协商走向一体化的联合。欧洲的一体化如果从 20 世纪 50 年代算起，也已经算是一个漫长的过程了，有了不小的成就，并且可以预计今后还会有挫折和不少的路要走。

不同时期和不同发展阶段的人们关心不一样的事情。其实今天的欧洲颇有些像中国的春秋战国时代。从 16、17 世纪起，欧洲在向海外扩张、殖民的同时，内部也借助民族主义的大旗对国家形态不断完善，并进行了长期的对抗和战争。20 世纪的两次世界大战，与战国末期秦与六国的战火一样在当时的世界文化版图中具有普遍性和残酷性，甚至更有过之而无不及。但是历史毕竟不同了，20 世纪的德国没有成为公元前的秦国，欧洲没能因为战争统一起来，相反，今天的欧洲却在通过农业、贸易和经济的其它方面，通过货币、宪法等战争手段所难以达到的当代途径走向统一，即中国历史上所谓的大一统。

春秋战国曾经被经典作家认为是中国文明和中华传统的轴心时代，在惨烈的竞争之中，经济、学术、管理乃至价值观念走向辉煌，轴心时代是为长期的历史发展定价值、定框架的时代。近代欧洲的战国情形和以这种特殊的形式走向统一的情形其实也体现了这样一种可贵的历史趋势——欧洲在列强争战之中探索人类文化融合的新的途径。而且因为民族国家的形态乃是经由近代的欧洲而传遍世界，因此今天欧洲的经历肯定对于其它的民族国家具有世界性的启示意义。

春秋战国时代的中国尽管也有同样的经历，但是中国当时接触的世界和认识的世界都是有限的，中国的天下观念基本上局限在东亚一域，至多能够影响到包括越南、韩国、日本等在内的农业民族，那些游牧的和化外的、还有那些根本没有接触的民族与文化，则根本没有受到春秋战国时期形成的中国国家意识的影响。因为这是当时交通条件和人类知识状况之下人类对世界认识的极限。即便像前述的那些受到过中国文化圈强烈影响的国家，后来也无不再次在民族国家的浪潮中经历了去中国化的发展。是今天的欧洲奠定了当今世界民族国家的国际关系理念、理论基础以及国际关系准则。

因此，今天民族国家的发源地要以对话协商的方式进行统一，那么无数先哲曾经憧憬并为之孜孜奋斗的世界大同的日子可能就已经不会太远了。

今天世界上的许多新问题和现象，都是由于不同文化的相互接触、碰撞、融合而出现的。但是，近二三百年来，以欧洲为源头的西方文化在世界上占据主导地位，在面对一些全球性的问题时，西方的思想则表现出很大的局限性。这是因为，西方的经济发展和民族国家只有几百年的历史，西方的现代科学只有一百余年的历史，而且作为强势的欧洲主要是站在欧洲或者西方视域中看问题的。

中国天下国家的观念从夏商周三代萌芽，春秋战国的轴心时代已经奠基，到秦汉已经全面付诸实施。中华文明的结构和机制，在漫长的岁月中，经过一代代先人在时间中不断探索、积累、完善，已经形成了一套相当成熟的协调模式。今天的欧洲在人类新文明的进程中正与中国的春秋战国时代有所相像。中国的春秋战国时代的混乱格局中当然没有失去对天下国家的向往，今天的欧洲这个新的春秋战国时代同样有对民主和平的向往，并且有资本主义和基督教等欧洲价值观念的长期教育和熏陶，经过了战争的血淋淋的教训，拥有民主、科学等全球化时代的主流观念，国与国之间对话的手段除了战争，也已经有了一些国际协调和仲裁机制，加上信息的交流更加充分，我们有充分的理由相信一个美好的明天。

毫无疑问，近代欧洲的崛起开辟了人类历史的一个新时代，第二次世界大战之后的人类因为观念与科技的变革又正在进入一个新的文明阶段。尽管不断有人提出西方没落的预言，但是必须看到这个阶段是在近代以欧美为代表的西方强势文明没落的基础上展开的，它虽带有旧世界的胎盘，今天的欧洲仍然是建立世界新秩序的榜样——尤其是国家与文明间进行协商的榜样，新的国际关系（传统中国所谓的礼制）的榜样。尽管美国是唯一的超级大国，但是就民族国家之对话及文明进程的模范作用来说，列强并存的欧洲可能应该比美国更有条件发挥一个好的带头作用。

2005 年 6 月 18 日

军阀·学阀·财阀·门阀

——由日韩财阀谈中国传统文化一现象

2009年秋到韩国访问时，屡次听到介绍说三星集团是其最大的财阀，在整个国民经济中占据着十分重要的地位，其年产值即占当年韩国全部国民生产总值的15%，几乎渗透到韩国经济与社会生活的各个方面，不由引起一些思考。

其实，在更早时期日本的经济起飞与迅猛发展中，财阀也起了举足轻重的作用。最初的“财阀”一词曾经是专指二战之前以家族为支撑的、具有垄断性的日本金融集团，但是随着它们势力的强盛及羽翼的丰满，这些财阀很快就超越金融，渗透到国民经济乃至政治生活的各个领域，控制了整个国家的经济命脉乃至国家机器。二战后，日本的财阀吸收若干西方现代企业制度，逐步过渡到大型财团。而与此同时，韩国则兴起一种由家族控制、多角经营、交叉持股甚至介入国家政治的大型企业，也被称为财阀，如三星、现代等等。

日、韩的财阀不能完全等同于欧美等的垄断性竞争企业，它们都脱离不了家族与地域的干系，更多的是一种围绕亲缘关系与利益链条的关联性展开，其产业架构在内部相互支撑，向外则逐利而上，进行跨行业渗透和扩张，并与社会及国家具有更密切的联系。因此，财阀是结合了西方的市场竞争和东方的家族文化而纠结在经济、社会甚至是政治领域中形成的一种特殊现象。

财阀在中国台湾与香港以及东南亚地区虽然相对弱些，但是这些地区同样有家族企业兴旺发达的突出表现。

在日韩，财阀一词具有负面的含意，这使人联想起中国社会中军阀和学阀广泛流行的历史现象。中国的经济、社会尚未发展到日韩的程度，与东南亚也有不同，但是将来是否也会是家族企业和财阀大行其道，不仅令人担忧，而且确实是有相当的东方社会与文化作为基础。

所谓阀，本身就是以中国为代表的东方文化特有的一种瓜分权力与资源的体制机制。其最早的表现是门阀，社会刚刚脱离贵族血缘的统治体系而又没有完全摆脱其干系时，士人阶层和血缘出身结合在一起，以所谓的门生故吏结党营私进入政坛，但是因为强大的皇权的抑制与个人主义的缺如，又远远没有进入到后世的那种真正的政党的层次。儒教的天地君亲师五种权力代表中，最后的亲与师相对于天地之神权以及君所代表的皇权是最弱势的，但又与门阀体制关系最为密切，它们结合在一起，形成权力与利益的共同体，去谋求制约天地君所代表的最高道德与权力地位。

在道德与皇权的压抑下，中国社会与文化其实是不太容许士人结党的，但是不等于能够抹杀客观存在的社会不同利益，抹杀阶级、阶层与以个体为中心的血缘与利益关系的远近亲疏，当然也就不能根绝政治、经济等社会生活中的拉帮结派，因此就在家庭、家族与乡党、师生等人伦关系基础上派生一种特有的门阀制度。所谓“阀”，即以血缘或者亲缘等关系形成帮派，在规模性的工商业经济兴起之前，它们在军事、社会及政治领域已表现出极强的渗透性，发挥过重要的作用。“阀”的背后都有家族的支撑或者影子，汉字之“阀”的写法为门下操戈，也很能体现其本义。这种文化基因自然也影响到东亚文化圈中的日韩，并在其经济起飞和现代化过程中以财阀的形式予以表现。而反观西方，即使富如比尔·盖茨等也不能成为阀，因其缺乏那种东方特有的社会关系与文化依托，其股东之间的关系实质、其责任与权力的分配方式和东方传统是完全不同的，更多地受到西方文化理性、协调与契约精神的制约。

军阀——即以上述“阀”的原则结成的军人集团，作为与皇权相对立的力量在中国政治舞台上已有将近两千年的历史并曾扮演过重要角色。虽然中国社会与文化从道德层面对军阀的发展是抑制性的，但是由于其组成原则与家族、血缘、亲缘、地缘等社会文化因素密切相关，却一直不绝如缕，尤其当皇权腐败、道德沦丧的王朝式微之时反而会极其勃兴，成为重要的皇权制约力量和社会统合力量。

由于中国学术一直缺乏相对的独立性，近代科学也产生极晚，并多是在科学与民主的旗帜下从西方引进，因此学阀几乎没有形成气候，但却屡见端倪，文人相轻、门户之见、学术资源垄断、缺乏真正的学术规范等一直是中国学术界的痼疾与学术腐败的温床。

改革开放后，经济快速发展，社会进入多元化时代，对社会资源的分配与利用过程中，作为中国文化中负面因素的“阀”的形态难免也会死灰复燃或者发生变异，所以，在中国经济中不难预测，也很容易形成财阀现象，财富与权力相互勾结，在逐利过程中无孔不入，其对社会财富分配的公正性、社会正义以及可持续发展能力的危害，都是不容忽视的，因此，这是中国改革与社会、文化发展过程中需要高度警惕的一个方面。

2010 年 3 月 24 日初稿，2010 年 8 月 20 日修订

江山破碎 圆明梦醒

——寻望近世中国文化的背影

山光水色叠楼台，细柳成丝菡萏开；
空有前朝残景在，风流散尽剩余哀。
天外狼烟久未消，僧王马队已多骄；
名园失落伤心事，欲寄清吟旧梦飘。
南疆痛史话从头，碧海鲸波震九州；
漫道圆明劫后火，且凭记忆写琼楼。

——汪荣祖《追寻失落的圆明园》

书成三题

天下国家与皇家园林

古代中国将国家叫天下，皇帝执政叫坐江山。皇上坐江山，不仅是威仪森严地坐在都城的皇宫里，为了显示皇上和天下的关系，还要经常到各地巡视，体察民情，巡幸山水，甚至还要在京城以天坛、地坛、日坛、月坛等弄出一个象征性的天下世界。在皇家居住的地方，也要以园林的方式浓缩山水的精华，体现人与自然的和谐。

中国传统的绘画主要是山水画，因此，中国的文化精神曾经被概括为山水文化。这种文化在其最精致的时候成为了皇家或士大夫园林中的盆景：假山、池水、闲云、楼台亭阁——一个缩微的天下被置诸达官贵人的掌股与把玩之中。其实这样一种文化心理及皇家或私家园林在中国的历史极其悠久，但以有清一代最为登峰造极。不仅在紫禁城中有御花园，在其它地方也大修离宫别苑，其中尤以圆明三园最为奢华，而其命运遭际也最令后世中国人心痛不已。

1644年，在吴三桂的引领下，清兵入关，撵走了取代明朝、仅仅做了42天大顺皇帝的农民军领袖李自成，进占北京。尽管李自成撤出北京时为了发泄心中的恼恨将紫禁城付之一炬，但在多尔衮的摄政下，顺治皇帝当年就从沈阳故宫搬进了残破的北京故宫，又花费14年的时间将其大致修复，一如明时旧制，成为清朝的皇宫。中国历史大致每二三百年一改朝换代，为显示皇权正统，风水流转，德治转移，对于前朝庙堂无不犁庭扫穴，损毁殆尽，而在封建王朝的顶峰时期，作为满人的清廷却愿意保存并继承汉族明朝的旧制，是殊为难得的。这一举措给后人留下了一个集中国数千年建筑技艺与成就之大成、存世已590年的辉煌宏大的皇宫建筑群。

其实清朝皇上的居住与生活比任何一个朝代都更加风光，也相对开放和包容。他们尽管没有毁坏和超越明故宫的旧制，但是作为入主中原王朝的塞外民族，他们更怀念草原，喜欢避暑，纵情山水，因此他们放弃了秦始皇以来时修时废的长城营造工程，而是以更大的规模大修离宫别苑和皇家园林，为了在避暑的同时达到笼络其他少数民族、练兵修武和巡行东北老家，亲近草原，保持八旗子弟戎马烈性等目的，他们特别在农牧交汇的承德建设了避暑山庄和外八庙，俨然是帝国的夏都。这些离宫往往在一园之中将宫室庭院、江南风光以及草原、山地、湖泊、平原等融汇一起。针对避暑山庄在清朝政治、文化中的特殊地位，学者余秋雨曾经感慨，从避暑山庄可以看到清朝这个王朝的背影。

有清一代的文化包容性也相当有胸襟。尽管在建朝初期曾经发生过嘉定屠城、留发留人的争论与血腥，但是清朝前半期的几位领袖和皇帝几乎都是非常杰出的政治家，他们相对开放地对待华夏的文化传统，开明地对待汉族的知识分子，不仅完整地继承了明朝的皇宫及朱家皇帝留下的物质性遗产，大概也是唯一一个没有大肆进行焚烧重建的王朝。王朝安定下来后，乾嘉学派即以音韵、文字、训诂之学，对经史子集等典籍进行校勘、辑佚、辨伪，并留意金石、地理、天文、历法、数学、典章制度的考究，取得了超迈前代的成就，这是中国历史上对传统文化进行的最系统的整理。乾隆时期还组织浩大人力纂修了世界上最大的丛书《四库全书》，并缮写七部分别藏于北京内廷文渊阁、圆明园文源阁、沈阳故宫文溯阁、承德避暑山庄文津阁以及民间镇江金山寺文宗阁、扬州大观堂文汇阁、杭州西湖圣因寺文澜阁。这几乎可以称为是现代科技与印刷、信息技术诞生之前最宏伟的文化壮举。

乾隆皇帝曾六次南巡江浙，也曾多次西巡五台，东巡岱岳，游热河、盛京（即满族的沈阳老家）和盘山等地，大概是中国历史上下江南、阅山河最多的一位皇帝，其所见所闻在避暑山庄、圆明园等园林构造中也有体现。早期的几位皇帝也还有开疆拓土的雄心，对分裂祖国的活动坚决予以痛击。因此，清朝疆域广阔，除了松散短命的元朝之外，中国历史上的版图也以清代最大。

从中国自身的历史来看，清朝的前半期实际上完全是一种风火向上的氛围。这个源自东北的马背上的皇族，与中原稳定的农业社会传统的有机结合，显示出空前的生机。因此，从各个方面看，康乾盛世应该是中国封建时代的顶峰。

但是，清朝同样没有逃脱中国历史的兴旺律。尽管骑马民族的血性、辽阔的草原赋予了他们更多的开放与宽容精神，但是他们在继承明朝的宫城、旧制与其它遗产的同时，也同样继承了中国文化与社会数千年间所形成的惯性和结构性矛盾，它们也同样是其兴也忽，其衰也速。到了清朝的后半段，不仅国内冲突加剧，与西方文明也发生了直接的冲突，更从民族历史与文化角度为后世留下了太多哀叹和惋惜。

从 15 世纪起，在西方诸航海贸易国的推动下，世界逐步进入全球化的新时代。而此前与此后，对富庶的东方的向往，向东、向东一直是西方贸易中一个突出的主题。蒙元时期的马可波罗已经开了先河，他的一本游记，勾起了西方社会各阶层对一个充满丝绸、瓷器等奇珍异宝的国度的向往，到明朝晚期时，渐渐脱离阿拉伯等中间商的与东方的贸易体系已经形成规模，更有不少传教士直接来到中国，追寻这些奇珍异宝的同时也带来了西方的天主及其教义，带来西学以及西方的文化与科技，更重要的是，他们反馈的信息在西方营造起对东方的富贵与文明的梦幻般渴望。到英帝国崛起时，试图建立新的贸易体系和世界格局，以一种全新的、不达目的决不罢休的架势开始了对东方的探索、征服和掠夺，包括试探性地通商遣使，军舰和大炮叩门，最后是瓜分和殖民。

从此，天朝上邦开始陷入万劫不复的境地。

两大文明的顶峰对决

对于19世纪前后古老中国屡受欺凌的痛心历史，已经有人正确地指出，是因为当时的中国所遇到的西方拥有坚船利炮并侵略成性，落后就要挨打，所以中国必然败北。

这话有道理，但并不是全部的道理。

19世纪的中国，无论从自身的历史还是绝对的国力来看，都不能说是弱小，甚至可以说很强大。美国著名学者保罗－肯尼迪等曾经对1870年时几个影响东西方关系的关键性国家的国内生产总值（即GDP）进行过估算，按其所占世界份额的比例排队，中国是17.3%，日本是2.3%，英国是9.1%，美国仅为0.9%。他们按照同样的方式估算，中国份额在最高时曾经达到全世界的30%–40%。从对于国力至关重要的占世界制造业产量的相对份额来看，1860年时中国仍然是与英国相当的，两国分别占19.7%和19.9%，远高于美国（7.2%）和日本（2.6%），直到1880年时，英国制造业总份额才将中国甩在了后面。

但是，当时中国的这种GDP是没落的GDP，吃饭的GDP，仅仅勉强维持生存的GDP。从清朝乾隆年间起，中国人口突破三亿人关，占当时世界人口三分之一强，因此GDP也占世界三分之一左右，正好达到人均的平均数。作为遥遥领先的人口大国，维持如此的GDP水平，在当时世界上从某种角度称为全方位的第一大国也不为过。但是，如果从平均的角度看，中国的人均GDP从工业革命起其实一直是在下降的，而且像煤炭、钢铁、机械等代表当时先进生产力水平的，则根本无法可比。

从对决定战争胜负极其重要的军事力量方面看，中国在某些方面看也是名副其实的大国。1890年时，英国、美国、日本的兵员总数分别为42万、3.9万、8.4万，而中国兵员则长期维持在百万左右。大家认为关键是中国的武器很落后，其实也不尽然。当时才从冷兵器时代全面进入火器时代不久，中国是火药的发明者，在战场上也早有应用，但主要则是用于焰火、鞭炮等娱乐与节庆之中。只要农民没有揭竿而起，皇帝高枕无忧，就没有人愿意打破这稳定和平衡。而且西方最初谋求与中国接触时，向皇帝和天朝奉送的礼物中不仅有通天气表（温度计）、千里眼（望远镜）等最新科技产品，也包括有当时西方最先进的火炮等武器。但是，皇帝们虽然很喜欢来自西方的器物和玩意儿，并将他们作为在圆明园和故宫等住所的陈列品，但是也仅仅是将它们当做个人的玩物而已，压根儿就没有想让其他人分享和把它们派上用场的意思。据说英法联军抢劫圆明园时还看到早期传教士和它们的使臣送给皇帝们作为礼品的这些东西。联军的随军牧师麦基曾记载："在金库旁边，有一座较大的库房，里面放着马车和大量的器物，这些器物都是成套的，几乎不是镀金，就是镶银，非常精美。蒙托邦将军一眼看出，这是一个车马库，存放的都是欧洲货，有豪华大马车，还有英国伍尔维奇皇家军事学院制造的杀伤力极高、制作精致的榴弹炮以及炮弹、炮架和牵引马车等全套装备。令众人惊讶的是，这些进献之物，竟然全都原封未动，丝毫没有碰过的，上面落满了灰尘。"英军趁机又把它们运回伦敦，安放在大英博物馆里。

第二次鸦片战争后，一些有识之士痛定思痛，下决心搞洋务运动，到19世纪80年代，经过曾国藩、李鸿章等洋务派的苦心经营，中国海军战舰吨位曾达到7.8万吨，虽落后于英国的 89 万吨、美国的 12 万吨，但仍领先于日本的 4.4 万吨。虽然中国军队的武器装备不能与英国等西方列强相比，但通过进口和自制，也拥有不少先进的武器，总体上是领先于明治维新之后的日本的。

但是，正如历史上弱国不一定总打败仗，强国也不一定总打胜仗。中国的失败完全是综合国力的问题，是历史的大趋势所致，其中体制和文化的问题至关重要。武器的背后是操控武器的人，是他们的欲望、目的、观念信仰以及组织方式等等。

新航线开辟之后中国所遭遇的这些新兴国家力量已经不再是两千年来帝国在陆上所面对的游牧民族或者蛮夷的周期性骚扰，而是一种经过了工业革命，整合农业、游牧和航海贸易文明成就之后的强大的新型文明。他们不再是简单地抢夺地盘或者发泄文化与民族仇恨，而是拥有理性与科技，充分动员和组织起来，瞄着资源、市场甚至是劳动力，欲以一种新的方式要将整个世界都聚敛进他们的财富机器。当他们来到中国时，已经在世界各地攻城掠地——黑非洲被征服了，新大陆被殖民了，伊斯兰陷落了，印度被占领了，日本转变了，连大洋之中大大小小的岛屿也已经尽数被这个文明据为已有。现在，他们气势如虹，面对只剩下的东方这个大堡垒。更重要的是，它们不仅不是天朝天下国家世界格局中需要用财富安抚的蛮夷，而是迷信拳头、刀剑与炮火等科技的力量，信奉物竞天择、适者生存的进化论思想，渴望征服自然与异己。

因此，中西方之间在 19 世纪的较量可以称为是两个文明的顶峰对决，它将深深地影响各自乃至整个世界今后的走向。

同时，它也是新兴的精锐力量与一个庞然大物的空架子的对决。后者的架子初一接触可以很吓人，但是倒下来时也有摧枯拉朽之势。

当时的中国虽然貌似强大，甚至也有表示强大的所有东西——有引起西方社会各阶层觊觎的茶叶、丝绸、瓷器等贵重贸易品；有强大的可以远洋的船队；有勤劳的人民和庞大的人口；有持续了数千年的文明和文化传统；有稳定的儒家的天地君亲师的差序格局的超级社会组织。但是，在这一切的背后，却是一个凝固了差不多两千余年的文化灵魂——皇帝视天下为己物，臣民视世道如轮回，大家都渴望升平、稳定，缺乏适应现实、开疆拓土、强国富民的愿望。因此，郑和的船队在海上正像中国的军队在路上一样，主要是炫耀天朝的威仪，是国泰民安时期的出游，当国内形势和皇家的命运或需要发生变化时，自然也就偃旗息鼓了。尤其是，一旦面对内忧或者外患，除了对威权习惯性的恐惧或者忠贞，以及传统的道德与价值约束，中国社会往往缺乏能够兼顾两者的共同利益凝聚力和同仇敌忾的应对机制。虽然每当国家危亡时也不乏林则徐、关天培、邓世昌那样的热血英雄，但同样有对上阿谀献媚、对英雄则背后施放冷箭的异己分子，更多的则是在圆明园趁火打劫、筛土三遍捡拾遗宝的苟且偷生的麻木群氓。真是如元代诗人张养浩在《潼关怀古》的总结：“峰峦如聚，波涛如怒，山河表里潼关路。望西都，意踌躇。伤心秦汉经行处，宫阙万间都做了土。兴，百姓苦；亡，百姓苦”。有学者认为，鲁迅先生的小说《药》中描写的用革命者鲜血蘸馒头医治自己儿子痨病的华老栓，不仅是一个文化的象征，更具有文化传统上的普遍性。

第二次鸦片战争中，清廷并没有汲取第一次鸦片战争的教训，仍然是战和不定，稍有胜利即再次将英人视同英夷，一有失利即遣使求和，“总须以抚局为要”，以免“兵连祸结，迄无了期”。第二次谈判破裂时，仍以不肯行三跪九叩大礼为名掳去联军前来洽谈停火的谈判代表巴夏礼等 39 人。

在英法联军兵临北京、即将火烧圆明园这个特殊的时刻，皇帝首先跑掉了，只留下恭亲王作为全权代表处理后事。曾格林沁的部队做了尽可能甚至是颇具悲壮意味的抵抗，但却于事无补，并徒然增加一些炮灰，大多数普通的百姓则仍作麻木观望状。与此同时，洪秀全的太平天国正在南中国闹着天翻地覆的革命，也吸引着不少人的注意并消耗着大量的清兵。当然，因为洪秀全在天主信仰和洋务问题上的出尔反尔，结果反而引起洋人帮助清政府剿匪。

无论是紫禁城中的皇帝还是天国的洪秀全，所希望的只是皇权永固，代代传承，西人的双边贸易只能是一厢情愿，根本不为所动。明朝后期就已经干脆地实施闭关锁国的政策，清朝更变本加厉，更下令除广州一地外，停止所有港口的对外贸易。1792 年英政府派出以马戛尔尼勋爵为首、由数百余人组成的庞大使团前往中国，借向乾隆皇帝祝寿的机会向清政府正式提出以下通商要求：(1) 英国在北京开设使馆。(2) 允许英商在舟山、宁波、天津等处贸易。(3) 允许英商在北京设一货栈。(4) 请于舟山附近指定一个未经设防的小岛供英商居住使用。(5) 请于广州附近，准许英商同获得上述同样权利。(6) 由澳门运往广州的英国货物请予免税或减税。(7) 请公开中国海关税则。乾隆皇帝则坚决地拒绝了马戛尔尼使团的全部要求。原因除了我天朝上国“物产丰盈，无所不有，远不借外夷货物以通有无”之外，还因为这个外夷竟然不肯按照天朝三跪九叩的大礼拜见大清皇上。

马戛尔尼离开北京时，心中异常气愤。他回忆到：“我们像要饭的一样进入北京，像囚犯一样被监禁在那里，而离开时简直像是盗贼。”此后，英国等仍有过几次遣使谋求通商的尝试，均被坚决拒绝。第一次鸦片战争之后，道光皇帝还曾气冲冲地将英国使节麦都思驱逐出境。第二次鸦片战争初期面对带着坚船利炮来的英使巴夏礼，清政府仍然坚持三跪九叩的大礼，双方争执不下，清政府一怒之下即扣押了巴夏礼等谈判代表一行 39 人，在圆明园里收监作为人质，并将其中 27 人虐待致死。这也是后来导致火烧圆明园的原因之一。

因此，19 世纪前后中西之间的接触是两个完全不同的文明体系的对话，双方都想把对方纳入到自己的体系中，像打着哑语，南辕北辙。中国是你肯不肯行不行三跪九叩的大礼，西方是你开不开通商的大门并接受他们的贸易条件。

但是，碰了一鼻子灰尘的马戛尔尼对中国从满腔的热情转到极端的蔑视，并从皇帝与官员之高傲背后和老百姓的贫穷麻木看出了清朝的外强中干，读出了“盛世”背后的败亡之兆。他做了一个十分形象的比喻：“中华帝国只是一艘破败不堪的旧船，只是幸运地有了几位谨慎的船长才使它在近 150 年间没有沉没。它那巨大的躯壳使周围的邻国见了害怕。假如来了个无能之辈掌舵，那船上的纪律与安全就都完了。”“它将像一个残骸那样到处漂流，然后在海岸上撞得粉碎”。

1840 年，马戛尔尼的预言得以应验！但是丧权辱国并没有使天朝上国因此而惊醒。1860 年再次得到应验时，联军直接兵临北京，刀剑直接悬在了皇帝与权贵的头上，则无论是皇帝还是百官都被吓破了胆。这正是埃尔金所希望的，因为，他不仅要打开帝国的大门，而且要让你从内心里没有违拗，哪怕是害怕，哆哆嗦嗦地开门迎客，他要的是可以放心地进来和进门之后的横行无阻。

为了制造更恐惧的威吓，他们炮制了火烧圆明园的惨剧。

万园之园罹劫

圆明园在临火之前，首先受到疯狂的劫掠。抢劫的盛宴、文明被践踏的惨景及其在有识之士心头引发的创痛在很多记录和图书中都有描写。不管是英国人埋怨法国人首先开抢，还是法国人将罪名推到联军中的非洲兵、锡克兵、阿富汗人、印度人乃至中国苦力等替罪羊身上，按照法国人图洛奇的回忆，当时感觉好像就是“一个男孩突然被告知可以在糕点店拿走任何他喜欢的点心。”英军副官弗雷德里克·斯蒂文森在写给他哥哥的信中说：“接受拜谒的厅堂……特别是皇帝的卧室，放满了你能想象到的最漂亮的小装饰品。真高兴，就像免费在白金汉宫乱逛，可以拿走任何你想要的一切……偌大的仓库里，满是镶有白鼬和紫貂等昂贵皮草的锦绣长袍，士兵们从架子上将它们无情地扯下来，那些不入眼的就扔在一边，踩在脚下。还有很多储物间堆满了扇子、官帽和各种式样的衣服，其他的一些房间仍然是堆到天花板的丝绸，都绣有花，数量不可胜数……这些要么被抢走了，要么被扯成了碎片，真是遍地皮袍、玉饰、瓷器、蜜饯和美丽的树雕。”

国人多信从强盗以火烧掩盖抢劫的罪名，其实并不是事情全部的真相。

在殖民扩张的战争中，抢夺战利品并让战败者赔款是西方列强一贯的做派。远征－胜利－荣耀－发财是资本主义对外扩张的内在逻辑。而英国人则将其做到了极致。他们尽管稍晚加入对圆明园的抢劫，但是却让官兵将抢劫所得悉数上交，挑出留给女王陛下的礼品之后举行公开的拍卖，然后将拍卖所得作为奖金奖给不同军级的官兵。这样，不仅将中国皇帝的财宝变成了英军官兵的财富，而且将强盗行为转化为英国道德与法律的勇敢的果报行为。

尤其是，在占领北京后，英国全权公使和联军最高统帅埃尔金就一直在琢磨如何向那个曾经“羞辱”过一代又一代英国使臣、而今又公然下令扣押和虐待联军使节与战俘并将其中的 27 人处死的中国皇帝行使最直接的报复，以达到羞辱皇帝、威吓人民的目的。在埃尔金看来，皇帝是帝国的象征，只有征服了神圣的皇帝，才标志着征服了庞大的帝国。现在，皇帝已经逃跑了，士兵溃散了，百官吓破了胆，人民在麻木地观望，整个北京都是俎上之肉，可以任意宰割。埃尔金一直在掂量着到底毁坏点什么教训才足够深刻，他希望这捅下去的一刀一定要造成心理上的毁灭性打击，要让皇帝所代表的中国感到足够的痛和怕——他们不仅要战胜中国，要瓜分足够的战利品，更要获得市场，让中国驯服地进入他们安排的世界体系。

紫禁城本来也曾经是考虑的对象，但是，最后他选择了圆明园。

报复行动的前几天，埃尔金命令在北京全城张贴公告，宣示英法联军火烧圆明园的目的：“任何人——哪怕地位再高——犯下欺诈和暴行以后，都不能逃脱责任和惩罚；圆明园将于（1860 年 10 月）18 日被烧毁，作为对中国皇帝背信弃义的惩罚；只有清帝国政府应该对此负责，与暴行无关的百姓不必担心受到伤害。”

显然，埃尔金希望通过烧毁圆明园传递这样一个信息：联军是道德、秩序和法律的代表；应该为逮捕公使和虐待俘虏等暴行负责的是中国皇帝和他的走卒，而不是中国老百姓。埃尔金希望以此显示自己的公正，他得意忘形地宣称：“此举将使中国与欧洲惕然震惊，其效远非万里之外之人所能想象者”。

埃尔金为什么要选择圆明园？圆明园又是一个什么样的园子？除了前边的介绍，这里还要再次说到皇帝，还有乾隆皇帝接见马戛尔尼的避暑山庄。这时皇帝已经逃到避暑山庄了，圆明园不仅同样是皇家园林，而且马戛尔尼也是在这里出发去避暑山庄碰了一鼻子灰。埃尔金不可能追到避暑山庄去，而圆明园就在眼前，它不仅和避暑山庄性质类似，其辉煌程度有过之无不及，而且正是关押审讯和虐待联军使节和战俘的地方。

圆明园作为清朝皇家园林的杰出代表，号称万园之园。它由圆明园、长春园、万春园三园组成，建筑面积逾 16 万平方米，有园林风景百余处，是清朝前期几代帝王在 150 余年间不断营构的结果。它最初是康熙皇帝赐给皇四子胤禛（即后来的雍正皇帝）的花园，18 世纪初的康熙年间已初具规模。据记载，“圆明园”的名字其实就是由康熙皇帝命名的。雍正皇帝即位后，大肆拓展原赐园，将其作为帝国正式的离宫。他在园子西北堆起象征昆仑的假山，在东部挖出象征东海的湖泊，并在湖中建起传说住有神仙的蓬莱三岛。围绕另一个形状和大清帝国版图相像的人工湖的南北，兴建了皇帝办公与居住的宫殿，皇帝与后妃们的住所被湖中象征天下九州的九个岛屿环抱，起名叫九州清晏，每天晚上，雍正就在这天下太平的祈愿中进入梦乡。

对圆明园的定名，雍正皇帝曾有解释，他说“圆明”二字的含义是：“圆而入神，君子之时中也；明而普照，达人之睿智也。”意思是说，“圆”是指个人品德圆满无缺，超越常人；“明”是指政治业绩明光普照，完美明智。因此，圆明园正代表了大清皇帝天下国家与明君贤相的理想统治标准。

康熙、雍正、乾隆几朝皇帝在位时，可以说对圆明园是岁岁营构，日日修华，挖湖叠山，浚水移石。在平地上人工开凿大小水面，由回环萦流的河道串联为一个完整的河湖水系。又堆筑大大小小的土山 250 座，与水系相结合，水随山转，山因水活，构成了山重水复、层层叠叠的园林空间。又在各风景处精制园林建筑，广植天下名木异卉。这样，完全以人工劳动叠山理水，以断续的山丘、曲折的水面及亭台、曲廊、洲岛、桥堤等，将广阔的五千余亩的空间分割成百余处山水环抱、意趣各不相同的风景群。园内水面约占三园总面积的十分之四，山起西北，水流东南，使整个园林宛如天下之缩影。

特别是，圆明园大量仿建了全国各地尤其是江南的许多名园胜景。乾隆皇帝巡游各地时，每至一地，凡所中意的名山胜水、名园胜景，就让随行画师摹绘成图，回京后在园内仿建。据不完全统计，圆明园的园林风景，有直接摹本的不下四五十处。杭州西湖十景，连名称也一字不改地在园内全部仿建。除具有中国风格的庭院外，还在西方传教士郎世宁等的帮助下在长春园北部建设了一区欧式园林建筑群，俗称“西洋楼”，由谐奇趣、线法桥、万花阵、养雀笼、方外观、海晏堂、远瀛观、大水法、观水法、线法山和线法墙等十余个建筑和庭园组成。西洋楼的主体是人工喷泉，时称“水法”，它们数量多、气势大、构思奇特，主要形成谐奇趣、海晏堂和大水法三处大型喷泉群。近年被高价从境外竞拍回归、媒体炒得沸沸扬扬的几个十二生肖铜兽首，就是当时部分喷泉的喷水头。因此，圆明园被誉为“万园之园”，内集国内外名胜，收藏着难以计数的艺术珍品和图书文物，以满足清帝多方面的享受和乐趣。

晚期的清朝皇帝们已不像其祖宗那样常下江南或者到承德的山庄中避暑，因此，北京的园林便愈显重要，成为不出京城就可以消夏纳凉的好去处，皇帝在此居住办公的时间甚至比故宫还要长，为此他们不惜动用巨额国费不断进行增修与维护。嘉庆朝曾对绮春园进行修缮和拓建，使之成为主要园居场所之一。道光朝时，虽国事日衰，财力不足，但宁撤万寿、香山、玉泉“三山”的陈设，罢热河避暑与木兰秋狝，仍不放弃对圆明三园的维护、改建和装饰。

今天，避暑山庄和慈禧太后在被联军焚毁的清漪园废墟上重修的颐和园已经入选世界遗产名录，号称万园之园的鼎盛时期的圆明园当然够得上是世界性的文化遗产。曾有一位看过西洋楼的西欧传教士说：圆明园者，中国之凡尔赛宫。也有欧洲人感叹，将欧洲所有皇宫和园林的珍宝加在一起，也赶不上中国的一个圆明园。

但是，圆明园不仅至今没有列入世界遗产，反而在持续不断的劫难和争论中成为中国人乃至全世界有识之士心头挥之不去的伤痛。

江山破碎　文明迷失

圆明园是皇家园林，也是大清朝天下和江山的缩影。圆明园一开始就是按照这样的思路营构的。圆明园的焚毁，是埃尔金等对皇帝及其所代表的帝国的野蛮的报复，也是大清朝江山沦落的昭示，而从此开始，神州大地也真的慢慢地支离破碎了。

从两次鸦片战争起始，每一次与列强的争战，结局总是赔款割地，一再地赔款割地。皇家的江山辽阔，他们不是非常在乎，只要列强并不真的打算要他们的命，因此，他们甚至可以拿着海军的军费继续在残剩的园子里游乐。但要命的是，整个中华在渐渐地沦入半殖民地的世界体系，剩下的领土又被瓜分为不同的势力范围，被要求按照列强希望的方式运行，封建之外又加上殖民的压迫和盘剥，双重枷锁之下愈加显得民不聊生，中国形势面临“数千年未有之大变局”（李鸿章语）。

圆明园是一个象征，也是一个分界点。圆明园辉煌地存在了 150 多年，毫无疑问是中国园林的顶峰之作和中国文化的杰出代表；圆明园被焚毁于一瞬，然后以一个缓慢的过程在劫宝、劫木、劫石以及土劫、水劫之后漫漶成一片废墟，这个过程正好伴随着一个古老的文明体系的渐渐坍塌、解体。被焚之后的 150 年，圆明园在人为与自然的折磨中痛不欲生，而中国文化的灵魂与骨架也在渐渐迷失、沦落，并在与自身的疾病及西方列强的抗争中艰难地寻求解脱与自强的道路。

150 年又 150 年，圆明园的命运就是与之同时的大约 300

余年的中国文化的缩影。

埃尔金烧掉了圆明园，并如愿以偿地签订了不平等条约，获得了大批的珍宝和赔款，却没有像历朝历代改朝换代那样犁庭扫穴，而是保留着清帝的皇权及完整的国家机器——在没有找到新的可以确定秩序的替代品之前，列强一直扶植着清政府这个飘摇的政权，包括组建洋枪队帮助剿灭“危害秩序”的太平天国，因为他们需要市场，需要秩序，需要受盘剥的对象，他们试图摧毁的只是抵抗，是与他们不同的信仰、文化与文明，以及一种传承了数千年的生活方式。因此，他们只是在中国的要穴上狠狠地痛刺了一下，然后开始试图将其纳入符合自己意愿的新的世界体系，包括维持原有的社会秩序。

列强们的这种做法让皇帝与权贵既害怕又顺从，让先觉者既屈辱又痛苦，而更多人的心是麻木的，无所谓的。整个国家的经济体系崩溃了，持续了数千年的文化迷茫了，但是它只是一种慢性病，并没有像改朝换代那么激烈，那么迅捷，对权力、财富的分配那么立竿见影。中国只是陷入了一种慢慢堕落、腐烂的不可逆转的过程，人民受到封建和殖民的双重盘剥。

因此，面对列强在圆明园的暴行，除了零星的出于责任和义愤的抗争，更多的国人选择沉默，还有一些人甚至加入到对圆明园的损毁行列。当英法联军对圆明园疯狂地进行洗劫时，就有土匪和国人参与哄抢和打劫。英法联军选择最贵重的东西抢劫，土匪掠夺剩余的精华，小民则捡拾委弃于道途的零碎，甚至守园太监也有趁火打劫者。容易得到的值钱物品被搜罗干净了，有人又把希望寄托在散落、埋没于尘土中的细碎宝物上，他们操起扫帚和簸箕，在园中道路上飞沙扬尘翻捡搜寻。当时京城流传着一句谚语："筛土，筛土，一辈子不受苦"。

1860 年火劫之后的圆明园像一个伫立风中的残烛老人，脸上流露着无奈与往昔的风华，却难以返老还童。皇帝和大臣们也的确动过修复圆明园、重进园子里享乐的念头，但无奈清政府江河日下、国力不济，只能望园兴叹，仅仅在为慈禧庆寿时靠挪用大量的海军军费修复了园子西南同时被焚毁的清漪园——现在改名叫颐和园——有专家认为正是这挪用直接导致了中国海军从 19 世纪 80 年代晚期开始大约 10 年没有更新一艘舰船，并最终导致在中日甲午海战中北洋水师的彻底覆没。

1900 年，八国联军再次蹂躏京城时，社会秩序大乱，趁火打劫的人已不再满足于抢劫洋人劫余的财富，他们跑到圆明园中大拆大卸，把园内火劫之余零星分散的建筑和木桥上的柱子、桩子锯断，用绳子拉倒，将园内大小树木滥伐殆尽。据记载，一时间清河镇上来自圆明园的木材堆积如山，交易繁忙，而园内则炭厂林立，剩下的树枝、树根也全被烧成木炭变卖。

民国初期走马灯一样更迭的军阀，都把圆明园当做取之不尽的高等建筑材料场，末代皇帝溥仪面对皇家家产流失，档案中曾留下了无奈的记录："军人押车每日十余大车拉运园中太湖石。"实际上，拆卖的情况远比档案中记载的严重得多。大总统徐世昌拆走圆明园属鸣春园与镜春园的木材；京畿卫戍司令王怀庆为修建其私园——达园而拆毁园中安佑宫大墙及西洋楼石料；连建设燕京大学、创设中山公园这样的社会工程也到圆明园遗址拣选材料。从此，圆明园废墟凡能做建筑材料的东西，从地面的方砖、屋瓦、墙砖、石条，到地下的木钉、木桩、铜管道等全被拆除搜罗干净，变成达官贵人免费的建材，这种情况一直断断续续持续了20多年！

至此，圆明园在火劫之后又经历了木劫、石劫，院内的建筑、林木、砖石基本上荡然无存，残烛老人的骨架也倒下了，圆明园沦为彻底的废墟。

从宣统末年开始，已有守园者和当地旗人召集亲朋在园内的宫殿旧址上筑屋开田，将废墟辟为村舍麦垅。到1940年以后的日寇占领时期，北京城内粮食紧张，于是大力提倡开荒，更有大批的农户陆续入园平山填湖，利用优良的水资源条件辟田种稻。这是圆明园又复经历的土劫和水劫。至此，山水的脉搏停止了跳动，圆明园这处在清初盛世历经150余年苦心经营的湖山之胜，从视觉上也变得面目全非。

唐代诗圣杜甫诗云："国破山河在，城春草木深。"中国的历史上，从来是政权更易，家国败亡，但文脉不断，国运总有重新兴盛、江山总有重新收拾的机会。而近世的中国，则是国家仍然徒有其名，但是却江山破碎，领土主权不复完整，尤其是与国家共生同命的民生、文化不断沦落。与江山破碎相伴的，是饿殍遍野，文化的孤魂野鬼在中外列强势力的追剿下拼命呐喊求索，左右突围。150年来一代一代中国知识分子求新图强的文化心路大致经历了这样几个历程：

1. 最初的接触时与皇帝大人一样以天朝大国自居，认为不过是遇到了又一批蛮夷，从心底里瞧不起西洋文化，这种态度以康乾时期为典型；

2. 愿意学习其长处，但主要只承认其技术领先，可以

“师夷长技以制夷”，内心里并不承认中国文化的落后，这是鸦片战争之后洋务运动的典型态度；

3. 甲午海战被一直落后于中国的东洋小国日本打败之后，开始意识到中国文明在制度上亦不如人，于是有仁人志士试图进行君主立宪，重塑国体，以戊戌维新运动为代表；

4. 承认中国文化的落后性，主张引进西方的民主和科学精神以救其弊，甚至主张全盘西化，对主宰中国文化两千余年的封建帝制、儒家文化等进行彻底清算，这种思想在辛亥革命、五四运动之后曾一度成为主流。

但是，这些觉悟、学习、引进包括文化与社会的改良实践，似乎没有一步踩在鼓点上，都没有内外形势变化与革命的速度来得快，最后是玉石俱焚，彻底地来一个天翻地覆慨而慷，以总决算的方式将压在中国人民头上的封建主义、殖民主义以及官僚资本主义的三座大山掀翻在地，中国社会与文化重新回到百废待兴、一穷二白的素地。在这个过程中，文化的反思、批评、批判乃至扬弃尽管都是必要的，但文化的自大、自戕以及过分的麻木和矫枉过正，尤其是三座大山有意的压制、追剿及误导，使得无数生灵涂炭，中华优秀的传统文化及其遗产已被糟蹋的一塌糊涂。

火烧圆明园的那场大火及其扬起的遮天蔽地的尘烟，照亮了强盗们欢欣的笑脸，同时也迷蒙了所有人的眼睛，震惊或遮蔽了人类的灵魂。火光升起的一瞬间，所有文明的成就也碎裂成片，如烟尘一般纷纷坠地，人类又回归到其最原始的野蛮与争抢之中。

记忆责任与圆明梦醒

一个被野蛮所充斥的世界，注定是一个无法整合的世界。羞辱别人者和被羞辱者、剥削别人者和被剥削者不可能按照同一逻辑永远相安无事地共处下去。不平等条约可以在刺刀的逼迫下签订，也可以在角力消长的情况下被推翻。中国暂时屈服了，但是被火光与阴影扭曲的文化灵魂仍然指引着两个文明快速地沿着自己的轨道跌跌撞撞地行进着，纠缠与厮咬仍然继续着。

20 世纪上半叶，中国爆发了全面的革命，皇帝被永远地赶出了紫禁城和象征天下的园林，天下的性质发生了两千年未有的大变化。而资本主义的贪婪与血腥，在整个世界都被作为市场和殖民地瓜分殆尽之后，其内部发展的不平衡性又一再地引发惨烈的重新洗牌。一场一场革命、一次比一次残酷的战斗并没有解决马克思毕生思考的劳动价值问题，不劳而获的贪欲仍然一再地在文明社会的内部垒砌起新的阶级金字塔，直至第一、第二次世界大战血流成河，资本主义内部才在原子弹爆炸新的光影下催生了较为温和的中产阶级和民主制度，其内部的矛盾与问题开始有所缓解，然而资本与自然、宗教与科学等关系仍然紧张，漫长历史上蕴蓄已久的内心的仇恨与焦灼仍然在此起彼伏地积蓄着，公平、信仰、理想以及生活方式等在不同文明分界线上引发的冲突仍然没有止息。由商贸引发的经济全球化依然到来，但是人类文化与观念上的支离破碎仍然焦虑着，人们仍然担心，有朝一日，那些非我族类会突然回归“野蛮”，因为圆明园上空升起的爆裂和扭曲的烟火一再地提醒，人类的确是会常常在一瞬间就回归野蛮的，一切文明成果顷刻之间就可以化为尘泥踩在脚下。

人类至今还没有能力建设可以容纳所有文化与文明的万园之园。

在人类历史上，伤害道德和文明是非常容易的，因为它们缺乏强制性，没有谁是它们真正的代理人，包括民族与国家，因此也没有谁能够追究对道德和文明的伤害。但是，这样的伤害也最容易制造误解和仇恨。正如上述，伤害文明的结果往往是所有的人都回归最原始的野蛮。文明一旦失落，被羞辱的一方因羞辱而丧失了尊严，羞辱别人的一方因为羞辱而回归野蛮，野蛮和没有尊严的人们会因为任何理由——生存、财富、仇恨、抽象的信念的冲突而战斗，至今，大大小小这样的战斗仍然无时无刻不在进行中。这种心灵的鸿沟与惯性可以跨越千年。

两千多年前古希腊的先哲亚里士多德就已经指出："人由于追求至善可以成为最好的动物，但是一旦脱离了法律和正义，他就会堕落为最恶劣的动物……一旦失去美德，人就成为最不讲道德、最为凶残的野兽。"

下令焚毁圆明园的埃尔金的父亲、第七代埃尔金男爵任驻奥斯曼帝国大使时，曾在土耳其人默许下将希腊帕特农神庙里的大理石雕塑拆掉运回苏格兰老家，被其同胞英国诗人拜伦痛斥为太无天理与可恶的文物强盗。拜伦一生崇拜希腊，并曾为希腊的自由独立而奋身战斗，故对埃尔金的所作所为痛恨之至，诅咒要"让仇恨永远追索他（埃尔金）的贪念"(May hate pursue his sacrilegious lust!)。半世纪后，儿子在另一个文明古国里重蹈父亲的老路并走得更远，更加决绝，不仅抢走圆明园里的珍贵文物，而且将抢不走的一把火烧掉。毫无疑问，第八代埃尔金男爵也已成为中国灵魂仇恨与追索的对象。

一个世纪以来，中国的诗人们也反复不断地吟咏着这样一种情感：

“两个强盗从另一个半球坐着文明的船来
一只手抢东西，一只手放火
血盆大嘴，凛冷铁手
如一只饿狼按着圆明园的啃
原始的凶狠，原始的狰狞
穿衣服的人，活在二三百万年前的吃腥时代
兵甲，是另一种兽皮”

——引自诗人飘海《圆明园》

这种心情与观念已经成为每一个中国中小学生的标准的心音。

2009年，蔡铭超恶意高价购买法国人拍卖的圆明园流失铜鼠首、兔首却拒绝付钱，以图羞辱法国卖主并自取其辱；2010年，中国世界纪录协会将英国、法国选为世界最大的两个文物强盗，将英国、法国火烧圆明园列入中国世界纪录协会世界最大的文物毁灭罪行。

冤冤相报何时了？难道真的是两个文明、两种文化沿着自己的路径数千年一路走来，已经没有了对话的可能？真的是文明的冲突会如哈佛大学教授亨廷顿的预言而不幸成为现实和人类未来的命运？当然不是。人类原本就共有一个起源，只因分隔太久而形成不同的民族和文化，但是人类与生俱来的强烈的相互理解、相互交流的愿望以及技术、交通和方兴未艾的全球化，正在重新将我们拉近。特别是，文明总有强烈的自我修复、自我更新的机制。类似火烧圆明园那样的一瞬间的野蛮可以让人类回归原地，但也是彻底地将文明的衣服相互脱给对方看——这会使人类有机会认清自己在极端的情况下可能有多么丑陋和可恶，会帮助文明克服自身的弊病与弱点。

圆明园被英法联军一把火烧掉了，被中国自己的无知的犯罪一木一石地拆掉了，被风霜雨雪残蚀了，但是在中国乃至世界一切正义人民的心中，圆明园却从来没有倒掉。多少人一直在梦中刻画并重温着它当年的辉煌与美妙。然而，圆明园更是一种挥之不去的痛，它时时碰触人类的记忆，构成一个永恒的文明对话、砥砺、探讨的话题。

针对法国历史学家兼记者伯纳·布立赛（Bernard Brizay）撰写的《1860：圆明园大劫难》一书，法国前总统德斯坦曾经说："在法国，我们有我们所著称的'记忆责任'。这意味着必须承认和不忘记过去的罪行，不论它们是他人还是自己所犯的。"圆明园以及1860年10月18日，就是这样一个对所有法国人、英国人、中国人还有其他的人而言都有着"记忆责任"的地点和时间，它应该如绞索一般追逐人类的记忆与梦想。面对圆明园的废墟，我们必须抑制单纯的感情冲动，抑制重现辉煌的善良愿望，不断强化理性的历史记忆与反思的责任。前事不忘后事之师，历史只有被记忆才能被反思，只有被反思才能确保梦想立足于理性的地基上。

新中国成立后，不少人为此做出了努力，但也引起无数的争议。

解放初期，人民政府就将圆明园遗址列为公园用地和文物保护单位，开始征收园内旱地进行绿化；1976 年文革结束后又正式成立圆明园管理处，加快园区的遗址保护和园林绿化工作，并对西洋楼地区进行局部清理和整理，在遗址东半部进行园林道路和服务设施建设，吸引游客来园参观凭吊；1977 年，将弃置在北京大学朗润园的观水法上的五块石雕围屏和两个汉白玉石鼎运回圆明园；1979 年，将圆明园遗址列为北京市重点文物保护单位，并在园中开设园史展览馆；1980 年，包括国家副主席宋庆龄等上千名高级干部和知识分子联名发出“保护、整修及利用圆明园遗址倡议”，呼吁将圆明园确定为爱国主义教育基地；1983 年，国务院批准《北京城市建设总体规划方案》，明确把圆明园规划为遗址公园。北京市政府拨出专款，修复了长春园的东北南三面 2300 米虎皮石围墙；1984 年，“中国圆明园学会”成立。圆明园管理处与海淀乡园内农民联合，采取民办公助形式，依靠社会力量，共同开发建设遗址公园，以挖湖补山的方式整修福海和绮春园山形水系，修复福海中心蓬岛瑶台东岛的“瀛海仙山”亭和西岛庭院、绮春园的新宫门，以及西洋楼的欧式迷宫（万花阵）；1986 年，北京市政府成立“圆明园遗址公园建设委员会”；1988 年，圆明园遗址被国务院公布为全国重点文物保护单位，遗址公园正式也向社会售票开放。

在国家规划与政策中，圆明园作为遗址公园和爱国主义教育基地的定位是明确的，它应该向公众开放，任人凭吊。但是，这个遗址应该是哪个时期的遗址？雍正和乾隆盛世的？抑或是火劫乃至木劫、石劫、土劫、水劫之后的？进入新世纪，随着国力渐强，修复圆明园的呼声日渐高涨。甚至有企业家宣布要在浙江横店按照原样重建一个最辉煌的圆明园，并有人投入巨资回购流失海外的圆明园文物，圆明园管理处也启动了“寻找圆明园流失海外文物系列活动”，派员赴海外访求圆明园流失文物。在这种背景下，民族主义情绪渐渐高涨，发生了中国人诈买圆明园流失铜兽首的历史性闹剧。

其实，遗址公园的遗址是历史地形成的。就遗址的保护与展示来说，应该尊重的是整个的历史过程。作为遗产行业权威的指导性文件《威尼斯宪章》强调古迹遗址的原真性和完整性，强调要尊重形成遗址的原初状态及历史性贡献。因此，圆明园遗址的原状应该是其作为历史结果的原状，不仅应该可以让人想象其鼎盛时期的样貌，更应该反映其遭受毁坏的过程。准此，对于圆明园，无论是复原也罢，任其荒芜甚至隐形匿迹也罢，都不是对待历史的科学的态度。

因此，圆明园遗址应该保护而不是重建，对局部的展示性复原也应该强调历史的真实性与科学性；圆明园也买不回来，再多的金钱都无法换成历史的过程与记忆。圆明园随火光扬起的灰尘与飘逝的碎片，应该凝固成一尊永恒的反文明的雕塑，应该像钉子一样钉在人类的记忆深处。这些文明的碎片、文化的碎片可以用想象来拼接，但是绝对不可以复原，更不能再用蛮力和金钱去干扰，因为它们只应该成为人们历史记忆的物证与校准。

对于圆明园遗址，应该让历史就那么残酷地裸露着，剔除一切虚假的装饰和想象，凝固于脱光的那一刻，任凭时光和风雨的洗礼。圆明园应该成为一种记忆、一种想象，成为人类梦想辉煌，走向辉煌的一阶踏梯、一座桥梁、一个线索——历史进步过程不能缺失这些必要的环节。

圆明园曾经是皇帝的安乐窝，曾经是埃尔金等劫掠和报复的对象，曾经是无知的民族败家子的表演场，但是它不应该成为今天的民族虚荣心与财富的炫耀场。我们的记忆和思绪需要在废墟与辉煌之间来来回回地穿梭，在不同时期的这个万园之园上空逡巡。

历史会启示未来，或许有朝一日，人类的心胸中就会矗立起一座新的能够容纳文化多样性的万园之园。

本文为纪念圆明园罹劫150周年而作。圆明园从雍正皇帝起到被英法联军焚毁，经历了150年的不断营建，火劫之后又经国人自己的木劫、石劫、土劫和水劫以及要不要复建的长期争议，正是300年来中国文化的一个典型缩影。2010年7月8日初稿于平安府宾馆，2010年9月11日成稿于慧忠北里，曾刊于《中国文化遗产》2010年第5期。

城市遗产与当代文化

在论述近代世界不同国家的发展问题时，西方三个著名的思想家分别使用了不同的理论表述：英国的亚当·斯密（1723–1790）在《国民财富的性质和原因的研究》（即著名的《国富论》）一书中认为，一个国家的发达只能通过不断发展经济和增加国民财富而实现，而建立一种市场经济和自由资本主义制度则是发展经济的不二法门；一个多世纪之后德国的马克斯·韦伯（1864–1920）认为宗教改革之后的新教伦理是资本主义精神诞生的基础，这种宗教和文化观念导致了英美为代表的资本主义经济的迅速发展；20 世纪之末，美国哈佛大学的历史学家兰德斯在《国穷国富》中提出，我们今天所看到的世界财富地图，发达与不发达的划分主要是文化在起作用，文化决定了一个国家和地区发达还是不发达。几个思想家研究财富与社会发展问题都涉及到制度与文化的作用，用兰德斯的一句话归纳起来是，500 年来的世界历史似乎可以说明：某种程度上，是文化决定了发展。

其实考察更漫长的人类历史，发达和不发达同样是一个文化的问题。考古学很少直接关注经济学问题，尽管考古遗存都是古代人类的物质产品和遗迹，而考古学家更倾向于用文化来描述一个古代的社会。凡是被考古学家界定为“辉煌的文化”或者文明，无一例外都留下了丰富、惊人的文物古迹，都可视为是古代的“发达”的代名词。

那么今天的时代从长时段的历史来看究竟处于一个什么样的阶段？不妨尝试从几个我们经常挂在嘴边的、具有强烈的时代特点的词汇来看看大概。

词汇之一是“全球化”。在一篇文章中我将其概括为人类“文化会面的时代”[1]。不仅是因为旅行、大众旅游、通讯这样的全球性的交往方式与手段的日益普及——这的确是过去少数的旅行家、学者向自己的民族和文化介绍异邦风情无法比拟的跨文化交往，更重要的是考古学复活了许多已经消失的伟大文明和文化，人类学在科学地探索和展示不同民族的文化，而到今天普通的老百姓也能够通过种种方式对其它不同的文化感同身受——现代文明的特点之一是人类拥有了一种“时空收缩”的技术，让自己进入了一个具有整体性的文化交往与文化见面时代，进入了一个地球村的时代。

词汇之二是“都市化”。城市的诞生与发展在早期文明先进的地区大约有5000年以上的历史，但是今天我们所说的都市化和原来聚落功能分化分层出现后作为地区或者国家的经济中心、政治中心、防御中心一类的城市是不一样的。今天的都市化主要是一种新的生活方式，并已影响到人类中

1 曹兵武：《文化会面时代与节日文化遗产：关于文化遗产与文化交往的一些断想》，《中国文物报》2005年12月21日。

的绝大多数。今天的都市当然也延续以前城市的经济和政治等功能，但是我们可以看到经济与政治资源之外的人才、知识、信息、思想等快速向城市集中，不同城市功能的定位更加复杂化也更加国际化，城市内部的社会组织与关联方式也发生了显著变化，使城市生活发生了实质性的变化。就文化遗产方面来说，以博物馆这种新兴的文化机构为代表，人类的艺术与遗产精华也在快速向都市集中，甚至近来大家空前关心的无形文化遗产也在向都市集中——传统艺人、古老的手工业、表演等等，只有城市才能包纳如此之多的文化多样性。就不可移动遗产来说，现代的城市往往在古代也就是最适宜人类发展的地区，大遗址、古代城市也大都集中在这里，现在的大都市往往不是矗立在古代城市的废墟上，就是古代城市的有机更新和发展。总之，今天的城市正在变成文化的熔炉。

全球化和都市化使人类文化的发展呈现出前所未有的新形态，新文化的建设更具有自主意识和规划性。人类学将人定义为“文化－自然”双重适应的动物，其中的文化就是这种自主意识和规划意识的集中体现。人类及其文化的发展既需要自然环境的多样性基础（这一点人类的共识形成稍早），同样也需要文化资源的多样性以及新制度经济学家常常提到的路径依赖性。文化是人类生活方式与智慧的集中体现，历史及其遗存是人类生存方式可能性的既有证明，文化资源的多样性当然包括遗产资源在内。因此当代文化的发展与建设必须处理好遗产的保护与利用及传承与创新的关系，必须遵循文化多样性这样一个具有普遍适用性的自然原理。

我们这个会议的主题是城市遗产的保护问题，实际讨论的主要是当前所称的历史文化名村名镇。在城市遗产的框架中，今天我们所面对的以乌镇等为代表的历史文化名村名镇是比较小型和比较近代的一类。它们延续到今天，赶上了国家兴旺发达和旅游的天时，受到人们的重视，是一种荣幸。而我们其它的城市遗产，像丽江和平遥那样的县一级的，因为保存较好，就可以入选世界遗产名录，受到全人类共同的珍爱；遗憾的是，中国古代的地区性中心城市、省会一级城市和古代都城一类的城市遗产都破坏的差不多了，或者至少说近代的、在地面和视觉效果上这类遗产已经不存在了。因此这类遗产的保护和传承显得更为重要也更为迫切。比如西安曾经是中国历史上十三朝包括辉煌的汉唐时代的古都，但是，除了兵马俑、大雁塔、小雁塔和一些博物馆中收藏的零散文物，我们很少能够直接感受汉唐盛世的遗风。原国际古迹遗址理事会（ICMOS）主席、斯里兰卡的席瓦尔先生在一封致国家文物局官员的充满感情和专业色彩并附有《关于西安和城市环境报告》的信中说："我们的第一印象是，一座迷失的城市，看不到任何恢复旧貌的希望。"但是他又指出："但当城市展现在你的面前时，你开始感觉到占迹的魅力，甚至是·种被倾倒的感受。你进而会怀疑自己可否曾有过这样魂牵梦萦的感受，这个伟大城市的魅力令你无比折服。西安是一个很有意义的地区，她能使每个有爱国情感的人陷入对历史的深刻回味。西安在我们脑海中是世界最重要的历史城市之一。……当年正是这座城市联系了东西方。""因此，不能允许她在21世纪转化为一个商业性城市。在人类历史的文明路口，我们必须把她放在世界城市的地位来考虑。”“只要认真考虑并制定长远规划，西安就可以按部就班成为世界遗产城市”。席尔瓦先生甚至排出了西安申报进入世界遗产名录的步骤：任何建筑物都有寿命，都要在今后50–100年间决定需要拆除还是保留。如果有一个好的取舍标准和规划，每过50年、100年就拆掉一批到了寿命、不适宜的建筑，不要再建新建筑，汉唐的长安就一定会重新展现人们的面前，东方大都市的风貌在世界遗产中是当之无愧的[1]。

席瓦尔先生的建议中强调要有一个好的规划。今天我们的会议中很多代表是来自规划界的，规划确实已经成为城市遗产保护和利用的一个关键环节。科学的规划，可以给遗产城市一个合理的定位，可以整合保护和利用的方方面面，可以形成一种具有正确方向的、有益的合力。规划可以分步实施——今天我们没有条件实施的，不等于今后没有条件。会上我们大家介绍和参观的江南古镇因为处于中国经济发展和城市化的前沿区域，在保护和利用方面已经走过一段不算短的路，最近建设部和国家文物局开始在全国各地进行历史文化名村名镇的确认和保护工作，这些新的历史文化名村名镇已经或者就要面临江南古村古镇曾经面临的保护、利用与发展经济、旅游开发等问题。我认为，保护与开发利用启动较早的江南水乡这几个古村古镇曾经有些什么经验教训，已经到了可以适当地总结一下的时候了，先行一步的应该为后来

1 参见孟宪民：《辉煌与梦想：建设中国的大遗址保护展示体系与园区》，载于文社选编：《古玩·文物·遗产：为了未来保护过去》，燕山出版社，2002年。

者提供一点可资借鉴的东西。

2005 年 12 月 10 日在浙江乌镇“中国城市遗产保护论坛”上发言整理稿，曾刊于 2006 年 2 月 1 日的《中国文物报》，2006 年 6 月 7 日又加以修改。

文化会面时代与节日文化遗产

——关于文化遗产与文化交往的一些断想

十一的国庆长假变成了黄金周。而眼下的黄金周其实就是经济周，旅游等行业利用人们的休闲出行赚进大把大把的黄金，节日的意义让位于经济的谋划。

当然，没有理由不让人们休闲，没有理由不让社会的需求变成经济的效益，问题是为什么一个由文化、由纪念而起的节日会成为一个彻底的经济事件而引发热议，则是需要反思的。

日前在上海和江苏周庄举行的“中国传统节日·乙酉中秋论坛”（2005 年 9 月 17–18 日），以“传统文化的时间与空间：中国传统节日文化的保护与振兴”为主题，对传统节日的文化内涵，传统节日的保护与传承，传统节日与国家法定节假日的关系及相互结合的制度安排，传统节日与无形及有形文化遗产的关系及其保护，传统节日与旅游业、当代文化的发展及和谐社会的建设等问题进行了一些研讨，但是在我看来，会上谈论最多的其实还是对包括传统节日在内的文化遗产的保护的呼吁。

在从前的人类历史中，人们从来没有如此认真地谈论并实施过文化遗产的保护问题，但当时的文化遗产其实是被保护得很好的。因为前现代的人类生活节奏缓慢并处于一个与历史密切耦合的社会进程之中。今天遗产保护被提到这样一个高度，除了说明人类的文化意识的完善和提高之外，更说明人类历史正处于一个空前的变化过程中。在变化中，世界显得拥挤，许多老的东西很快过时并行将消失。在变化中，人的方向感有些模糊。

放眼历史，旧东西消失从来不完全是坏事情，但是与生态的多样性一样，人类的持续健康发展也需要文化的多样性作为支撑——大家都开始知晓多样比单一面临风险时更不脆弱这样一个道理，多样性还是一种很好的文化教育与体验的资源，多样性所蕴含的独特性满足了一部分人在加入更大的人际交往范围时的自信心等等。因此在变化与进步中对文化遗产的保护反而变得紧迫和更有意义了。

我相信人类的有意识的文化遗产保护运动将开辟人类历史进步的新纪元。就像一百多年以前科学的诞生一样——从前的人类历史上也有科学的探索，但 19 世纪时科学的所有主要学科几乎同时开始成为独立的、具有自觉意识的科学，人类对世界的探索和认识改造能力空前增强，成为塑造世界变为今天模样的主要动力。

我们对文化遗产与文化多样性的自觉意识也具有同样的力量，它会将人类文化的演进导入一个更加合理与健康的方向与状态。

相对来说，人类认识世界——包括自然世界与人文世界——已经取得了空前的进步，但是对于文化，特别是对于不同文化如何相处，我们确实经验不多。尽管从人类诞生迄今，文化的成就在不断积累，文明社会形成特别是奠定各大文明体系基础的集大成的轴心时代之后，各个文明基本上确立了自己处理自然与社会的相对固定的文化框架与思维、行为的模式，应该说是 15 世纪以来的几次大事件才让人类进入一个全面的文化交往的时代。

其一是地理大发现，尤其是欧洲人发现新大陆以及对世界其它地区的探索与殖民，让欧洲人见识了不同的人类文化。

其二是前述的 19 世纪以来的科学大发现，包括与研究古今文化密切相关的考古学与民族学。考古学让许多已经消失的古代文化重新进入人类的知识视野，仅一百年来的中国考古学发现并命名的文化就有上百个。这些文化作为古代人类群体生活的物质遗存的集合，代表了不同时空中早已死灭的古代人类的生活方式。几乎与考古学同时，人类学——主要是其中的民族学让我们开始科学地面对今天尚存的不同族群的文化以及同一文化系统之内不同层次不同侧面的文化。新中国成立初期以民族学为手段的民族识别工作确认了 56 个不同的民族及其文化。而民族的定义其实就是文化的，每一个民族之间并没有生物学所说的物种方面的差异，区别仅在于人类生活于不同时空中形成的语言、心理、宗教、生活方式和情感认同等等。

其三是第二次世界大战以来方兴未艾的经济一体化、信息化以及全球化运动，使人类交通交往的范围空前扩张，让文化及文化差异问题溢出学术，走出科学的象牙塔，走进全体人类的日常生活体验和意识，让人类更加自觉地关注文化差异问题，此时的文化不仅成为不同个人及民族国家等群体发展的具有自觉意识的适应工具，而且涉及全人类整体的和平相处与未来发展路向问题。

尽管人类文化的历史十分悠久，早期的旅行家、探险家、外交人士及稍后的科学家也有过接触和研究、传播异文化的记录，历史上文化交流甚至不同族群交流、融合、冲突等事件屡见不鲜，但是人类处理整体的文化间关系的经验则是全球化以来的新事情，经验极为不足。费孝通先生曾经指出，近代历史以来，西方思想与科学范式在世界学术界起着主导作用，但在面对全球问题的时候，西方的一些基本思路出现了很大的局限性[1]。西方思想对国与国、民族与民族之间政治、军事、综合国力等方面的比较，往往像是在进行一种力学分析，缺乏文化的润滑。西方的社会科学同样具有物理学的倾慕症。欧洲人初到美洲遇到印第安人时，最初是不愿承认这些人也是自己的人类同胞，曾派出多批科学与宗教的考察团前去确认。后来勉强承认印第安人是人，不过认为也只能是《圣经》记载中失踪的以色列部落或者早期埃及人的后裔，是需要征服和驯化的野蛮人。直到20世纪，殖民者对土著人的歧视还表现在包括法律在内的多个方面。

19世纪以来的人类学形成了许多关于文化的理论，对我们科学认识人类的文化作出了重大的贡献，不仅开始让我们科学地面对异文化，而且让我们对自己文化内部的局部文化比如大传统与小传统、亲属制度、层级结构等文化的结构功能等也具有了更为清醒的认识。但是在全球化时代，古今文化大会面、大碰撞，加上人口增长，经济一体，环境压力和

1 费孝通：《“美美与共”和人类文明》，《群言》2005年第1、2期。

生活方式等的推助，数千年的文化惯性让不同文化之间打交道时一时显得手足无措。

应该说人类的文化意识与文化自觉具有相当久远的历史，与异文化的接触同样具有悠久的历史。我国的《史记》和先秦文献对此已经有记载。古希腊的文献对希腊之外的世界与民族风情等也多有记载。最早的文献诞生之前，人们也会每每实践着文化的接触与交往。但是在地理大发现之前，文化——起码是作为整体的具有高度的自觉意识的文化相互之间是不见面的。这里边有交通的原因，更有文化自身及世界观方面的原因。人们对异文化的见识如同瞎子摸象。

与此对应的是文化自身的概念和意义问题。轴心时代各文明的文化概念普遍是世界图式式的，人们倾向于在世界体系中为自己寻找定位，满足于一种自圆其说式的心理慰藉；科学时代的文化成为工具理性的适应手段，人们要有意识地发挥文化的适应功能与人际协调作用。而进入全球化即一个新的全球轴心时期的现在，文化概念可能需要重新回到世界图式式，因为这个时代的文化概念中，处理人与自然的关系或者人与自己社会中的人的关系已经让位于一种更急迫的处理不同文化间关系的需求，人类需要从文化角度重建一个具有普世意义的新的世界图景，这涉及对各个延续了数千年的文化传统与世界图式的整合及其所成就的关系的处理，远非理性一种方法可以见效。这种重建不仅是新的与不同文化不同人群之间的关系的重新确立，甚至需要从另外的视角重新审视人类与动物的关系、生态的关系、环境与文化伦理等等。总之，今天我们必须开始理性、全面地面对其他人和异族的生活方式问题，以及我们生活在地球上宇宙中的合法性与持续性问题。今天的人类必须设法避免如美国学者亨廷顿等所预言的文明冲突这样的文化前景与历史结局。

尽管历史上人类曾有文化自省，尤其是古典文明的轴心时代之后已经产生了不同文化从宗教与哲学角度对自己文化的反思，具有比较性质的文化自觉是自人类学的产生引出的，是人类学首先将文化的反省放在了一个重要、科学、客观的位置上。但是，新的普世文化的重建已经不仅仅是科学界的事情，正如文化关乎所有以文化为工具的人，新文化的建设也必须是大众的共识和行动，并且毫无疑问因为文化的适应特性而不能摆脱经验的性质。

今天的文化大会面不仅是地理空间上；全球化时代，日益普及的文化遗产概念及相关活动告诉我们，不同时期的文化也开始见面——它也包括考古学业已复活的许多伟大的古代文化与文明。雅斯贝尔斯所概括的各个文明曾经历的轴心时代只是人类伟大的文化进程中的一个，而且，轴心时代包括古希腊、古印度和中国先秦的诸文明的先贤其实也不是凭空产生的，他们之前的世界就已经至少经历了一轮文明的倾覆，比如孔子等先秦诸子就是要解决礼坏乐崩的局面才奋身而起的，他们也是面对文明的废墟开始思考的。同时，在全球化时代，人类空前扩展的相互交往的身份需要在强化着文化差异的需要。但是，经过人类学不断提倡的文化自觉以及全球化的砥砺，学术界已经提出和完善了诸如文化多样性和文化间性等这样一些新的重要概念，一个新的建基于理性与人道基础之上具有普世性的文化轴心时代已经轮廓凸现。

节日是时间长河中的岛屿，节日中沉淀了不同民族太多的文化智慧与资源，节日文化在民间有着极其深厚的根基，因此，节日文化既是我们将有形遗产和无形遗产相结合予以保护的一个很好的道场，也是文化遗产传承与创新的社会和公众参与的很好的突破口。

但是，在日益繁忙与喧嚣的现代，节日的资源是十分有限的，人们不可能一年365天都在过节，因此，对包括传统节日在内的节日资源的时空与内涵配置已经变成了一个重要的文化问题。从这个角度，黄金周不能变成商家眼中的满眼黄金，它同样承载着沉甸甸的历史遗产、政治、文化等内涵，诚望我们能够打造一个更理性更丰收的黄金周。

2005年9月18日

我国急需设立文化遗产日

文化遗产是全球化背景下保持文化多样性，增强民族认同，提高社会凝聚力，进行国民素质教育和推动文化建设的重要资源。为了增强对民族传统文化的重视和提高全民保护文化遗产的意识，推动优秀文化遗产的继承和创新，世界上许多国家都每年定期举办旨在弘扬历史和传统文化的“文化遗产日”活动。

最早的“文化遗产日”活动起源于法国。20 世纪 60 年代，为了对法兰西民族的历史文化财富进行全面科学的普查、整理与保护，法国政府进行了大规模的文化遗产调查登记，之后将每年六月第二个周日确定为“文化遗产日”。在这一天，被法国文化部列入国家文化遗产保护名册的各类建筑物，包括博物馆、教堂以及部分政府机构所在地等，都免费向公众开放。为了使活动更系统性和具有针对性，每年的文化遗产日活动都确定一个主题。从 1992 年起，欧洲许多国家也加入了文化遗产日活动的行列。如在 2003 年，欧洲 48 个国家经过协商，决定从当年 9 月 6 日开始，将分期分批陆续举办系列“文化遗产日”活动，各国向公众免费开放博物馆、文化遗址，同时举办各种文化活动。这些活动极大地提高了各国、各民族在文化认同上的自觉和自尊，增强了民族凝聚力，受到广大社会公众的热烈欢迎。

我国成为国际博物馆协会的会员国后，各级文物行政部门已连续十几年按照国际博协的要求，牵头开展宣传“5·18国际博物馆日”的活动，取得了一定的成效。但“国际博物馆日”的主题尚无法涵盖文化遗产的所有方面，特别是与公众生活密切相关的历史文化名城、街区和村镇、古代遗址等不可移动文物的保护，无形文化遗产、传统节日的传承，以及宣传普及文物保护的各项方针政策和法律法规等内容尚不能纳入其中。长期以来，从事、参与和热心于文化遗产保护工作的人员构成还仍然以各级文物行政部门、专业机构和部分专家学者为主。绝大多数的社会公众对文化遗产的关注也还大多停留在观光鉴赏、评估价值的浅层认识上，很少能够有意识地参与文化遗产传承与保护的具体行动。而正如生态环境保护一样，文化遗产保护已经是保护整个社会人文环境和持续发展能力的一部分，对我国这样一个地上地下文化遗产极为丰富的文物大国来说，文化遗产保护和社会公众的日常生活早已是密不可分。同时，当前我国文化遗产保护工作面临着城市化浪潮的巨大挑战，正处在一个关键时期，迫切需要来自各个方面的理解、支持、投入和参与。

主动加强与社会公众的联系，让公众了解祖国文化遗产的丰富内涵及文化遗产保护的各项政策、关注文化遗产保护的动态、自觉参与文化遗产传承与保护的行动，对各级政府和有关部门来说，既是加强文化遗产保护工作的客观需要，也是保障社会公众分享文化资源，参与、监督文化遗产保护的文化权利和重要义务。随着经济发展和人民生活水平的提高，我国政府对文化遗产保护的投入不断增强，工作逐步深入，社会公众对文化遗产保护的关注和热情持续高涨。与此同时，对社会公众参与文化遗产保护的潜力也亟待深入发掘，理性引导。

近年来，不断有专家呼吁从国家制度层面恢复部分传统民族节日以作为文化传承的重要途径，一些地方也分别设立了自己的“文化遗产保护日”[1]。因此，我们认为有必要请有关部门牵头，参照其它国家的普遍成功经验，研究设立我国的“文化遗产日”，提出具体方案，经国务院同意后，报请全国人大批准设立我国统一的“文化遗产日”，并在国家层面上对“文化遗产日”的内涵做出明确规定。

此举无疑将会对民族优秀文化遗产的传承和创新产生十分积极的推动作用，是彰显我国政府对文化遗产保护的主导作用和决心，促进建立国家保护为主，动员全社会共同参与的文化遗产保护新体制的重要举措，同时也将促使政府在文化遗产保护方面的各项努力更多地得到社会公众的反应和支持。在“文化遗产日”的规定日期里，国家所有的文化遗产单位、保护机构以及博物馆都应该向社会公众免费开放，同时相关部门和单位应在国家规定的指导下积极组织各种相关活动，发动新闻媒体围绕文化遗产保护等进行集中宣传报道，

1 如内蒙古在每年9月举办“草原文化遗产日”，苏州在2004年度成功举办第28届世界遗产委员会会议之后，将会议举办日每年的6月28日定为“苏州文化遗产日”。

对公众进行历史和爱国主义教育，发挥文化遗产在提高国民素质和民族凝聚力方面的积极作用，并扩大文化遗产保护在社会公众中的舆论影响，为全社会共同关注和参与文化遗产保护营造良好氛围。

2005 年 6 月

文化遗产与未来的主人翁

孩子们是文化遗产未来的主人。中国的父母在孩子的教育和成长上面舍得投入，这是中国文化几千年连绵不断、中国社会与经济能够持续发展的重要动力，而我们今天从事文物保护，又何尝不是在为这些文化遗产未来的主人辛勤工作？

从西周青铜器上的铭文开始，中国人就有了宝贵的遗产应该“子子孙孙永宝用”的祖训，因此，让孩子们理解文物事业的实质，参与文化遗产的保护，在今天有着非同寻常的意义。这里边，国外的一些做法十分值得我们借鉴和思考。

在意大利的那布勒斯、西西里、巴拉莫等地采取的“古迹领养”项目（Adopt-a-Monument Program），鼓励学校的学生选择自己社区周边的一处古迹，并负起对它的保护责任。在巴拉莫和那布勒斯，那些领养了古迹的孩子们热心地研究历史资料，对外来的旅游者进行指导，捡拾文物古迹周边的垃圾并筹措保护的资金。通过这些努力和工作，使具有数百年历史的破败不堪的社区教堂恢复生机。很多游客每来到这样一个被孩子们领养的遗址，都会被这些热情的孩子们所包围，他们急切地向游客讲述他们保护的教堂的故事，从他们激动的声音和闪光的眼睛里，仿佛能够听到孩子们与这些高墙之内发生过的历史事件相交织的骄傲之情。

在美国曾经开展了一种叫做“一便士保护运动”的孩子们保护文化遗产的活动。学校里的孩子将自己的零钱一便士一便士地寄存起来，用于保护19世纪废奴运动的领袖Harriet Tubman（1820–1913）的故居。尽管孩子们的贡献是微不足道的，但这样的参与培养了他们对历史古迹的兴趣和责任感，通过参与古迹的保护，孩子们学会了欣赏他们祖先丰富的文化遗产，因而也更加尊重他们生活于其中的文化——这对文化遗产的未来传承是无价的。

这些做法显然值得在世界各地推广，特别是推广到那些正在为保护自己的文化遗产而苦苦挣扎的国家包括我们中国的孩子们中。相信每一个人都曾经看到过一个孩子对他所热爱的一个习惯、一项体育运动或他所喜欢听的一个故事是多么专注，这从一个侧面证明了孩子们在扩大知识与历史兴趣方面有多么大的潜力——如果能给他们提供机会，以适当的方式培养他们这种兴趣，并加以正确的指导，他们人人都可能是合格的博物馆馆长和文化遗产的保护专家。

有研究显示，艺术项目比任何其它措施都更有可能激发那些问题孩子的智慧和创造力，并帮助他们摆脱自己成长过程中遇到的身心危险。一些专家认为，那些面临失学、沦为犯罪的孩子，如果给予他们从事艺术和文化项目的机会，他们就能成材。为此，美国政府每一年都要在白宫颁发“成长奖”（Coming Up Taller Awards），鼓励和推广这样的一些样板项目，其中包括不少与文化创造和历史遗产传承有关的项目。很多获奖的男孩和女孩都曾经表示，如果不是参加诸如写作、艺术创作、历史与文化遗产保护、讲解、表演和跳舞培训班这样的活动，他们或许会在大街上晃荡，甚至在监狱里。这些孩子的经历和体验表明了一个现实：文化的确是重要的，它是一个人健康成长和生活必需的一种营养；文化不仅仅是嘴里讲的，更体现在具体的行动上。

在这个全球化和信息化的时代，尽早地让孩子们了解人类及其生存的环境物证所记录和体现的人类发展历史，了解文化遗产的独特性和珍贵价值，让他们意识到文化遗产的保护正是为了将这些人类宝贵的遗产传诸他们——文化遗产未来的主人翁，并让他们尽早学习负起自己应有的责任，教会他们尊重文化并认识到自己在为子孙后代保持文化的连续性方面应起的作用，不仅文化遗产事业将会得到一系列的好的连锁反应，人类社会的进步也将更加全面协调并获得持续发展的动力。

原刊《中国文物报》2004 月 5 月 28 日“六一特刊”

文化遗产的浩劫：历史的悲剧与历史的必然

20 世纪 80 年代以来，中国的文物和文化遗产在经济建设、社会转型和城市化运动中近乎经受了一场新的浩劫。近十几年来，整个中国的农村和城市都普遍地完成了一次建筑更新，最近我曾几次到上海，连上海这样的国际性大都市也是从中心到郊外，已经基本上完成了建筑的置换，原有的建筑，不管是历史建筑，还是原来简易的石库门、小高楼，基本上完全被高楼大厦所替代。在这种建筑置换的过程中，上至社区的人文面貌，下到数米深的自然与文化地层，都已经面目全非。一些农村的建筑甚至已经翻盖过几茬了，旧的换新的，一层的换两层，两层的换高层。所有这些建筑不仅仅是为了拓展人类的生存之地，也是为了更加舒适和美观，或者竭尽土地的经济价值。然而在这个过程中，建设所到之处，文化遗产基本上被涤荡殆尽。比如深圳，作为特区前身的南头古城在 10 年以前还保存较好，现在城内的街巷格局基本上仍然维持 10 年前的模样，但是大部分的建筑已经两次升级，一般的居民楼房都已经加高到四五层以上。就是这样一个地方，因为其在特区发展史上的特殊地位以及身处特区的心脏，成为高楼林立的特区中的特区，最近深圳市政府要实施保护，拿出 8000 万元，也仅仅是在其南门附近拆出一个小的文化广场，让城门被亮出来而已。

其实现在回过头来反思，可以看出中国文物遭受这样一场浩劫是必然的，只有个别的单体文物和一些开发建设相对滞后的地区成为文物孤岛，如丽江古城、平遥古城以及一些零星的文物景点能够被保存下来，反而是必然中的偶然。即便这些文物仍然在更深层次的发展与建设面前面临着严峻的威胁。这大概是社会转型时期要付的代价之一。

这场浩劫中那些最易被破坏的文物主要是大片的历史街区和古迹风貌，最主要的原因就是它们位于人类生活与发展的最适宜区。因为我们目前面临的这场城市化的实质就是更新（重新建设，以使其更加适用）和扩张——城市在扩大，城市人口在增加，大量的农业人口涌进城市，城市的功能也需要更新，因此只好拆旧建新，哪怕仅仅是为了扩大一点土地的使用效率。因此，人口稠密地带的文物古迹要么因为占据了今人建设与发展的宝贵地盘而受到围攻，要么被今人在旅游开发中以今天的眼光和手段重新装扮，本体和环境都变得面目全非。

我们之所以将这个过程中文化遗产的损失定位为一种破坏，主要是因为其实新建的或者改造的结果未必比旧的更好，因为那些被我们认为应该保留下来的文物古迹和历史街区往往都是历史上的精华，而人口与土地的压力却往往使决策者选择了一个“拆”字——有专家学者已经指出，20 年来，一个白白的、带有圆圈的“拆”字横行中国，不仅霸道，而且已成为了一个时代标记。

当然，几乎所有走向发达的国家和地区都有这样的社会与经济转型时期，但是只有在我们这里，对文化遗产的破坏达到了空前绝后的效果，因为我们是在中国这样一个人口众多、体量庞大的文明古国的国度中以这样一种前所未有的速度和态度进行建设和破坏。中国的文化遗产在“文化大革命”中经历了一次由意识形态指导的有选择的空前的破坏，而这次大约 20 年的经济建设中又来了一次无意识的绝后的扫荡。前一次是历史的悲剧，后一次是历史的必然。对于中华民族来说，两者都是十分沉痛的教训。

当然，如前所述，这个过程其实不可避免，某种程度上也是历史进步必须作出的取舍、付出的代价之一，但是我们必须竭尽全力让这个代价付出的小一些。而且，如果事前或者事情进行的过程中能够认真地研究，综合地考虑，科学地决策，损失完全可以减少到最小。然而历史并没有这样。相反，很多人为的因素和错误更加重了前述的必然性，使破坏如摧枯拉朽，变本加厉。今天，当我们的生活水平略微改善，需要关注一下自己综合的生存状态和生存环境，发现自然与人文的多样性对于生活的意义时，遗产已几乎被涤荡殆尽，损失几乎无法弥补。首先是我们决策与实践程序本身就存在问题——一大批官员被非理性地以经济指标和长官意志加以考核和推动，他们当然喜欢上项目、搞建设，其它的一切都要为他们的平步青云让路；其次是我们的社会结构也有缺陷——城乡结构被严重扭曲，城市化就是大家都往城里挤，以原有城市为基础，对现有城市进行规模扩大和彻底更新，至于城市的定位、功能和结构如何更好地长远匹配，根本没有好好研究，或者有人研究了，也没有建立倾听意见的机制。因此不仅城市的规划往往很差，很差的规划也仅仅就是一张图纸，可以随意被长官意志和利益驱动所改变。而城市之外的遗产，也往往是在水库、道路建设或者为建设而烧砖制瓦的过程中被破坏了。扭曲的价值判断和社会实践，牺牲的其实是群体利益和代际利益，而文化多样性的损失则是我们社会共同的损失。

然而，亡羊补牢，犹未晚矣。近来文化遗产保护领域暖风频吹，2002 年全国人大通过了新修订的《文物保护法》后，加大了对破坏文物行为的惩处力度，文化遗产保护的各项基础工作步伐大大加快；2004 年世界遗产委员会第 28 届会议在苏州召开并通过了《苏州决定》，十届全国人大常委会第十一次会议表决通过了全国人大常委会关于批准加入联合国教科文组织《保护非物质文化遗产公约》的决定；2005 年国际古迹遗址理事会第 15 届大会在西安召开并通过了《西安宣言》，同时国家文物局启用了全国性的文化遗产保护标记，向社会推出了保护文化遗产的公益性歌曲，特别是 2005 年底，国务院向全国发出《国务院关于加强文化遗产保护的通知》，其中规定将每年 6 月的第二个星期六作为全民族的文化遗产日。近年更是出现了陕西宝鸡眉县王宁贤等 5 位农民一镢头挖出了 27 件窖藏西周青铜器后立即电告文物部门并守护现场，贵州省黎平县地坪乡的父老乡亲在暴雨洪水中奋勇抢救被冲毁的国保单位风雨桥构件等文物保护的感人事迹，最近国家博物馆举办的中国非物质文化遗产保护成果展掀起市民的参观热潮，表明全民性的文化遗产意识正在觉醒，文化遗产的保护与传承在经过严冬之后又迎来了迟到的春天。我们希望并且有理由相信今后那些残存的文物古迹、文化遗产能够受到善待，我们的子孙后代能够生活在一个自然与人文遗产比较丰富多样、和谐并具有理性的环境之中。

2006 年 2 月 9 日

第三部分

文化遗产保护论

谁的文物工作方针？

一

今天，在全国文物工作电视电话会议上，李岚清同志代表国务院正式提出了已经被《文物保护法》认可的“保护为主，抢救第一，合理利用，加强管理”的新的文物工作方针并第一次全面、完整、深刻地阐述了文物保护、抢救、利用、管理几方面的辩证关系，强调“保护为主”是方针的核心，是文物工作的中心任务；“抢救第一”是做好各项文物工作的前提，应被放在文物保护的首要位置；“合理利用”就是要在确保文物安全和永久保护的前提下，正确发挥文物在经济和社会发展中的重要作用；“加强管理”是做好文物工作的关键，是实现文物有效保护和合理利用的基本保障。李岚清同志要求我们一定要全面、完整、准确地理解和执行文物工作方针，要在有效保护的前提下实现对文物的合理利用，在任何时候、任何情况下都要坚持“保护为主”，都必须把文物本体及其原生环境的保护和保存放在主要位置；要求我们通过加强管理，实现对文物的有效保护和合理利用，确定合理利用文物的内涵、途径、手段和办法，制止各种对文物不协调、不合理的利用，遏制对文物不择手段的滥用、破坏，杜绝掠夺和破坏性开发、毁灭性拆建，强调不能把国有文物保护单位作为企业资产去赚钱；要求我们注重基本建设中的文物保护，必须本着既有利于经济建设、也有利于文物保护的原则，坚持在保护文物的前提下进行经济建设和生产建设，努力实现文物保护事业和经济建设的协调发展；要求我们适应社会主义市场经济体制的要求，遵循文物工作自身规律，健全完善以国家保护为主并鼓励全社会广泛参与保护、充满生机与活力的文物管理体制和运行机制；要求我们采用现代科技手段加强文物保护，既要尊重历史，充分运用优秀传统技术、材料、工艺，严格遵守"不改变文物原状"的原则，也要充分吸收现代科技成果，合理地采用新技术、新材料、新工艺来解决文物保护中的疑难问题。

应该说，李岚清同志的讲话深刻地分析了文物工作应当遵循的规律和当前机遇与挑战并存的形势，为今后的工作指明了方向。从此以后相当长一段时间里，对文物工作的方针原则不应该再有什么争论了，应该做的是全面、完整、准确、深刻地理解这一方针，坚决贯彻执行这一方针。

长期以来，对于绝大多数人来说，文物保护总是被挂在口头上，文物界以外的人是这样，而在文博系统内，由于职业分工原因，真正从事保护或者在观念上正确地认识到自己从事的工作与保护的内在关系的也不多。不管是科研还是展览，大家总是习惯于从分工的角度、从用的角度来看文物：文物就是解释科学问题的资料，就是展品，对文物中包含的更丰富的价值、意义缺乏深刻的思考。当然啦，文物工作中的分工是必要的，但是这个方针和保护的观念是整体的，至少是从职业的角度注意到在利用的过程中不出问题。

其实，文物保护与文物利用是一对永恒的孪生姐妹，也是一对永恒的矛盾，凡是与文物有关的事情，都必然涉及如何保证文物安全，如何保护，如何使文物及其携带的价值、意义在不同人包括不同代际的人之间传播与共享的问题。我们不能理解为这保护是张三李四的工作，我是一个考古学家，我是一个博物馆办展览的，我是一个古建筑专家，我是从事旅游开发的，这保护和我没有关系。在社会分工充分细化的时代，我们有幸作为与文化遗产打交道的专业工作者，应该从一个整体和较高的层次上来认识自己工作的性质；而任何与文物相关的事情，都应当考虑到保护、共享与传承这个前提。

总之，“保护为主，抢救第一，合理利用，加强管理”不仅是文物保护从业者和文物工作者的方针，也是全社会和全体公民在处理文化遗产问题时的共同方针。

二

文物工作方针的形成有一个历史过程。1991 年全国文物工作会议（西安）提出“保护为主，抢救第一”的方针，据孟宪民同志介绍，是李瑞环的意见占了上风；后来在 1995 年全国文物工作会议上，加上了“有效保护，合理利用，加强管理”的原则，则主要是李铁映同志的意见。此后，并称为文物工作的方针与原则。1996 年张文彬主持国家文物局工作，开始《文物保护法》的修订，将两者归并为“保护为主，抢救第一，合理利用，加强管理”并写入了修订后的《文物保护法》。新法于 2002 年 10 月 28 日第九次全国人民代表大会常务委员会第 30 次会议讨论通过（这是本届常委会第四次讨论，前几次据说争论均十分激烈，第三次投票表决时结果为 77 : 77 而未过半数，可见这貌似与国计民生无关宏旨的文物工作其实在人们的思想与感情方面实在是牵连至深），在宣传《文物保护法》和即将于 2002 年 12 月召开的第三次全国文物工作会议单霁翔局长的工作报告中，对这个十六字方针试图进行系统的阐释，其大意如下：

党中央、国务院从我国处在社会主义初级阶段的基本国情出发，提出了新时期的文物工作方针是“保护为主，抢救第一，合理利用，加强管理”，新的《文物保护法》又将这一方针以法律的形式固定下来。这一方针最大限度地保留了原方针和原则的科学内涵，符合新时期文物工作形势的变化和发展，体现出对文物工作改革创新、与时俱进的时代要求，是科学的、富有远见和创造性的。在今后相当长的时期内，我国文物工作必须牢牢坚持“保护为主，抢救第一，合理利用，加强管理”的方针，全面推进新时期的文物保护工作。

“保护为主”强调了文物工作的根本任务，要求文物工作在任何时候、任何情况下，都必须把文物本体及其原生环境的保护和保存放在首位，这是文物事业得以存在和发展的基础，是文物工作安身立命的基石，也是国际社会关于文化遗产保护的通则。在当前情况下，我们要着重加强文物保护工作的理论研究，要解放思想，更新观念，加强对文物保护基础理论、管理体制、维修原则、基本方法的研究，深化对文物工作热点、难点、重点问题的研究，探讨传统工艺和现代科学技术相结合的最佳途径。

“抢救第一”强调了社会主义初级阶段中文物工作的重点，在这一较长的历史时期内必须把文物的抢救放在首位，表明了文物保护时不我待的紧迫感。要求我们充分认识到在当前社会经济还不甚发达、基本建设突飞猛进的时期，是文物工作较为艰苦、任务最为艰巨的时期。强调把抢救放在文物保护工作的首位，就是要引起人们对文物保护工作面临严峻形势的高度重视，从而动员各级政府和全社会都关心和支持文物的保护和抢救，同时也是要求文物部门合理规划，统一部署，抓住重点，急事先办，把有限的力量集中起来，解决当前存在的迫切需要解决的突出问题。在强调“抢救第一”的同时，应当注意这样两个问题：一是要做好工作规划，抢救第一不是仓促行事、临时突击，而是要纳入到我们的工作规划当中，要理清工作中的轻重缓急，做好文物工作的各项规划，还要将这些规划纳入到当地社会发展计划和城乡建设规划当中；二是要注意日常维护，不能片面强调大修而忽视岁修养护，日常维护做得好，不仅可以节约有限的人力物力，还可以避免大修给文物带来的伤筋动骨，延缓文物的衰老。

“合理利用”要求各级文物部门充分认识到文物本身所具有的文化教育作用、鉴古知今作用和科学研究作用，充分发挥文物对促进中外文化交流、推动旅游和社会经济发展等的积极作用；要善于利用文物资源和其独特优势展示中华民族在漫长的历史进程中所形成的强大凝聚力、创造力和生命力，帮助人民群众认识自己的悠久历史和优良传统，增强民族自信心，激发爱国热情，提高思想道德素质和科学文化水平。我们要尽可能多地把得到有效保护的各类文物向社会推出。对于不可移动文物，在确保这些文物不受损害的前提下，可以采取多种方式发挥作用，促进相关产业发展。对于可移动文物，也要在确保文物安全的前提下，通过陈列展览供广大群众观赏。我们不赞成将文物“藏在深闺人未识”，进而造成博物馆“门前冷落车马稀”的现象，同时也不赞成过度开发、竭泽而渔的做法，在扩大开放、利用的同时，也要考虑文物的脆弱性，研究文物开放利用的合理方式以及文物承受能力的上限，并以此为标准设立“生死线”，保证文物利用的合理、有序，任何情况下都不能越雷池一步。

“加强管理”是实现文物有效保护和合理利用的根本保证。从当前的工作实际出发，“加强管理”的主要内涵，一是继续深化文物管理体制改革，加强文物保护的机构设置和职能配置；二是大力推进依法管理、依法行政，健全执法队伍，加大执法力度；三是加强对文物保护工作的理论和政策研究，制订更加科学、合理、严密、完善的规章、制度、政策和规划，不断提高管理水平，完善工作机制；四是增加文物保护、管理工作中的科技含量，充分利用现代科技成果与手段，提高文物建档、保管、保护、展览、信息传播和科学研究水平；五是要积极普及文物知识，宣传文物的历史、科学、艺术价值及其重要作用，提高全民族的文物保护意识。文物是全民族、全人类的共同遗产，是人类生存与可持续发展的人文环境的有机组成部分，要努力探索建立国家保护为主、鼓励和动员全社会参与文物保护的新体制。

应该说，认识是非常到位的。但现实的问题是，当今时代中经济至上与政治挂帅导致在一些弱势行业中普遍存在着配合主义的工作心态。在国家的大局和整体中，文物工作不是重点是毫无疑问的，但是，作为文物工作的主题，不能总是或者光是讲配合，甚至对恶意的破坏、无知也一味地迁就，而应当科学地看待，依法地管理。在文物行业内部，也不能将方针在工作中肢解开来，造成这一部分人是保护的，那一部分人是研究的，还有一部分人是利用的。而应该是，不管工作在哪个环境，都应当持保护第一的思想与态度。

文物工作的方针要求我们面对文物和文化遗产时，工作应有个核心，有个层次，方针落实应到文物工作的每一个方面。因此，无论是考古所、博物馆，还是古建保护所，以及相关的部门与单位、人员，都应该深思：您的工作究竟怎样体现这一新的方针？

2002 年 12 月 20 日

文物法遭遇尴尬？

——俞星伟“捐赠”文物事件感怀

近来，浙江嘉兴青年俞星伟向当地文博部门“捐赠”自己多年收藏的出土文物一事，在全国被暴炒得沸沸扬扬，报纸、刊物、电视、广播乃至最为时髦的网络，各路媒体一起上阵，事件已不仅仅是新闻而已，许多报道已经演进为连续追踪和深层分析，管理者、法学家、文物界的专家学者等纷纷登台亮相，指点江山，激扬文字。其中较多的是赞俞星伟的义举，怨文物部门的迟缓，慨文物法的老旧，鸣“捐赠”换来的委屈。却很少有人还记得法律的严肃性，记得文物背后所应包含的其它历史、文化和感情内涵。

这实在是有其必然的。

多年来，文物工作中有法不依，执法不严，历来是工作中的顽症之一，而今，不仅是不依，而且大张旗鼓地拿文物法当“噱头”，开玩笑。有的文章标题赫然为“文物能捐赠吗？”，好像文物部门傻到连送上门的好东西都不知道要；有的文章讲：“根据《文物法》，公民个人不得从事文物的买卖和占有”，俨然是文物部门垄断和剥夺了公民买卖和拥有文物的权利。其实，按照法律的规定，公民不仅可以合法地拥有文物，而且可以堂堂正正地把自己所有的文物转让甚至送到拍卖行去讨个好价钱。

所以，关键根本不是捐赠、占有和买卖这类问题，而是这些文物到底是些什么样的文物，是否真正为物主所拥有。俞星伟两次“捐赠”文物，第一次 139 件，第二次 496 件，基本上全是出土文物。按照法律的规定，它们本来就是国家所有的，讲不清来历或不愿透露来历，自己占有一段时间，然后再把它们还给国家，期间白白丢失了文物固有的出土背景和历史科学信息，还要叫“捐赠”，还要讲条件，岂不令人纳闷？

如果社会的误解是因为无知，或者别有用心，那么，倒是文物部门的暧昧态度比较令人费解。第一次“捐赠”时低调处理，还给了人家 1 万元当做奖励或补偿；第二次本来还想再低调接收一次这样的“捐赠”，没想到对方不愿低调，自己请了电视台，架起摄像机恭候，而其他媒体嗅觉也相当灵敏，立即闻到了其中的文化味、新闻性，宣传报导几乎是铺天盖地。

看来被动是文物部门自己造成的，是文物部门自己躲躲闪闪、疏远媒体的结果。有人说，谎言重复一千遍就会变成真理，此话虽然未必是真，但在这个信息时代，有问题一味地捂，问题就永远还是问题，甚至会发酵成为越来越严重或被动的大问题。俞星伟事件就是明证之一：文物法不仅可以不被遵守，甚至可以是非不分，信口雌黄，讨价还价，倒打一耙。当然，文物法确有需要修改的地方，但恐怕不至于改到连出土文物谁都可以随意占有、什么文物都可以被推向市场、什么人都可以任意收售吧？

其实，文物保护不仅仅是文物部门的事情，文物法也不是文物部门的私法。文物是全人类、全社会共同的遗产，发掘、研究和保护文物是一个社会文明事业的需要，文物法是社会的公法，必须有全社会共同的参与。事愈辨愈清，理愈辨愈明，报道讨论到一定程度，事理最终必然会昭然于天下，关于俞星伟事件，终会有一个说法的。但遗憾的是时不待人，盗墓活动仍在进行，贩子们仍在发财，文物的破坏和流失仍在持续。这些文物作为天下共宝，虽然不至于完全地消失，或许某一天它们还会以另外的什么方式在什么地方浮出水面。这时候，它们仍然可以被请回博物馆里，它们身上散发的历史幽光和艺术魅力仍然可以为社会所共享，但是，如此一来，它们本身所携带的古代文化信息和历史、科学价值几乎会丧失殆尽，只留下满身的铜臭任人炒作，连埋在地下继续任人猜谜的可能性都没有了。博物馆仅仅是接纳了又一个“文物孤儿”而已。

为了尽可能地减少这样的“文物孤儿”（非法出土文物），为了让历史少一些缺环和遗憾，我们期待关于俞星伟事件的最终说法能够早日到来，希望这样的文物捐赠还是没有为好。

2000年11月16日

世界遗产怎样管理

——由曲阜水洗“三孔”事件谈起

近些年，“世界遗产”热中国，不仅许多著名的古迹风景区广泛动员，大笔投入，治理环境，改善管理，积极创造条件争取加盟，那已经加入世界遗产名录的，稍有风吹草动，也立即会沸沸扬扬。最近的曲阜“三孔”事件就是明证。

那么，世界遗产（本文主要指世界文化遗产）是什么？

世界遗产不仅仅是一流的文物古迹，不仅仅是响亮的名声以及由此而来的旅游经济效益，世界遗产也意味着全人类共同的财富，意味着一流的管理与保护措施和水平。通过加入世界遗产这一活动，使更多的人能够认识文化遗产的价值，分享文化遗产带给人类的好处，参与保护文化遗产的行动。所以，以联合国教科文组织《保护世界文化和自然遗产公约》为基础的世界遗产活动实际上是一项综合的文化遗产保护工程。其中，文化遗产是核心，管理保护是灵魂。

申请加入世界遗产名录是一个漫长而严格的过程：整治环境、准备材料、申报、检查验收、讨论、通过……但是，加入了名录并不就是万事大吉，而是在一个更高的水准上继续保护和利用这一永恒的课题。世界遗产委员会虽然没有管理世界遗产的强有力的行政手段，但是世界遗产活动绝不像有些活动那样只管出卖招牌而已。世界遗产委员会不但会时时跟踪监测该遗产的状况，并且要求各缔约国切实建立健全保护遗产的法规和机构，定期向其报告入选世界遗产名录的遗产的状况，包括蜕变、自然因素、工程建设、变更利用方式和易主等任何潜在的可能性破坏因素。如果这些可能性不幸变成了现实，遗产将被列入濒危遗产名录，必须采取保护措施，改变持续破坏的现状，必要时甚至可以申请国际社会的援助。如果保护措施无效，遗产遭受实质性的毁坏，则可以将其除名，取消其世界遗产的资格。

有许多非常著名的文化遗产长期不能列入世界遗产名录，但也有许多遗产可以被陆续添加进名录，不是因为遗产本身的价值发生了什么变化，关键是其管理保护的水平得到了有效的提高，整体环境得到了实质性的改善。《保护世界文化和自然遗产公约》1972 年通过，中国 1985 年才加入，但是几乎年年都有新的遗产被列入名录，目前已达 27 处，位列第三。这既有数千年文化底蕴、文物古迹和自然奇观的客观基础，也表明我国的文物保护和管理水平一直在大踏步地前进。

从某种程度上说，《保护世界文化和自然遗产公约》就是遗产保护工作的 WTO，加入公约，希望分享世界遗产的盛名，同时就必须接受挑战，严格按照公约的精神和规矩办事，就必须切实提高对遗产的管理和保护水平，遵守活动的规则。当然最终的结果是遗产受到更多人的关注，得到更好的保护，充分地发挥了综合效益，使遗产的所在地成为最大的受益者。

因此，像曲阜“三孔”这样的世界遗产，不论是谁管理、谁使用，关键是都要认真研究和尊重文物保护工作自身的规律，严格按照国家法律和国际公约的规定行事。文物的保护和永续利用是千秋万代的大业，就像一场没有终点的接力赛，在哪一个环节上，接力棒都不能松手，否则，文物没有管理好、保护好，前人所有的努力都将前功尽弃，何遑拿文物来赚钱？

原刊《中国文物报》2001 年 2 月 21 日

加强管理是关键

——从镇江张云鹏故居入选 2000 年文化遗产保护杰出项目奖谈起

从去年 7 月始，《中国文物报》连续 5 次报道舟山城市改造中对文物大规模的拆毁事件；今年农历大年初一，在头版头条报道世界遗产地曲阜“三孔”在日常管理和清洁过程中的野蛮行为对文物造成的致命破坏；上期又报道了泾阳郑国渠首及历代引泾工程遗址在野蛮的建设施工中遭受的严重损毁，都是一些让人忍痛而泣的反面消息。今日我们终于看到了一条好消息，镇江市张云鹏故居被联合国教科文组织评为 2000 年亚太地区文化遗产保护杰出项目奖。同样是文物，同样是城市建设中对文化遗产的安排和处理，其做法、效果竟形成如此鲜明的对照，原因何在？恐怕还在于对文物价值的不同认识，在于管理工作的疏漏和偏差。

文物作为祖先留给我们的一笔丰厚的遗产，其所具有的价值正逐步得到社会各方的广泛认同。但是处于经济和社会大变革时期的中国，各种社会利益五花八门，因此，人们在处理文物时所看中的价值实际上也是各不相同，专家学者着重文物所具有的历史、科学价值，广大的老百姓更欣赏文物的艺术价值，而商人则注重其经济上的价值。几种不同的眼光一交织、一打量，文物的形象也就成为一种神秘的斯芬克斯，因而见仁见智，众说纷纭，遇到问题时对文物的处理方式、文物的命运也就各不相同。一旦将短期的经济效益放在首位，文物的其它价值就可以置之不顾，民族、国家和全人类的共同利益就可以让位于某一小群体的一己之利。

因此，对于文物保护，不光是口头上讲讲其价值、重要性就可以大吉，关键还是要不断地提高认识，加强管理。作为文物工作大原则的“有效保护，合理利用，加强管理”中，加强管理是关键，是重中之重，只有加强管理，文物的几种完全不同的价值才能求得有效的平衡和协调，利用才可以做到合理有度。也正因为如此，联合国教科文组织设立的两个文物保护大奖——“墨丽娜·默库里保护和管理文化景观国际大奖”与“联合国教科文组织亚太地区文化遗产保护杰出项目奖”，都与管理工作具有密切的联系；在世界遗产的评选标准中，单有一流的文化遗产也是不行的，遗产地周边环境的治理整顿和总体管理水平，一直是一项非常过硬的要求。

其实，文物的重要性除了历史、科学、艺术和经济等方面的价值以外，更重要的或许是其不可再生、不可替代性和公共性，惟其不可再生、不可替代，才需要倍加呵护，惟其是全人类共同拥有的宝贵财富，才需要对其保护和利用加以管理和协调，在探讨社会参与文物保护与利用的合理方式的同时，发挥政府的主导作用，防止不同利益集团以局部之私利侵害天下之公益。

我们非常高兴地闻知镇江市张云鹏故居被联合国教科文组织评为2000年亚太地区文化遗产保护杰出项目奖。这不仅是我国大陆地区在这一奖项上的零的突破，也是新世纪文物保护工作的一个新开端、好兆头，是“保护为主，抢救第一”和“有效保护，合理利用，加强管理”文物工作方针原则的重大成就，表明我国的文物保护工作在新世纪里将会有一个更加光明的前景。镇江获得这项殊荣不是偶然的，是当地政府正确认识历史与发展的连续性、一贯重视城市建设和文物保护有机结合的结果，是文物部门工作积极主动、宣传到位的结果。

社会在进步，人们对精神文化的需求在日益增长，对那些保存在自己生活环境周围的文化遗产的依赖性将会与日俱增。这些宝贵的遗产不仅凝聚了数千年人类辛勤的劳动和无穷的智慧，沉淀了人类文明世代相传的宝贵精神资源和物质财富，是历史上不同传统和精神成就的载体与见证，同时也体现了全世界各民族各地区的基本特征，她们已经成为构成各个社区面貌和特点的基本要素，不但是进行文化旅游和激发人们创造精神的资源宝库，而且还将作为一种精神动力支撑着当地居民构筑 21 世纪美好家园的信心和理念。

有鉴于此，2000 年的 7 月，国家文物局和建设部、世界银行、联合国教科文组织等组织在北京共同召开“城市发展与文化遗产保护”国际会议并形成了《北京共识》，强调要在现代化的建设中，切实加强各方合作，通过建立健全立法，制定周详长远的规划和加强政府的协调与领导，把祖宗留给我们的文化遗产保护好、管理好、利用好，真正做到子子孙孙永宝用。

21 世纪文物保护工作的号角已经吹响，前面的道路依然漫长艰难，然而，在文物保护这个过程中，历史的血脉在延续，文明的精神在传递。只要各级政府主管部门、具体的管理者和社会各界能够充分认识文物和文物保护工作的真正含义，自觉地加入到保护和改善我们生活的人文环境中来，人类的文化遗产肯定会伴随人类自身走向更加美好的明天。

原刊《中国文物报》2001 年 2 月 7 日

重提科学与民主：从文物保护的科技创新说起

近来，建国以来的首次全国文物保护科技工作会议在北京召开，文物保护科技工作被提到了一个前所未有的高度，响亮地提出了建立文化遗产保护科技支撑平台的奋斗目标，在文物工作中明确地提出科技创新、体制创新、理论创新的观点与思路。

科学技术当然是重要的。从培根的知识就是力量，到马克思的科技是生产力，再到邓小平的科学技术是第一生产力，一直到现在联合国教科文组织倡导、全社会正在逐步达成共识并努力推进的知识经济时代，科技对人类生活与社会的渗透和覆盖越来越广泛也越来越深入。

但是我们不能忘记，与科学技术所代表的生产力密切联系甚至更为重要的应该是生产关系，与技术手段密切联系并更为重要的是人的大脑。生产关系是容纳和使用生产力的形式，形式和内容是相辅相成的。有多高的生产力，就必须有相应的生产关系来运用和发挥这种生产力的作用，良好的生产关系甚至可以促进生产力更快更好地得以释放。因此，科技进步从来就是与理论、思想、体制密不可分的。

从15世纪以来，科学逐步成为一种具有相当自主性的人类的探索活动。从此以后，科学发现不像以前那样往往具有偶然性，与神学巫术及生活的其它方面相互交织、难解难分。从此以后，科学开始成为一部分人的职业，科学技术的积累与运作方式开始具有自己的某种内在的逻辑，科学和社会的关系以及科学的发展方向性都具有了某种自主性，科技越来越作为一种具有整体力量的社会有机组成部分发挥作用。而要让其更好地发挥作用，要接纳科技的积极作用，社会本身也需要作出相应调整，要有容纳科学技术的科学观念和组织体制。就科学探索活动来说，它也越来越具有团队性、合作性，越来越强调知识与观念积累的惯性和物质的基础等关联条件，同时也需要一种具有全社会性质的科学精神，科技才能和社会结合得更好。一句话，作为国家能力或者行业能力及社会体系的组成部分的科技的进步需要温床和孵化器，需要一种持续的体制与观念的推动力量。

在全国文物保护科技工作会议的工作报告中，单霁翔局长既谈到了文物保护科技工作的指导思想、目标和任务等，也谈到文物保护科技的人才、体制和基础保障等较深层次的问题，仔细思量，这些其实都是文物保护科学技术本身之外的文物保护科技与整个文物工作、行业需求乃至社会发展等相关的社会问题。当科学技术越来越发达，水平越来越高，对社会的组织水平、观念水平的要求也会越来越高。在武装我们的科技手段的同时，作为公益性事业的文物保护更加期盼的是科学的态度、科学的观念、科学的决策与科学的管理。这不禁使人想起长期以来我们一直倡导与追求的民主与科学。

今天民主与科学早已被喊成了口号，很少有人再去深思口号背后的深刻含义，其实两者同样是有内在联系的——当科学发展，社会也必须相应地进步，必须以民主的形式容纳它，才能保证科学被正确地运用并获得进一步的发展，保证科技的成果为最广大的人民所享用。因为科学技术历来就是一柄双刃的达莫利斯之剑，如何用它，需要人的头脑和社会体制自己决定。

所以，在文物保护中讲科技创新的时候，也必须要讲体制创新和理论创新，必须要讲科学的发展观，全面协调可持续，缺一不可。

2004 年 10 月 20 日

培育文物保护第一生产力 锻造文物保护科技支撑平台

日前，国家文物局颁布了《文物保护科学和技术创新奖励办法》，并下发《关于开展文物保护科学和技术创新奖励工作的通知》。这是国家文物局一系列推进文物保护科学研究与技术进步重大举措的组成部分。

当代科学技术的迅猛发展为文物保护工作提供了强大的支持力量，科学技术作为第一生产力在文物工作中也成为普遍的共识。近年来，国家不断加大对文物科技保护的投入，文物的科技保护设施、实验条件得到一定的改善，高科技手段、先进仪器的使用更加广泛，使文物科技保护工作取得飞跃性进展。与此同时，文物保护理念不断完善，各地重大的考古项目也开始邀请科技保护专家参与指导或者现场保护，一批批文物科技保护博士、硕士逐步充实到文物保护行业中来。

2000 年以来，为了加强对文物保护科研课题的管理，打好文物保护科研工作基础，为文物保护事业提供更好的科技支撑，国家文物局先后发布了《文物科研项目开题及经费管理办法》和《文物科学技术成果鉴定办法》、《全国文物、博物馆系统人文社会科学重点研究课题管理暂行办法》，委托有关单位开展了《中国博物馆藏品信息指标体系规范》、《馆藏文物基本信息著录规范》等研究制定，为今后博物馆藏品管理向科学化、规范化的方向发展奠定基础。去年8月底，又成立“国家文物局文物保护科学和技术研究课题管理办公室”。科研活动包括课题的立项、阶段检查、中期评估、成果验收等，以“课题办”的形式进行管理。同时，为了适应文物事业对文物保护科学研究和技术的需要，适应当代科技发展的大趋势，打破社会科学与自然科学的人为隔阂，国家文物局一改过去社会科学和自然科学课题分别评审的模式，将所有课题按应用技术研究类、基础研究类和管理软科学研究类三大类集中评审。提出了“三个有利、四个体现”作为文物保护科技工作的指导原则，即：有利于文物保护事业的发展，有利于科技水平的提高，有利于科技队伍的建设；体现全社会参与的原则，体现社会科学与自然科学交叉并重的原则，体现管理需要与文物保护需要相结合的原则，体现“以我为主、为我所用”的原则。据此，同年10月，国家文物局重新修订并发布实施《文物保护科学和技术研究课题管理办法》，用“办法”的形式推进文物保护科学与技术的整合及对文物事业的适应性。同时该办法对申报条件也作了新的规定，只要是有研究能力的，不论系统内外都可以申报。如此，从规章制度上打破行业的拘囿，对热心从事文物保护研究的人来说，有了更多的机会；从管理部门来看，注入的是新的活力。

为更广泛、更充分地调动科研单位、大专院校、文博单位的积极性，广泛吸收社会各界力量参与文物保护科研工作，体现“公平、公正、公开”的原则，国家文物局对重大科研课题采取公开招标方式。去年 8 月，《文物保护事业科学和技术发展战略与规划研究》首开风气，向全社会公开实行招标，科研院所、高等院校、文博单位共 5 家实力雄厚的单位参与了竞标。接着，国家文物局加快重大科研课题实行公开招标的步伐，制定并发布实施《文物保护科学和技术研究课题招标评标暂行办法》，通过这种方式，先后有多项国家文物事业急需的重要课题落实了研究单位，其中不少是文博系统以外的国家重要科研力量。

为了进一步整合文物保护科研资源，互通有无，提高科研成果传播与共享效率，国家文物局在互联网上开通了“历史文化遗产保护领域科技平台”，从战略性、全局性、长期性的高度，打破行业和部门界限，充分着眼于国家需求，落实科技部《国家科技基础条件平台建设纲要 2003–2010 年》的精神，实现用信息化带动科学研究和技术创新，从而促进遗产保护的全面进步。目前，初步实现了科研活动网上管理，对 1990 年以来设立的 330 项课题，实现了信息共享；去年就实现了科研课题网上申报、网上组织单位审批、网上函审工作，首次实现科研课题开题、评审当年结束；今年 4 月，依靠平台实现全国范围的文物保护科学和技术信息的报送工作，到现在已拥有 296 个信息报送点，遍布全国各省、自治区、直辖市的文博单位和有关的高等院校、科研院所，到目前已发布信息 400 余条。利用科技平台开展了《文物保护科学和技术研究课题指南》、《历史文化遗产保护领域科学和技术中长期发展规划战略研究报告》、《文物保护行业标准管理办法》、

《国家文物局重点科研基地管理办法》等征求意见工作，开展了“历史文化遗产保护科学和技术成果展”参展成果、“文物保护科学和技术创新奖”等申报工作等等。科技平台不仅为管理带来了诸多便利，同时也为广大基层科研人员提供了即时了解国家科研政策、获取信息的渠道。即将实施的共享专家库、科技查询、科技能力交流平台更会为全行业的科技活动带来进一步的推动作用。

在上述背景下，文化遗产保护中的科研活动呈现出蓬勃发展的趋势，文物保护科研成果迭出。为了鼓励文化遗产保护领域科研活动的深入开展，表彰在科研活动中有突出贡献的单位和个人，近期国家文物局又出台《历史文化遗产保护领域科学与技术成果奖励办法》，按照《中华人民共和国文物保护法》第十二条第六款规定 :“在文物保护科学技术方面有重要发明创造或者其它重要贡献的”单位或者个人，“由国家给予精神鼓励或者物质奖励”。

奖励对文物保护科学研究和技术进步做出贡献的单位、个人，是提高文化遗产保护的科技水平、促进文化遗产得到更好地保护的重要举措。评奖不仅是一种激励措施，同时也是科学管理的重要组成部分。评奖活动不仅可以更充分地调动各相关方面参与的积极性，也是一种工作标准的确立和示范，它最终将更好地推进工作的科学化、规范化。评奖中的评委和评选程序决定了评奖必然是一种权威性的裁定，帮助公众对相关的成果进行取舍。此外评奖也是一种重要的工作成果的宣传推广方式，在行业内推广好的工作经验、做法，在社会上博取更多的理解，为行业争取更大的生存与发展空间。因此，评奖是国家对文物保护科技工作的一种重要的投入。

文化遗产的保护与传承，重在全民、全社会的自觉参与。为此，国家确立了建立“国家保护为主，动员全社会广泛参与”的文化遗产保护工作新体制的奋斗目标，这里，调动广大科技工作者的积极性是十分重要的一环。在文化遗产保护这个知识、信息十分密集的行业中，培育和发展文物保护科技这一第一生产力具有十分重要的意义，相信通过对文物保护科技工作的科学管理、大力推进、奖励推广等一系列措施，一个支撑文物事业健康持续发展的科技大平台已经指日可待。

原刊《中国文物报》2004 年 7 月 21 日

用奖励与宣传推动社会参与文物保护新体制的建立

在2004年度的全国文物先进县表彰大会上，贵州省黎平县地坪乡的父老乡亲因为在暴雨洪水中奋勇抢救被冲毁的国保单位风雨桥构件的感人事迹，其乡政府被国家文物局授予该年度“文物保护特别奖”，杨胜勇等14位乡民获得“文物保护先进个人奖”，并获得20万元的奖金——这是本年度全国文物保护领域的最高荣誉。这一事件也是近年来全民参与文物保护的又一个典型案例。

尽管在全球化背景下保护人类文化的多样性、走可持续发展的道路已越来越成为人们的共识，在观念的层次上大家也已经认识到文物是全民族的宝贵财富，是人类共同的遗产，但是长期以来在实际工作中，文物保护则被一些人认为是经济发展的绊脚石，是少数专家学者、专业工作者和个别政府部门的职责，不能不说是当前全面协调可持续发展观念下的一大遗憾。有鉴于此，2002年新修订的《文物保护法》明确地将“保护为主，抢救第一，合理利用，加强管理”的文物工作方针和建立“国家保护为主，动员全社会广泛参与”的文物工作新体制作为文物工作的法律规定，2005 年国务院又下发了面向全社会的《关于加强文化遗产保护的通知》。

中国文物的一大特点是文物与人民的血肉关联。今天的中国文化是几大文明古国中唯一没有被中断的古老原生的中华文明的延续和发展，中华民族是这一悠久的历史及其丰富的文化遗产的真正主人，中国文化中很早就形成了保护文物的良好传统。尽管在历史上对厚葬历来颇有争议，人们对统治阶级以此浪费财富颇有不齿，加上阶级矛盾、族群关系及社会动乱等因素，历史上屡有挖坟掘墓的现象发生。但是，中国老百姓保护文物的热情也是世所公认的，特别是对与自己有密切关系的祖传文物、历史建筑等文物，历代都有保护继承的传统。遗憾的是，近年来在社会转型、片面强调经济发展、发家致富的过程中，社会上再次流传“要想富，去挖墓”的说法，各地特别是农民盗掘盗挖倒卖破坏文物的事件给人们留下了深刻印象，一些地方甚至有整村出动挖墓的奇怪现象，文物的盗掘走私屡禁不止。

这些现象自有其复杂的社会根源。其实，因为与文物天然的血肉联系，包括农民在内的广大的老百姓对文物的热爱和保护之情往往是发自内心的。近年来，随着文物知识的普及，有关文物保护法律法规的健全和宣传力度的加强，文物保护意识的提高，农民兄弟自觉地保护当地文物俨然已形成一种新的社会风气，从原来整村出动挖坟掘墓到现在整村出动缉拿盗墓和偷拿寺庙文物的贩子，许多事迹感人至深，成为文物保护中的亮点之一。特别是 2003 年 1 月 19 日，宝鸡眉县王宁贤等 5 位农民在劳动取土过程中一镢头挖出了 27 件窖藏西周青铜器后，立即电告文物部门并守护现场，直到文物工作人员赶到。这批青铜器因为其精美的造型特别是宝贵的长篇纪事铭文的重大学术价值而被誉为“旷世国宝”，5 位农民也因护宝有功而被看做“比国宝还受宠”的功臣，成为 2003 年度耀眼的新闻人物，社会和有关方面给予了很高的荣誉和关注。文物部门等不仅对他们的行为给予了重奖，文化部、国家文物局和陕西省委省政府领导还多次接见和邀请他们到北京做客，参加在北京举行的出土青铜器展览剪彩仪式；5 位护宝农民还喜获 2003 年度“全国杰出文化人物”称号并亲赴人民大会堂出席颁奖仪式；有关方面还安排他们赴各地包括出国参观考察文物和文化遗产；国家文物局有关领导赴陕西出差期间，也多次顺路看望和慰问几位护宝农民。

护宝农民的先进事迹及时代给予他们的崇高礼遇发挥了巨大的社会示范效应，据报道，单是陕西宝鸡一地，在 2003 至 2004 两年间就发生多起农民发现并保护文物的后续事迹，社会参与文物保护的其它方面也取得积极的进展。

今天，尽管前些年媒体上经常报道的农民盗掘破坏文物等事情不能说没有了，但是我们可以欣喜地看到在文物保护方面农民兄弟的确是觉醒了，因为他们与文物之间的天然联系，他们祖祖辈辈的生活与传承，当我们的宣传教育达到一定的高度，当农民的生活水平、文化水平和保护意识不断提高，特别是当他们认识到文化遗产作为一种人文资源与他们的未来发展的切切实实的联系，他们便主动地加入到保护文物的行列中，成为文物保护的一支有生力量。但同时我们也应该看到，由于我们社会中的多种利益驱动，一些比农民生活水平更高、更有能力保护文物的人，却因为一片地价在高楼中比遗产本体更能够直接和快速地体现，大片大片的历史街区和古遗址消失了，破坏文物的主要原因已经变成了不当规划和开发建设性的破坏。于是，在快速推进的现代化建设中，几乎所有城市都变得千篇一律，人们住在一样的格子里，不论是家里还是宾馆，推开窗户，所有的城市都成为同一个面孔，让您不知身在何处——成百上千年形成的传统文化的时间空间格局在推土机及起重机的巨手下彻底地消失了。

然而，农民兄弟用他们的行动教育了我们，振奋了我们。陕西 5 位护宝农民的先进事迹教育和带动了一方的文物保护，接着贵州省黎平县地坪乡又涌现出一个更大的文物保护先进群体。有关方面抓住有利时机予以大力宣传和弘扬，使文物保护工作与意识从农民、从一批接一批的文物保护先进县这样的基层的发展和壮大，从我们的文化与遗产的乡土草根之间的不断成长，让我们看到了文物保护和文化遗产的继承与创新仍然是一项充满希望的事业。

2004 年 12 月 25 日

感恩与回报 :《人与遗产》[1] 书后

这本图书如果仅仅从图书的角度来写几句编后的话显然是不够的，但是如果在这里展开谈谈有关的人和事又是不可能的。千言万语，归纳为一句话：这本书是我们这个时代许多关心支持并参与民族优秀的文化遗产保护与传承的人们的辛勤付出的共同结晶。

首先应该感谢首届“中国文化遗产保护年度杰出人物”评选活动的获奖者，他们以自己在博大精深的中华文明的守护传承过程中所表现出来的高尚的道德情操、正义良心以及感人的实践事迹为图书提供了精彩的内容，他们是需要我们致敬并学习的现时代的文化英雄；

感谢遍布各级文博机构、媒体和社会各界的推荐者，他们首先感受和认识了那些感人的候选人的事迹并向评选活动

1 中国文物保护基金会编，曹兵武、刘玉清主编：《人与遗产：2008 年度中国文化遗产保护杰出人物纪实》，学苑出版社，2008 年 12 月。

办公室提供了宝贵的线索，他们挖掘了一种在浮躁与喧嚣的现实生活中需要高度关注的精神、道德与文化价值；

感谢参加初评和终评的专家评委以及作为集体参与投票的媒体单位，还有那些在网络和《中国文物报》书面投票中的公众参与者。他们的公正选择，为我们这个新旧交替的时代提供了文化传承者的标准和评判，这些标准与评判必将深远地影响到未来我们在文化的传承与创新中的思想与行动方式。

评选活动不仅仅是选择，也是一种感恩、回报和价值的弘扬与传承活动，是文化遗产保护传承利用的思想宣传、知识普及和社会动员活动。因此，也应该感谢参与评选活动办公室具体工作的志愿者——其中包括北京大学、中央民族大学和首都师范大学文博考古专业的若干大学生和研究生，他们或者提供了人力、智力和经费等方面的支持，或者直接参与了大量琐碎的日常工作，使评选活动能够成功举行，包括这本图书的稿件征集和编辑，以及后期的设计和印制。所有这些都是一种我们的文化传承和社会进步事业必不可少的奉献。

应该感谢的人太多。实际上整个评选活动从策划到实施，完全就是一次以中国文物保护基金会为核心的社会团体、民间人士和民间力量的大集结和大奉献，我们将参评人物重点也锁定在为文化遗产保护传承做出杰出贡献的民间人士，目的正在于尽可能广泛地唤起社会关注和参与文化遗产保护与传承的实践，为建立“政府主导，广泛动员社会参与”的文化遗产保护工作新体制起到一点推动作用。

当下中国正处于经济社会文化快速转型的时期，未来的中国能否成功实现文化复兴，很大程度上取决于我们在探索与创新的过程中能否科学地处理好自己悠久的历史发展过程中积累起来的丰厚的文化遗产。不可否认的是，目前大量的文化遗产面临着前所未有的威胁，文化遗产的保护与抢救刻不容缓。文化遗产保护工作理应由政府和专家主导，但是，如果没有社会的广泛认同和参与，保护就不可能取得成效，文化遗产更不可能在人民群众的社会生活中发挥应有的作用。我们的文化遗产本来就是人民创造的，与人民有着血浓于水的关系，但是体制、观念还有利益格局及一些文化方面的原因障碍了它与人民之间的这种密切的联系。我们必须努力回归遗产与人民之间的这种密切而健康的联系。

评选活动的宗旨就是发掘社会各界文化遗产保护人士尤其是民间人士及其感人的事迹，弘扬受到他们保护的文化遗产的价值，为文化遗产保护与传承的社会事业树立一种标杆。我们坚信，这些人物、事迹及相关的遗产所包含的道德含量、文化含量，会使这个评选活动具有特殊的魅力。我们从书中完全可以窥视到这样的魅力。

作为评选活动的工作人员，我们会继续努力，将评选活动做好，将评选活动中感人的人、事及文化遗产的价值宣传普及到更多人的心中，为文化遗产的保护与传承凝聚更多的人力、智力和财力支持，并使得被这些光荣的杰出人物抢救保护下来的文化遗产与你我具有更加密切的联系。

思想与行动：文化遗产保护的艰难处境

最近，从刚刚出版的《思想者独行》[1]中看到了曾经沸沸扬扬的冯骥才和天津市民保卫历史街区估衣街的情况，确实是非常感人的。

天津也算是北方中国的大码头了，今天它是北方中国仅次于北京的一个直辖市，这不仅是因为它离北京近，更因为它有近代史上作为首都北京近邻的口岸的雄厚物质与文化基础。自开埠一百多年来，留下了一些中西结合的经典建筑及其盛装的城市文化，近年天津与上海、深圳等沿海开放城市相比虽然发展相对较慢一些，反而让它能够更多地保存了一些昔日的历史文化遗产。但是进入 21 世纪之后，许多地方已经开始为盲目地开发牺牲了太多的文化遗产追悔莫及的时候，天津却开始后来居上了，拆迁的浪潮逐渐横扫了这个地方，并最终拆到了作为老天津缩影的估衣街，不能不让人更感觉到遗憾。

1 冯骥才：《思想者独行》，花山文艺出版社，2005 年 6 月。

估衣街拆迁与反拆迁的事情就是在这样的背景下发生的，并且在书中已经有了十分详尽的描述。

估衣街保护的亮点之一就是有冯骥才的参与。冯骥才是一个国家级的文化名人。他的参与使这次拆迁和反拆迁的斗争多了几分文化意蕴。冯先生在记述中几次用照片表现 20 年来中国最霸道的一个“拆”字，并发誓要与这个字斗争到底。他指出，今天与这个字的斗争，我们还处于游击战的地位，被动的地位，因为在今天中国的建设与发展中，它们的确是太强大了。

连冯骥才这样的文化名人都感觉到对此的无可奈何，可见文化遗产保护事业处境之艰难。

近年来，大众视野中的冯骥才一直以“行动着的知识分子”的文保形象奔波在各地。这本书不仅仅记录估衣街的保护情况，也是冯骥才近两三年来所写的文化批评类的文章的精选集，内容大致分为两类：一类是“思想”，即对当代中国文化命运的思考；一类是“行动”，记录其在保护文化遗存奔走中的一些真实事件、过程、思考和内心为文化遗存的毁灭而痛惜的感受。

正如冯骥才曾经所说：多年来，我一直是边思考边行动。我喜欢这样的感觉——在行动中思考，使思想更富于血肉，更具生命感，随时可以在思想中触摸到现实的脉搏。在思考中行动，使足尖有方向感，使行动更准确和深刻，并让思想在现实中开花结果。

冯骥才写得很动感情，也做了一个文化人应该做的很多思考，他的言行都有很大的影响，但是我们也应该看到，他的所做所思更多的是一个知识分子的社会责任在起作用，是揭竿和拍案而起，而我们整个时代和社会对文化遗产的有关认识特别是行动体制还是不到位的，保护和抢救因此就变得十分的困难。

书中冯骥才写道他前去参加北京一个文化活动，其中德国一位搞汉学的女青年问他为什么称自己保护的是旧城而不称为老城，引起了他的一番反思。的确，我们的文化太容易将一些过去的东西都称为旧，旧物件、旧房子、旧街道、旧环境，往往都是随着时间的流逝和主人的处境、心情、需要等或更新、或弃毁、或保存，自然而然。我们还很少将文化遗产提高到文化的多样性的高度来看待问题，提高到一种对历史和精致的美负责任的角度看待问题，很少理性地思考文化遗产与我们所有人，与整个社会的和谐持续发展具有的内在联系。现在有一些人（除了文物工作者之外）开始起而保护它们，主要是因为拆的速度太快，让人的感情有些受不了，或者更直接的原因就是它们已经很稀少了，从经济学角度变得即将值钱了，有用了，与自己的利益有关系了。因此，我们亟须从感情到理智的升华，理智是说服其他人和文化遗产保护工作社会化的不可缺少的前提。

当然，我们这个时代，一方面建设与拆迁日新月异，另一方面文化遗产的保护毕竟也已经引起了很多人的关心。这是一种巨大的进步。应该说人类的过去和今天都不会是完美的，人类及其生活从来就没有完美过，但是人这种动物的了不起之处在于他一直试图在为自己留下一些记忆历史的线索的同时，也留下一些人类活动的教材，不管是正面还是反面，它们可以让人们认识到在某些条件下，人类同样可以创造一些精致甚至可以犯一些低级的或者严重的错误，从而让自己感觉到心灵的涤荡和情感与理性的升华。

我一直认为，文化遗产保护不必保护过去的一切，不是一切旧东西、老东西都有永续存在的价值，历史的垃圾尽管也可能有科学的价值，但是垃圾永远不会给我们提供美感，不会给我们提供心灵的震慑，对于其中的科学信息，发掘、记录就可以保持科研工作的正当进行了。但人类的前行需要认路，需要历史记忆的指引，需要过去为未来留下一些具体的、实实在在的路标，历史的保存需要价值选择。问题是，今天在我们的城市和社会发展中，在规划与建设中做出价值判断、做出决定的人，知识水平和出发点往往都很成问题，我们做出决定的程序也不尽完善和科学，在急功近利、在献礼工程和样板工程中，在建设就是 GDP、拆了重建是双倍的 GDP 的价值导向与一片浮躁之中，当然难以建设出经得起历史考验的精致，也难以认真思量古代的精致和终极意义。在主要关注政绩、GDP 和形象的官僚眼里，在主要关注经济收益的开发商的眼里，文化遗产往往就是古人先来先到占据着最好地段的一张地皮。这是最要命的问题。在这种长期与短期、情感与利益、历史与现在的非均衡的博弈中，政策与利益的扭曲和放大，更容易弄得过去和现实都失去了应有的和谐与精致，使我们只能生活在一个得过且过的环境中。

也许今天的我们处于一个过渡阶段，我们奋斗的目标主要还是要解决温饱的问题，考虑长久的文化建设与价值不朽等问题，则只好留给我们的子孙后代了。在这样的时代，思想者注定是孤独的，先觉者注定是痛苦的。但是，抗争与努力，呼唤与行动，毕竟可以让这个过渡的阶段短些，让遗憾少些。

文化遗产保护急需这样的理论研究

——读李晓东先生新著《文物与法律研究》有感

近来翻看李晓东先生的新著《文物与法律研究》[1]，一共有厚厚的700多页，很有些吃惊和感慨。

李先生长期从事文物保护管理工作，公务繁忙，但却既是领导也是专家，他在繁忙的工作之余研究，写作的成就十分惊人。在一般人的印象中他除了原来短暂地从事文物考古工作时的学术性研究和著述之外，主要精力都放在了行政管理和文物法律法规的调查研究上，而其实他在文物考古尤其是文物学和近年才开始受到关注的文化遗产保护与管理方面的很多研究也是颇富成果，他为各种报刊包括我们《中国文物报》撰写了大量的各种各样的文章，并出版了多本专著，可以说是著作等身，比如我们可以看到的与文物保护管理有关的专著就有《文物保护管理概论》、《中国文物学概论》、《文物学》、《文物法学：理论与实践》、《文物保护法概论》等等。

这本新书尽管也收集了一些旧作，但从体例和内容上最

1 李晓东：《文物与法律研究》，河北人民出版社，2006年。

能代表李先生的研究范围、关心领域及其取得的成就，收录的文章分为文物与考古、文物学研究、文物法学研究、文物保护与管理论述、遗产观察、博物馆管理论述、图书评介七个部分，其中文物保护与管理论述、遗产观察、博物馆管理论述几部分的文章大都是近年作者已经退休之后，根据文博界的一些新情况、新问题有所针对、有感而发的。不仅如此，他还做了不少非常针对文物工作实际的课题研究，比如最近刚刚结束的关于文物保护单位安全防范体系的研究，除了提交研究的报告，发表若干文章之外，还有一本专著也在编写出版过程当中。

我们文博界有一批十分可敬的前辈，他们的工作经历和经验十分丰富，学问人品尤其是为文化遗产保护执着探索、奔走呐喊的精神深获大家的敬重，李晓东先生即其中一位。记得我刚从国家文物局博物馆处转到社会文物处工作，第一次出差就是和李晓东先生一起。当时社会文物处在山东泰安国家文物局培训基地办了一个面向各省市文物局的文物拍卖管理方面的培训班，我作为处里的代表参加，当时从考古到机关的思想转变还没有完成，又直面被社会上炒得沸沸扬扬的文物拍卖问题，心里很没底，李先生带着侯菊坤、何戍中等先生，既做领导（李先生当时是综合司的负责人，侯与何是当时综合司的人教处与法规处的负责人），也是授课老师，几天时间里在泰山脚下那个安静的院落里和各地的同志朝夕相处，我不仅从他们的举止言谈中学了不少关于如何开展工作、如何与地方的同志打交道等工作方面的知识，也对刚刚接手的文物拍卖工作及相关的法律法规有了一定的了解，期间还知道我们两人不仅是隔着黄河的晋南豫西的老乡，并曾经相隔几十年在同一个中学里念书，这在北京、在一个机关里确实是难得的缘分。

文物工作处处充满学问，做久了，知识自然会不断积累，也会渐渐地滋生出对文物和文化遗产的强烈感情，但是因为身处一个经济与社会大发展的时代，文化遗产被破坏的现象比比皆是，当然也会多些落寞的心情，这时候，能够有几位像李先生这样的政学兼通、人品声望俱在、素为大家敬仰的老先生不断思索和探求新的理论问题，为文物保护呐喊呼号，实为鼓舞人心、催人奋进的幸事。

记得在 2001 年中国社会科学院组织了一次世界文化遗产管理与经营的会议，会上文物和旅游部门的同志就文物保护与开发问题谈得很不愉快，有文物界的老先生当即拍案而起，一时会上充满了一种正义的力量，但是会议的气氛也显得十分紧张。会下一个外系统的同志对我说，拍得真是痛快，保护文物的正气太需要弘扬了；但这年头，单靠拍桌子解决不了问题，文物界更有一些基本理论、概念需要更深入的研究，否则在文物界以外很难获得理解和支持。这件事情和这番话对我刺激很大。从那时起，我不再纯粹将自己定位为一个搞考古的，也开始关心文博工作的若干理论问题。但这样一来，也有了一些万金油的感觉，碰到问题就立即挥刀跃马上前，但往往是浅尝辄止。当时李先生也在这个会上，而且说实话，李先生的这本书其实也有这样的问题存在。但是，这的确是很无奈的事情。保护文化遗产的紧迫性使得我们不能明哲保身，不能等到什么东西都深思熟虑了再讲出来，再去发表，遗憾只能留待工作中去不断地修正、改善。

因为有过机关的工作经验，我完全可以想见李先生前些年在地方和国家文物局的工作会是多么繁忙，但是李先生著述涉及的方面又是如此广泛，并且明知其中有些东西作为应景之作，可能将来留不下来，但是因为现实工作有需要，先生也会在工作之余，青灯孤影，一笔一画写成如此一些篇幅（据我所知，李先生写作至今不用电脑，只能靠来回的亲自誊抄完成最终的文稿），很多都是为工作需要的鼓与呼，但更多是日常和现实的文物工作中不可缺少的经验心得和思考，尤其会对同行和年轻人的实际工作有非常大的参考作用。

文物工作专业性、政策性、社会性都很强，文物工作处处充满学问，但是要做好文物保护，不仅需要对文物的本体和价值有深入的研究，更需要尽快将文物工作本身的学问上升到文物学或文化遗产学的境界。近年来我一直在想，今天我们可以为文化遗产的保护和传承提供法律的武器甚至是经济的武器都已渐渐强大起来，但是我们又能为文物保护提供什么样的理论和思想武器？没有这个武器，文物保护就只能仍然是部门和行业的行为，社会参与、全民保护就仍然是一句空话。

文物学或者文化遗产学的建立需要我们在工作与实践中去不断探索，而李晓东等老一辈文物工作者已经为我们树立了可供仿效的榜样并建立了一些很好的基础，这是我读这本书最大的一点感触和思考。

原刊《中国文物报》2007 年 8 月 15 日

以信息化支撑文物保护和科研
——兼谈信息时代的文博信息共享

信息化程度的高低是一个行业工作水平的重要指标，而信息化程度则与行业整合信息的能力、信息传播的速率和信息使用的效率，包括行业内个人掌握信息资源的多少、对信息的加工处理能力等具有密切关系。

近来，有几件与文博工作信息化有关的事情，让人感到比较欣喜：一是国家文物局科技信息处的课题办公室在网上开通了“国家文物局科研平台”，将国家文物局历年的文博科研课题及其进展、重大科研课题的招投标、有关的科研规划与政策等信息全部放在网上，供同行之间的交流、协作和公众及有关方面的监督检查之用，同时为文物保护与管理工作提供科研信息的网上支撑；一是在《中国文物报》“考古新发现”栏目中新增加了一行“报道每一个考古发现”的文字，这几个字叫目标也好，口号也好，无论如何是一个在信息分享方面值得努力的方向。

拿后者来说，全国每年的考古新发现，按照国家文物局批准备案的发掘项目计算，应该在500个以上（如果将许多清理、调查等未及申报的情况估算在内，每年的考古发现大约应该在近千项左右）。据笔者所知，这些考古发掘都要事先向国家文物局提出发掘申请，发掘结束之后又要提交工作报告。以报道考古新发现最力的《中国文物报》每年 100 期左右、每期报道 2 个考古发现计算，一年中只有大约 200 项左右的考古发现可以见报，那么其余 300 项发现应该上哪里去查找？要知道，《中国文物报》报道的只能算是考古新闻，连发掘的简报都称不上，估计其余的发现有些可能被综合进最终的发掘报告或者其它什么材料中了，但绝大多数可能会从此以后了无踪影。有人苛刻地说，光发掘不发表资料是花钱买破坏，是一种行业犯罪。作为文博考古行业媒体，应该加大报道这些考古发掘、调查发现的力度，帮助我们的行业杜绝这种犯罪。尽管如何进行报道和共享，在形式上可以探索，但的确是应该有一个报一个——“报道每一个考古发现”，使得已经做了的考古调查和发掘的收获成为真正有用的信息。

我想，同样的目标也应该体现在文博信息的其它方面。在信息时代，我们做好任何工作都需要对相关信息有一个基本的了解，因此，全面、系统、高质量的信息报道可以更好地推进工作和文物保护的进步。不仅是考古发现，举凡我们行业中的每一个会议——无论学术的还是工作的，博物馆举办的每个展览，在文物保护方面采取的每一次行动，编辑出版的每一本新的图书，对文化遗产认识和理解方面的每一个新的观点，甚至是行业之内的每一次重要的人事变动，都应该有适当的平台予以展示和交流。

当然信息时代不仅仅是信息的简单的积累，它同时要求我们对信息的整理、加工、分析、判断、处理能力也达到一定的水准，使信息真正变成推动工作和科研的动力。这里就不简单地是一个在报纸上发表的问题，因为时代是由身处于这个时代之中的所有相关的人共同构成的。身处信息时代，全行业的人都应该培养这么一种意识——只要我们的工作有些进展、有些安排，甚至是有些谋划、有些新的看法和观点，都应该尽可能地拿出来，与同行进行交流和分享，变成大家共同的资源。每一个从业的人，无论是处于什么样的位置，在做什么具体的工作，都应该知道专家、领导、同行们在想些什么、做些什么，我们的行业内都发生些什么事情，什么是前沿，什么是落后，什么是普遍的状况，什么是先进的经验，什么是教训，从而增强我们工作中的判断能力和行动能力，缩小我们与先进水平之间的差距。

身处信息时代，就要求我们从具体的工作者到管理者到各个相关的媒体单位，从信息生成到信息传播和信息利用，齐心协力构筑一个完善的信息链条，打造几个强大的信息平台，才能让我们的行业早日步入信息时代的门槛。

文博考古行业是一个知识密集的行业，同时我们也应该努力使自己成为一个信息密集、信息化程度较高的行业，从而使我们的行业在整体上进步到一个更高的水平上。

2004 年 3 月 7 日

国保单位评选：提升我国文物保护与管理水平的重要举措

在各级政府对文化遗产保护工作空前重视、广大人民群众的文化遗产保护意识不断提高的大好形势下，国务院公布了由国家文物局组织、各省自治区直辖市遴选申报、全国数十位专家长达两年的论证筛选产生的新一批共1080处全国重点文物保护单位，不仅是献给国务院确定的第一个“文化遗产日”（6月10日）的一个厚礼，是提升我国文物保护与管理工作水平的重要举措，也是全国人民文化生活中的一件大事，是我国社会主义先进文化建设的一项重要成就。

我国政府曾经分别于1961、1982、1988、1996和2001年分五批公布了1271处（第一至第五批依次为180、62、258、250、521处）全国重点文物保护单位。多年来，全国重点文物保护单位及其保护与管理体制不仅直接保护和抢救了大批具有重要的历史、科学和艺术价值的中华民族的宝贵遗产，在加强文物保护的基础，推进文物保护与管理的规范化和科学化方面发挥了重要的示范作用，同时也在宣传、展示中华民族传统文化，对公众进行爱国主义和革命传统教育及国际文化交流工作中发挥了重要作用，同时也极大地提高了所在地的知名度，促进了所在地文化教育、经济、特别是旅游业的发展。

但是，从总量上看，我国现有的全国重点文物保护单位数量偏少，与我们文明古国的历史地位及现存文物数量不相适应（我国经普查登记的不可移动文物为 40 余万处，而前五批全国重点文物保护单位仅为 1271 处，而埃及由中央政府管理的文物古迹有 2 万余处；印度由国家管理的文物古迹有 5000 处左右；越南的国家级文物保护单位也有 2823 处）。近年来，随着我国经济建设的持续快速发展，正确处理经济建设与文化遗产保护的关系问题日益突出。文化遗产遭到违法建设、开发的威胁和破坏，盗窃盗掘古遗址古墓葬等事件时有发生。在这种严峻形势下，由国务院公布第六批全国重点文物保护单位，使我国的全国重点文物保护单位达到 2351 处，不仅是适时的，也是必要的。

我们相信，不断增加的全国重点文物保护单位和不断完善的全国重点文物保护与管理体制，不仅会对全局性的文物保护与管理工作发挥重要的示范与推动作用，有利于依法加强对文化遗产的保护，规范对文化遗产的管理和利用行为，发挥文化遗产在社会主义建设、推动文化产业和旅游业等的健康持续发展的重要作用，同时也再次向国际社会表明了我国政府对保护文化遗产的高度重视和坚定决心，对振奋民族精神，促进人与环境的和谐及社会进步，扩大我国在文化遗产保护领域的国际影响等，都将起到十分积极的作用。

2004 年 11 月 30 日初稿，2006 年 6 月 27 日定稿

十年减灾运动：文物保护国际行动之一

那些杰出的文化遗产，作为人类文明的象征和人类记忆的源泉，属于整个的人类。长期以来，那些历史的街区，那些重要的遗迹，那些博物馆及其收藏的精美文物与文书档案等与人类比肩而存，经历了无数自然和人为的灾难，提醒人们牢记历史的经验和教训。

值此世纪之交，联合国教科文组织和其它一些国际组织倡导了一项“文化遗产的十年减灾运动”（International Decade for Natural Disaster Reduction，代号为 IDNDR 1990–2000）。本项目以及若干保护文化遗产的国际公约，特别是 1954 年《关于武装冲突情况下保护文化遗产的海牙国际公约》，1970 年《关于禁止和防止文化遗产非法交易和转让其所有权的方法的公约》和 1972 年《保护世界文化和自然遗产公约》以及其它一些项目，为组织多学科的、多边组织的保护文化遗产的国际协调行动和建立国际性的保护框架，提供了一个十分难得的机遇。1994 年，联合国教科文组织和多个区域性与国际性组织一起建立了“文化遗产危机应对国际多边力量”(International Inter-Agency Task Force For Cultural Heritage, IATF);1996年，国际档案理事会（ICA)、国际博物馆协会（ICOM)、国际古迹遗址理事会(ICOMOS)、国际图联（IFLA）四个非政府间组织发起组成了“蓝盾行动”国际委员会，大大加强了文化遗产面临危机时国际社会的反应能力。

许多国际组织比如联合国教科文组织、“蓝盾行动”国际委员会和欧洲理事会等都设立了一些实际的工作项目或工作小组，发行了一些工作指南一类的材料，比如1997年向150个国家发送了《应对文化遗产危机和紧急反应国际指导手册》(International Guidelines for Risk Preparedness and Emergency Response for Cultural Heritage), ICCROM在1998年出版了《危机应对操作手册》，并正在实施一项应对文化遗产危机的国际培训项目，这一项目还得到了国际工程地质和环境联合会（IAEG）的配合。联合国教科文组织和国际地质科学联合会（IUGS）联合实施的“评估和减缓滑坡对文化古迹的威胁”(IGCP425,1998–2002）是又一个国际社会和多学科合作保护文化遗产的范例。

在这个背景下，联合国教科文组织于1999年9月23–25日在巴黎召开“濒危的文化遗产”(Cultural Heritage at Risk）的国际会议。会议以防止和减少人为与自然灾害对文化遗产的破坏为主旨，与会代表主要来自联合国教科文组织(文化、地学、信息等部门)、国际地质科学联合会、国际档案理事会、国际博物馆协会、国际古迹遗址理事会、世界银行等国际组织和发达国家，以及联合国教科文组织认为文化遗产面临潜在的自然与人为危险的国家和地区，如波黑、阿富汗等战争地区及文物资源较为丰富的亚非拉地区。代表们集中探讨了文化遗产监测体系的建设和不同部门之间的协调反应问题，交流了各自的经验和认识，呼吁由联合国教科文组织出面协调，建立地区、国家和国际三个不同层次的文化遗产及其自然景观的观察监测和快速反应体系，实现不同部门、不同专业和不同国家相关人士间的遗产保护信息共享，提高文化遗产面临破坏危机时的反应能力。

中国建设部代表山东泰山管理委员会的米运昌在小组中做了《关于泰山风景名胜区古建筑保护和防止自然灾害问题》的书面发言，笔者作为中国国家文物局代表做了《信息化的文物登记和跟踪管理系统与文物保护：在中国的设想》的发言。

最后一天，会议形成一个决议，经与会代表一致通过，决定提交联合国教科文组织全体代表大会讨论通过后，作为正式的建议文件推荐给各成员国政府。

原刊《中国文物报》2000 年 11 月 29 日

文化遗产保护的诺贝尔大奖：文物保护国际行动之二

墨丽娜·默库里（Melina Mercouri）大奖的正式名称叫“墨丽娜·默库里保护和管理文化景观国际大奖”，由联合国教科文组织和希腊政府联合颁布，目的是为了表彰那些为保护和管理世界主要文化景观做出了杰出贡献的典范。它以墨丽娜·默库里——希腊前文化部部长的名字来命名，并在1992年12月于山特费（Santafe）举行的世界遗产委员会第16届大会上得到认可。

墨丽娜·默库里是希腊著名演员，后任希腊文化和科学部长，她以自己过人的精力、热情和魅力，宣传和促进希腊历史文化遗产的保护工作，赢得了希腊乃至世界人民的爱戴和尊敬。她最杰出的工作是促使英国返还时任英国驻奥斯曼土耳其帝国大使的埃尔金勋爵于1802年从希腊（当时希腊被土耳其占领，是奥斯曼帝国的一部分）拿走的雅典娜卫城帕特农神庙的大理石雕像。这项建议是墨丽娜·默库里于1982年提出的，现在仍在争取之中。为了实现这一梦想，墨丽娜·默库里生前组织了一个专门的追索工作组并亲任组长，还成立了一个基金会，并正在筹建一个雅典娜卫城博物馆，在博物馆里将为该大理石雕像预留一个专门的位置。为了博得国际社会对这一举动的支持，墨丽娜·默库里到处发表演讲，宣扬正确对待历史文化遗产和把帕特农的大理石雕像还给希腊的意义，其中包括在联合国教科文组织大会和英国议院、大学等的演讲。虽然希腊和英国还没有就归还雕像事宜达成一致，但墨丽娜·默库里的杰出工作已经产生了广泛而深刻的影响，联合国教科文组织为此进行了表决，绝大多数会员国赞成将雕像还给希腊；欧洲议会有 263 位议员联名致函英国政府，希望将该雕像归还希腊；英国的一些考古学家和历史学家组成了墨丽娜·默库里的声援小组。

世界遗产委员会认为，保护文化景观不仅仅是关涉到遗产和遗址本身的事，更是一个当代社会必不可少的文化理念。而墨丽娜·默库里的工作正是体现了这一理念。

墨丽娜·默库里大奖每两年由联合国教科文组织总干事颁发一次，颁奖地点在联合国教科文组织的巴黎总部，也可以在总部以外的其它地方，一般选择在联合国教科文组织大会上颁发。第一次颁奖时间是 1997 年。奖品包括获奖证书和一定数额的奖金，其数量视每两年所能筹集到的经费在扣除必需的管理费用以外而定。1999 年第二次奖金约计 3 万美元。

任何私立或公立机构中工作的个人或组织都可以由联合国教科文组织成员国的政府经其全国委员会提名，也可由与联合国教科文组织具有官方关系的组织机构提名。任何一种情况下，都只能推荐一个候选人。如果被提名的候选人是个人，提名材料应当包括这个人的简历；如果是一个组织，应当有对它的详细描述。在提名候选人时应当有与候选人相关的文化景观的详细的说明材料，以及对其成就的评价。提名及提名材料应当在所含申请奖项的前一年的 11 月 1 日交到总干事那里，比如申请上一届大奖的申请材料提交日期是 1996 年 11 月 1 日。与提名相关的文化景观必须符合世界遗产组织 1992 年在山特费会议上对文化景观所做的定义之一。如果与提名候选人相关的文化景观因为具有某些新的内涵而不完全符合上述的分类，那么，经证明它确实在研究、教育和提高公众意识方面具有特殊的价值之后，可以作为特殊情况特殊对待。

获奖者由联合国教科文组织总干事根据一个国际评委会的评选结果来确定。

这个评委会由以下五位成员组成：

三位环境科学和文化遗产方面的专家，他们由联合国教科文组织总干事在平衡不同文化背景的基础上根据个人能力和声望来确定；希腊在联合国教科文组织的永久代表，他同时代表希腊政府；联合国教科文组织总干事的代表。

联合国教科文组织的总干事为评委会指派秘书，但是评委会不受该秘书的影响，完全按照自己的规则来运作。

墨丽娜·默库里大奖是迄今为止文化遗产保护领域最高和最权威的奖项，因此可被称为文物保护的诺贝尔奖。

原刊《中国文物报》2000 年 12 月 3 日

小机构大作用
——ICCROM 50 年光辉历程的启迪

2009 年是国际文化财产保护与修复研究中心（ICCROM）成立 50 周年，联合国教科文组织的旗舰刊物《国际博物馆》杂志第 243 卷以“光辉的 50 年”为题，专门编辑出版一期专号以示纪念。

ICCROM 是个不大的机构，仅仅 20 余名工作人员，依靠 77 个会员国额外提供其向教科文组织缴纳会费的 1%——每年总共大约 140 万美元左右的经费预算开展工作，但是在文化遗产保护领域却发挥了无可替代的重要作用。因此，一批相关人士撰文回顾该组织 50 年的发展道路，检讨其成立历史、行动方针、运行机制乃至遗产概念内涵的演化、具体的保护与培训活动，及其作为政府组织遇到的问题，其发展国际性遗产保护科学的雄心在多元文化背景下面临的挑战等，既有筚路蓝缕的开创之功，也的确可以称得上“光辉”二字，堪称为小机构发挥了大作用，非常具有启迪意义。

其何以如此，我想大概主要得益于以下这几点：

1．准确的战略性定位。ICCROM 的成立即是因为一批有识之士在二战之后看到了人类文化遗产保护的重要性及其前景。较早成立、并与教科文组织具有特殊关系的国际博物馆协会的专家们认识到遗产保护对博物馆事业的决定性意义，不仅率先成立了文物保护方面的分支机构，更建议联合国教科文组织成立专门组织，发挥更大作用。经过多方协调，最终成立了 ICCROM 并将其总部选在当时世界上保护与修复力量最为雄厚的罗马。ICCROM 是各方协商与跨国界共享当时有限的遗产保护资源愿望的结果，因此，协调与共享也成为其一贯所秉持的行事方针。

2．积极服务于联合国教科文组织的文化遗产战略。虽然 ICCROM 是相对独立的政府间机构，但它是始终与教科文组织保持良好的同盟和协作关系，更是其重要的咨询机构以及理论、技术的支撑机构。ICCROM 积极参与联合国教科文组织的重要遗产保护活动、项目，担当重要的组织协调职责，1970 年《保护世界文化和自然遗产公约》诞生后，它还在世界文化遗产的入选评估、监测等工作中发挥关键性作用。

3．把握并引领文化遗产保护潮流。ICCROM 以精心设计的理事会制度和广泛联系专家的方式团结一批重要的文化遗产保护机构和顶尖专家，紧跟理论与技术的前沿，并和有关大学、保护与研究机构合作，开展多种层次、多个领域和方向的培训项目，为世界各地尤其是欠发达地区提供了宝贵的人力、技术、经验的支持，并编织了一个完善的人力资源网络。

4．不遗余力地从事文化遗产保护信息传播与观念推广。ICCROM 虽然规模不大，但是却建立了非常完善的图书资料收藏与管理系统，并不断完善传播与分享的方式与方法，最近更联合美国盖蒂保护研究所、加拿大遗产信息网等重要机构将资料全部上网，为专家、同行提供了有力的信息资源支撑，也有效地发挥了自己的凝聚作用。同时，ICCROM 还广泛宣传文化遗产保护知识和理念，与社会各界缔结合作伙伴关系，努力扩大遗产保护工作的社会基础。

当然，ICCROM 在全球各地不间断地实施或者指导的一系列重要的保护、修复合作项目，尤其是重大的自然灾害、灾难之中或者之后的文化遗产抢救等，更是其为文化遗产事业做出的最直接的贡献。

这样，经过不断的调整和开拓，ICCROM 在保持小规模的同时，已经使自己发展成为全球文化遗产保护与修复领域中一个举足轻重的机构，更是一个文化遗产保护相关理念、技术、经验进行国际间交流与分享的重要平台，以及全球文化遗产保护的重要的推动力量。

经过世纪之交及千禧年来临之际的普遍性反思，人类越来越意识到文化遗产已经成为人类社会在 21 世纪及长远的未来的愈益重要的发展资源，无论在确立全球化时代的民族身份认同，推动跨文化交流与对话，还是共同熔铸更加理性的未来全球性的新文化方面，都有无可替代的重要作用，遗产评估、保护、管理方面的社会需求日益增加。因此，在纪念 ICCROM 成立 50 周年的同时，它所荷载与倡导的价值、理念非常值得借鉴和推广，尤其是其关于遗产价值、信息、保护经验等的广泛分享的理念和做法，可以使得有限的专业人士在当今的文化遗产保护与传承中发挥更加广泛的社会影响，使作为人类创造力重要见证物的文化遗产在人类文明的进步中发挥更加合理的作用。

2010 年 1 月 25 日，原刊《国际博物馆》2010 年第 1 期

关于文物回归与文化交流问题

近日，一口一百多年前在天津大沽口北炮台被八国联军掠走的古钟，在中英两国友好人士的努力下，由英国朴茨茅斯市归还其故里天津塘沽。

这样的文物回归的确是一件大快人心的事情。2005 年 7 月 19 日晚的北京人民广播电台报道了这个事件，而且称这是第一次这样的归还。其实据我所知这不是第一次。最近就有瑞典东方博物馆将一件瑞典人捐给他们的来历不明的中国汉代陶马归还中国，国家文物局张柏副局长曾亲自到瑞典去接受文物以示重视。最近几年这样的情况就更多了，比如美国已多次查封拍卖行上拍的中国走私文物，并按照国际公约的精神予以归还。其中最著名的一次当属 1994 年被盗的一件十分精美的河北曲阳五代王处直墓的彩色石雕武士像，事隔数年之后出现在纽约的拍卖会上，在中国有关方面的要求和协助下受到查封并于 2001 年顺利返还。

中国文物流失了，在外国它可能很值钱或者很宝贵，也可能因为脱离了原来的环境，失去了理解它的背景，它根本就没有多少价值。无论哪一种情况，中国的文物流失之后能够回来是一件好事情。像这次这样经过热心人的搭桥、双方的讨论和友好协商之后的回归故里更是一件好事情。像 1998 年国家文物局通过诉讼程序，辅以外交等手段，成功索回 3000 余件英国人走私的中国文物也是一件好事情——人们为之做出了努力，这些文物最终受到了比较妥善的对待——在这个过程中，关于文物，关于文物的价值，不同的观念和方面进行了一些较量，甚至又寻找回一些深层的意义和感觉，文物及其包含的意义因此而让更多的人了解和珍惜。

然而在各种各样的文物回归方式之中，我不希望同胞们花钱购买流失的文物，尤其是不希望以各种各样的名目拿国家的钱从拍卖会上以大价钱买回来。原因很简单，文物的流失本来对于像我们这样的文明古国、经济上尚不发达、历史上曾经受人欺侮的国家就是一种切肤之痛，而高价购买让我们的国人又再被盘剥一次，何况流失的文物某种程度上都属于来历有问题的文物，而不购买来历有问题的文物也历来是有关国际组织及其公约一贯倡导的精神和原则。

前边说过，对于我们，流失的文物以各种各样的方式回来是件好事情，其实即便它们不回来也没有关系，关键是我们对文物和与文物有关的历史事件、文化价值应该有一些应有的认识。文物放在外国，并不能改变它们是中国历史上的文物的事实。我们可以对流失的文物进行一些调查，围绕这些文物进行一些文化交流，比如研讨，比如展示，让更多的人——无论国内还是国外，更好地认识文物的价值，尊重文物所代表的历史，而已经脱离原生地的文物，不管放在哪里，只要受到妥善的保存、展示，应该说就是在发挥其文化载体的作用。

人们常说文物是文化传播、文化交流的天然使者，其实我们中国也应该有一些外国的文物，以便我们的同胞可以更多更好地感受、认识和理解外国的历史文化。对于全球化时代认识和发展文化的多样性，这是一种十分有益的事情。我们没有历史条件像西方早期资本主义国家那样拥有一些外国的文物，但是今天我们也已逐步有了一些新的不同的条件去实现这个目标。比如近年中国的经济发达之后，我们已经在引进一些外国的文物展览，上海博物馆和国家博物馆都有一个很庞大的举办古代世界文明文物大展的系列计划；我们的一些博物馆，比如南京博物院的徐湖平院长介绍他们甚至有收购东南亚等外国文物、兴办专门的外国艺术博物馆的计划——当然我们希望应当是符合有关法律规定的合法的文物买卖；还有专家建议，将专门收集中外领导人交换礼品的国际友谊博物馆改为世界艺术馆等等。

其实在一个政治清明、睦邻友好的时代，还有更简捷更科学的办法——我们甚至可以通过协商进行文物的租借，进行科学的文物交换交流活动。这是比收买那些出土地点或者来历不明的文物更好的办法，也是最不伤害民族情感的理智的文化交流办法。我们甚至可以考虑有计划地建立专门收藏外国文物的博物馆。记得著名考古学家张光直先生生前就有过这样的设想，他建议可以拿我们数量很多的重复的出土文物在充分的资料发表和研究之后与其它国家进行一些交换，为文物的合理交流留下合理的通道，并认为这是遏制中国文物盗掘盗挖和非法走私流失国外的办法之一，因为有这样一个更好的途径，非法的交易就会显得风险太大而受到冲击。

反其道而行之，这也是我们合法地获得外国文物的途径之一。

全球化时代的文化交流将会越来越发达，文物存在于异域无论从道义和技术来说都不是什么问题，关键是如何正确地认识和对待它们，让它们真正成为文化的载体和文化交流的使者。

2005 年 8 月 31 日

关于流失流散文物的征集抢救问题

文物应该尽可能地原地原状保护和保存。然而历史上有一部分文物由于各种原因，离开了原来存在的背景，或者漂洋过海，流落他乡，或者散存民间，成为所谓的流失流散文物。它们同样是文化遗产的重要组成部分。

19 世纪后半叶至 20 世纪百余年的时间里，我国历史文化遗产的散失毁坏难以计数。“英法联军”对“万园之园”圆明园进行的野蛮掠夺和焚烧；“八国联军”在北京对皇室珍宝的疯狂劫掠；以及在“文化考察”、“地理探险”名义下，斯坦因、斯文·赫定、伯希和、大谷光瑞等人对我国西北地区的石窟、壁画和古文化遗址进行的肆意盗窃和非法挖掘，加之敌寇劫掠、战火损毁、奸商盗运，中华文物如同潮水一般涌出国门。辛亥革命之后，末代皇帝溥仪又携大量珍贵的宫廷藏品北上，途中的变卖加上在伪满皇宫中被士兵哄抢致使 1200 余件宫廷文物精品绝大部分流失海外。1928 年，清东陵乾隆和慈禧太后陵寝被军阀孙殿英率部野蛮盗掘，墓中所聚国之瑰宝被洗劫一空，绝大部分被孙殿英用于购买军火而散佚异域他乡，损失浩大，至今无法估算。此外，日军侵华战争也给我国的文化遗产带来了一场浩劫。这一时期最为著名的是北京猿人头盖骨的失踪，以致90高龄的中国科学院考古学专家贾兰坡先生至今梦绕萦怀，于垂暮之年再次发出“让我们继续寻找‘北京人’”的倡议。

建国初期，国家颁布了《禁止珍贵文物图书出口暂行办法》、《文物保护管理暂行条例》等一系列保护文物的法规法令，基本结束了我国文物大量流失的历史。这种局面一直维持到70年代末和80年代初。但80年代中期以后，我国又开始了新一轮的文物大量流失。1982年起，江西余干县800多座古墓遭盗掘；1987年1–6月仅半年时间，青海就有1700多村民盗掘古墓2000座，抢走文物1万多件；1990年，四川省有23952座古墓被盗，而湖南某个县在两三年时间内被盗古墓的面积近全县2000平方公里的五分之一。据海关总署统计，1991–1994年间，共查获走私文物4.6万件；1994年1–7月仅香港海关就查获价值550万美元的走私文物；1997年海关旅检时又查获走私文物600多起，缉获文物11200余件；同年5月，天津海关查获一起用集装箱偷运文物的案件，集装箱内共有文物5000余件，国家禁止出境的文物即达4000多件。

据不完全统计，目前在全世界47个国家的200多个博物馆里，中国文物不下百万件之巨，这其中绝大部分是我国数千年文明史中非常珍贵的实物资料。在这个过程中，一些文物遭受破坏，一些文物的价值大打折扣，国家与民族的记忆受到严重创伤。

非常时期非常渠道流落海外的中国文物，除具有一般意义的历史、科学和艺术价值以外，因为它们与国家、与民族的盛衰及多方面的利益密切相关而特别牵动人们的情感。因此每当有珍贵的中国文物回到祖国，社会各界都会报以极大的关注。很多相关的部门和人士动用各种可以动用的力量促成那些散佚在海外的祖国珍贵文物的回流。正如流失渠道不只一条一样，促使文物回流的努力也是多方面的。

由国家或企业出资购买是文物回流的重要方式。新中国成立伊始，周恩来总理即批准以重金从香港购回著名的王献之《中秋帖》和王珣《伯远帖》；数十年来故宫博物院通过多种途径从社会征集珍贵文物 24000 余件 ；上海博物馆亦面向社会及海外征集了大量铜器、瓷器、金银器等文物珍品，特别是在香港友人的帮助下，于 1993 年从香港购回 1200 余件战国竹简，其中包括有一些先秦佚籍以及从未见于今本《诗经》的佚诗、古代诗曲弦歌的音调等内容，殊为珍贵。特别是近几年，随着中国拍卖业的迅速崛起，中国艺术品市场也蓬勃发展起来，很多流失在海外的艺术珍品开始纷纷回到国内的拍卖场中。国家为了促成这些国宝的回归，不仅在《文物保护法》中给予了海外回流艺术品上拍的法律保障，同时也通过各种渠道鼓励国有收藏单位和国有企事业单位购买这些珍贵文物。1998 年上海图书馆斥资 450 万美元从嘉德拍卖公司购回了流散在海外的《翁氏藏书》；2002 年，国家斥资 2999 万元从中贸圣佳拍卖公司购回了流失在日本的米芾《研山铭》；今年，故宫博物院又以 2200 万元从嘉德拍卖公司购买了散佚在民间近百年的故宫旧藏晋代书法名家索靖的《出师颂》。

就目前来看，随着中国经济的腾飞，艺术品拍卖市场的繁荣已经渐渐使北京、上海、广州等几个大都市成为了继伦敦、巴黎、纽约、香港之后的世界级的中国文物艺术品交易的中心。这对于我国文物回流事业而言无疑是一个好现象。有更多的文物珍品通过经济的支配作用回到国内，使我们有机会通过赎买的方式将它们留下来是一条行之有效的捷径。

除此之外，我国政府于1996年签署了《国际统一私法协会关于文物返还的公约》，郑重声明我国保留对历史上被非法掠夺文物的追索权利。同时我们也在通过法律与道义等多种渠道追索流失文物并获得成功。如1988年11月，中国有关方面发现纽约苏富比拍卖行公开拍卖的东周青铜敦系湖北秭归县屈原纪念馆当年6月所失，遂以完备的证明资料向美方索回；1998年6月末，通过国际刑警组织从美国追回了河南巩义宋永泰陵前的客使头像；1998年5月国家文物局又从英国一次追索回3000多件（套）文物，是首次以法律武器为主、辅以外交等手段与国际走私团伙斗争取得的重大胜利；2000年，当获悉在美国克里斯蒂拍卖行将要上拍我国河北曲阳王处直墓被盗浮雕之后，国家文物局会同河北省文物局仅用了1个月的时间就完成了大量的取证调查工作，从而通过外交手段和法律途径成功地将被盗文物追索回国。

从当前来说，无论是国家、民间出资赎买还是通过外交及法律途径追索都是国家实施珍贵文物回流工作的必要手段。除此之外，国家将利用各种优惠政策鼓励海内外有识之士的捐赠和返还义举。

世事沧桑，文物难免会不断转移其所有权，甚至遭遇各种劫难。文物的流失流散与征集抢救是一个不会完结的社会工程。在今天，我们应该鼓励围绕文物开展的各种文化与思想的交流活动，但是为了不丧失文物携带的丰富珍贵的信息，文物的交流和流通应该做到流传有绪，依法进行，使文物得到科学有效的保护，并能对文物进行更广范围、更大程度上的公开和共享，发挥对人类的作用。文物保护中最重要的一个原则是尽可能原地、原状地保护和保存，因为文物只有与其存在的背景联系起来，它所携带的信息才最丰富，体现的价值才最完整。与这个观念相伴，日益觉醒的国际社会正在掀起一场流散流失文物的回归运动，即流散文物应该回归故国、故里，应该被收藏到博物馆里。无论国内还是国外，这种呼声越来越高。

有识者认为，可移动文物的最终和最佳归宿是博物馆，这是因为文物在本质上是全民族、全社会的财产，具有一定的公共性。而博物馆是近代人类社会制度和文化设施建设方面的重大创举，是为研究、教育、欣赏之目的征集、保护、研究、传播并展出人类及人类环境的物证，为社会及其发展服务的、非营利的永久性机构。博物馆将通过收集、保管、保护、研究和展示人类及其生存的物证，向大众开放而传播知识、推动文化的发展作为自己的使命，它最能代表社会的公正性和公益性。我国的博物馆主要是国家建立兴办的，其经费主要为政府给予拨款。近年来国家对博物馆事业的投资逐年有所增加。博物馆是在可移动文物保护与利用方面落实“国家保护为主，动员社会广泛参与的文物保护工作新体制”的主力军。

这里边就有一个如何正确地对待民间收藏文物的问题和对流失流散文物进行征集抢救的问题。文物是历史的物证，博物馆的使命之一就是为了人类的记忆和可持续发展而收藏、研究和展示这些物证。没有大量的、珍贵的文物，博物馆难以发挥其作用，实现其使命。

当然实现文物回归故里、故国的途径是多种多样的，将珍贵文物变成国家博物馆的收藏的方式是多种多样的。我国的历史文物资源异常丰富，除国家已收藏的之外，散落民间、流失海外的珍贵文物数不胜数，需要我们做的工作很多。

为了丰富国有的文物收藏，更好地发挥可移动文物的作用，我认为我们应该继续加强和做好以下几方面的工作。

1. 坚持出土文物归国家所有，加强对可移动文物的保护管理。

考古发掘出土的文物是可移动文物的最重要的组成部分。我国的法律规定，考古发现的文物属于国家所有，任何单位或者个人不得哄抢、私分、藏匿。非经国务院文物行政部门报国务院特别许可，任何外国人或者外国团体不得在中华人民共和国境内进行考古调查、勘探、发掘。考古发掘的文物，应当登记造册，妥善保管，按照国家有关规定移交给由省、自治区、直辖市人民政府文物行政部门或者国务院文物行政部门指定的国有博物馆、图书馆或者其它国有收藏文物的单位收藏。因为传世文物的数量是有限的，这些出土文物已经逐渐成为博物馆文物藏品的主体。

同时要加强对可移动文物的保护与管理，建立和完善文物的发现、移交、建档、保存、保护、利用等程序与制度，防止国有可移动文物的流失流散。

2. 对民间收藏加以规范、引导和限制。

当然传世文物在种类、特点等方面都是对出土文物及历史文化知识的一个有益的补充，许多文物比如书画等根本就不会被埋到地下，它是通过历代辗转收藏才留存下来的。而民间收藏可以对国家收藏起到拾遗补缺的作用，民间收藏活动本身对于普及文物知识、提高文物保护意识、藏宝于民、弥补国家收藏之不足等都有很大的好处。提倡、支持民间收藏以及民间收藏活动的丰富多彩和灵活多样，大大丰富和繁荣了文物收藏事业和文化遗产传承的方式与途径。

但是民间收藏必须严格依法进行，依法管理，不能损坏国家和社会利益。国家对民间收藏主要采取鼓励、规范、引导，同时予以适当的限制的政策。首先，私人收藏文物必须具有合法的来源。这些来源包括：(1) 依法继承或者接受赠与；(2) 从文物商店购买；(3) 从经营文物拍卖的拍卖企业购买；(4) 公民个人合法所有的文物相互交换或者依法转让；(5) 国家规定的其它合法方式。

法律严格禁止公民、法人和其它组织买卖和收藏下列文物：(1) 国有文物，但是国家允许的除外；(2) 非国有馆藏珍贵文物；(3) 国有不可移动文物中的壁画、雕塑、建筑构件等；(4) 来源不符合《文物保护法》第五十条规定的文物。

这些措施对文物的民间收藏和国家收藏起到了很好的平抑作用，既鼓励了私人和民间参与文物收藏与保护的积极性，又保证重要和珍贵的文物为国家所有，为更多的人所分享和利用。

在鼓励私人和民间收藏的同时，我们应特别提倡这样一种理念：由于文物是人类共同的文化遗产，特别是文物的价值具有社会性和公共性，因此，私人收藏文物保护的好坏不仅仅是收藏者个人的事情，收藏者有义务采取措施保护好自己的文物，并应该尽量对自己的藏品进行整理、研究和发表。

有的外国法律明文规定，应当对私人收藏的文物予以登记；私人收藏的文物应该无条件地向国家指定的有关专业研究人员开放。我国的法律也规定，文物部门应当对私人收藏的文物在保护技术等方面给予指导，提供支持，如介绍保管和保护的知识，鉴定，维护方法，提供必要的咨询和援助等。

3．鼓励收藏者向国家捐赠文物。

国家特别鼓励文物收藏单位以外的公民、法人和其它组织将其收藏的文物捐赠给国有文物收藏单位或者出借给文物收藏单位展览和研究。国有文物收藏单位应当尊重并按照捐赠人的意愿，对捐赠的文物妥善收藏、保管和展示。

确实有很多真正热爱文物的、明智的收藏家最终也选择将文物捐献给国家。他们中不少人在收藏过程中节衣缩食，甚至倾家荡产，晚年不愿看着好不容易收藏起来的文物再散落各处，纷纷选择将收藏捐献给博物馆，成为国有博物馆的构成部分甚至镇馆之宝，体现了高贵品格。如张伯驹捐赠的古书画、朱家溍捐赠的古家具、周叔弢捐赠的古籍善本，都足以办一个不小的博物馆。上海博物馆是近年接受民间捐赠比较多的博物馆之一，据统计，其藏品中上等级文物有大约10% 是来自民间收藏家的捐献，数量达 1.1 万件。

改革开放以来，一些民间收藏家根据自己的实力和特色，也尝试建设民办博物馆，向社会和公众展示自己的藏品。与传统的“秘不示人”的封闭式收藏不同，将自己的藏品公诸于世，与世人共享，为社会服务，是民间收藏层次提高和与时俱进的表现，表明它已经成为社会公共文化事业的组成部分。

4．继续追索非法流失海外文物。

文物流失流散是民族文化遗产的悲剧。特别是流落海外的中国文物，在常规意义上的历史、科学、艺术价值之外，还因为它们与民族的盛衰荣辱的密切关联而特别牵动人们的情感。国际社会文物保护意识的提高和普及，为我们追索非法流失海外的文物提供了可能，而一系列国际公约的出台，则为追索非法流失海外文物提供了法律依据和操作手段。

追索流失文物完全是一种国家行为。通过这样的追索，不但可以使流失的文物完璧归赵，同时也通过阻断文物流失的去路，对文物的非法交易产生威慑作用，对文物的盗窃、盗掘等产生制约作用，与截断文物流失的来路一起构成一张文物保护的网络。

当然，尽管国际公约以及相关缔约国有关文物保护的法律法规让那些从事文物的非法交易和走私的人冒了极大的法律与经济、道德方面的风险，但是跨国追索海外流失文物是一件十分耗时费财的事情。这里不但有复杂的法律程序问题，还要对善意的购买者有补偿，整个过程也要花费高昂的费用。联合国教科文组织 1970 年《关于禁止和防止非法出口文化财产和非法转让其所有权的方法的公约》第七条规定："本公约对有关两个国家生效后，根据两国中的原主缔约国的要求，采取适当措施收回并归还进口的此类文化财产，但要求国须向不知情的买主或对该财产具有合法权利者给予公平的赔偿。……归还和运送文化财产的过程中所需的一切费用均由提出要求一方负担。"1995 年国际统一私法协会《关于被盗或者非法出口文物的公约》规定："被要求归还的被盗文物的拥有者只要不知道、也理应不知道该物品是被盗的，并且能证明自己在获得该物品时是慎重的，则在返还该文物时有权得到公正合理的补偿。”

我们国家作为文物大国同时也是比较大的文物流失国，不但积极参加有关国际公约，开展追索活动并取得多项成功的案例，而且动员社会力量参与该项活动。2002 年中华社会文化发展基金会设立了抢救流失海外文物专项基金，并于 2003 年启动了抢救海外流失文物的“国宝工程”。目前他们已经在国家有关部门的帮助和指导下，在各界的通力合作下，追索回一批十分宝贵的比如龙门等早年被盗流失海外的文物，造成了广泛的社会影响。

5．积极依法开展流失流散文物的征集抢救。

随着我国文化事业的蓬勃发展和经济实力的不断增强，通过市场的方式促成文物回归、国家有选择地收购珍贵文物的行为将越来越频繁。

当然，以这种方式征集抢救珍贵文物的争议很大，这里边涉及：

① 流散文物的真伪问题。流散文物由于各种原因离开了原来的存在背景，流传过程中发生了什么情况也难以确定，对其鉴定具有很大的难度，不仅应该依靠专家的学识经验，必要时也应采用高科技的手段。总之，一定要慎之又慎。

② 文物的定价问题。即便被科学的鉴定技术和程序确定为真品，文物的定价也是一个难题。我们常说文物是无价之宝，是指文物并不能在市场上（包括拍卖行）实现自身的全部价值，无论怎样一个大价钱，相对于一无穷大的分母时都是没有意义的，如果确信一件文物是这样的无价之宝，人们对它的需求应该是千秋万代地保持下去，任何时代对这件文物的有效需求都将低于文物存世期间价值的总和。成交的价

格无非是某人的经济实力按照市场规则足以将其他的竞买者排除在外，收藏家只是在某种条件下和某个阶段拥有了它的处置权。因此，文物买卖常常选择拍卖方式，来达到一个协商的价格，其中拍卖方自然希望文物成交价越高越好，因为它的收益与拍品成交价成正比。而国有文物收藏单位以竞拍方式参与征集抢救则应以尽可能低的价格收购尽可能多的珍贵文物，因为它的收购资金是国家的，换句话说，它是代表国家收购文物，它有责任确保国家购买的文物“物有所值”。不能因为花的是国家的钱就格外“慷慨”，应该有相应的制度防范这种“慷慨”，防范慷国家之慨谋个人或集团私利的行为。

③具体的操作问题。在上述的复杂情况和目标下，如何从制度上进一步完善、规范国有文物收藏单位购买文物行为，特别是规范行使“优先购买权”以避免“黑箱操作”，显然是不容忽视的迫切问题。

为此，我们认为国有文物收藏单位收购文物过程中应遵循几个原则：一定要经过权威鉴定，确保真伪判断无误；建立科学合理的价格评估体系，做到物有所值；尽量不在拍卖会上买东西，因为价格较贵；主要是收购重要的、缺门断档的文物，其中特别是海外回流的这类文物。

一些珍贵文物的出现是千年等一回，如果不采取适当的抢救措施，将面临再次流失的危险，因此，对这样的文物的抢救应该是该出手时就出手。去年，在国家财政部的支持下，设立了“国家文物征集专项经费”，并且开始在征集抢救中发挥积极的作用。

当然，抢救珍贵的流失文物，特别是通过市场征购的方式，我们才刚刚开始起步并正在进行探索，亟需完善有关的法律法规。2002年新修订的《文物保护法》规定文物行政管理部门可以指定国有文物收藏单位优先购买被拍卖的珍贵文物，购买价格由文物收藏单位的代表与文物的委托人协商确定。同时也提出了对珍贵文物采取面向国有文物收藏单位的定向拍卖问题，都需要进一步在实际操作中予以落实和完善。

最近故宫博物院重金征集《出师颂》、上海博物馆重金购回《淳化阁帖》，就是抢救流失流散珍贵文物的具体行动。当然对其中的一些问题同样有不少争议，这是正常的现象，说明各方面的认识都在不断提高，同时也说明我们这方面的工作的确是任重道远。故宫在征集之后不久就举办了一个为期一周的特展，不但将征集的《出师颂》展出，让有不同观点的人现场观摩，让公众和社会观赏，同时还展出了五大名帖，造成一定的轰动效应，成为一次很好的普及文物知识、宣传保护理念、提高保护意识的行动。这是一次综合性的文化行动。这样的围绕着文物的文化行动与对话，同时也唤醒了人们对文物价值的认识与讨论，在这个过程中普及了知识、提高了文物的保护意识，发挥和传承了文物中蕴含的宝贵价值。

2004年

文物架桥 文明对话

——关于文物追索返回热潮的法律、道德及理性冷思考

一

文化遗产作为古代遗存，不仅连接人类的过去现在与未来，也联系着当今世界的你我他。围绕文化遗产的争夺与对话，必将是塑造未来新文化的重要的力量源泉。

在刚刚过去的2009年，法国拍卖中国被劫掠的圆明园兽首事件曾经是最热门的公众事件之一。这是一起典型的围绕古代遗产的现代争论，不仅涉及国际法、中法两国的国内法、物权争议与国家公法、主权等，更涉及历史、关于人类文化遗产的民族情感、道德以及学术等问题。正好联合国教科文组织的旗舰杂志《国际博物馆》2009年第1–2期的合刊就是一期关于“文物的归还”的专辑，颇能体现这一方面国际社会的最近进展与最新认识。

该专辑的主要内容是一次国际会议的文章结集。2008年3月17–18日，为纪念联合国教科文组织促使文化财产返回原属国或归还非法占有文化财产政府间委员会（简称ICPRCP）成立30周年，由希腊政府发起并主办了文物归还

原属国雅典国际会议。会议地点选择在帕台农神庙脚下新落成的雅典新卫城博物馆（New Acropolis Museum），其环境与文物归还的主题十分契合，极具象征性意义。

雅典卫城帕台农神庙及其雕塑现被认为是举世无双的古希腊艺术珍品，而卫城废弃之后却在将近两千年的时光里饱受风吹日晒与战火洗礼，无人问津。19 世纪初，当时担任英国驻奥斯曼土耳其外交官的埃尔金勋爵向占领并统治希腊的土耳其政府提出希望能够复制和临摹神庙的雕塑以用于展示，而土耳其人觉得那些雕塑根本就是一堆无用的废物，不仅爽快地答应埃尔金的要求，而且答应英国人可以从帕特农神庙上拿走任何一块能够运走的刻有浮雕的石头，埃尔金遂不惜重金请人把神庙的精美浮雕装箱运走，现在陈列在伦敦的大英博物馆里。最近 20 年来，随着文化遗产意识的觉醒，希腊国内发起索还石雕的运动，并与英国一直就“埃尔金石雕”的归属问题争论不休，两国的领导人都曾卷入协调和争论，美国前总统克林顿也曾出面协调而未果。这次希腊政府选择此时此地召开这样的会议，其向英国施压的意图是不言而明。

追溯 ICPRCP 成立的 20 世纪 70 年代，正是人类历史上对于文化遗产认识至关重要的一个时期。1970 和 1972 年，联合国大会分别通过了两个重要的公约，一个是针对文化遗产非法贩运的《关于禁止和预防非法进出口文物和非法转让其所有权的方法的公约》（简称《1970 年公约》），一个是对世界文化和自然遗产的保护产生了极大的推动作用的《保护世界文化和自然遗产公约》。1978 年，为了强化这些举措又出台了前述的第三项措施，即由时任联合国秘书长提议，各成员国建立了一个促使文化财产送回原有国或归还非法占有文化财产的政府间委员会。该委员会的主要职责是促进联合国成员国或者准成员国就"对于联合国教科文组织成员国或准成员国人民认为在精神价值和文化遗产方面具有重要意义、并且由于殖民占领或外来占领或非法占有而丢失的任何文化财产提出的送回或归还要求"的返还问题进行双边谈判。同时它也"鼓励必要的探索和研究，以便制订协调一致的计划，争取在那些文化遗产已经散失的国家中建立起具有代表性的收藏"。

这次雅典会议上着重讨论了《1970 年公约》和委员会成立以来国际上文物回归的一些成功的具体案例，比如：意大利归还二战时期从埃塞俄比亚运走的阿克苏姆方尖碑（Axum Obelisk）；德国独立博物馆在其政府支持下归还大津巴布韦（Great Zimbabwe）一只皂石质石鸟的身体部分，使其与头部"团聚"，从而恢复了被认为是大津巴布韦国家象征的石鸟的精神价值；英国爱丁堡大学归还了对于纳林杰里（Ngarrindjeri）民族来说具有高度宗教意义的祖先遗骸；丹麦向格陵兰岛归还殖民时期被掠走的系列文物；法国卢浮宫博物馆和美国纽约大都会艺术博物馆通过罕见且具有突破意义的合作，将分置两馆的被肢解的重要雕塑品苏美尔雕像（Sumerian Statue）复原，并在两个博物馆之间交互轮展；英国博物馆以长期出借的方式向加拿大温哥华岛上的夸夸嘉夸族（Kwakwaka' wakw）原住民归还了仪式上使用的面具。

雅典会议期间讨论的这六个案例有一个共同特点，即案例中要求归还的财产对于其原属国或者原住民具有特殊意义和非凡价值。归还的要求基于这样一种事实，即物品、纪念碑或人类遗骸被认为是特定社群、国家或民族的文化遗产中有价值的元素，而且是它们存在的必要元素。案例所涉及的物品、纪念碑或人类遗骸都是在1970年之前——也就是说，在UNESCO的《1970年公约》出台之前——被转移出原属国的，而它们的成功回归是一系列行动与长期协商的结果。值得一提的是，每个案例中的文物归还行为都属自愿，是双方对话的成果，而非求助司法程序或争论的结果。

讨论中涉案双方均有代表出席，以体现对同一个事件的双重或多重的观察视角，以图体现一种对话的特征。因此，这些案例可以被认为是文化遗产返还方面堪称良好做法的范例，而雅典会议也可以被认为是一次专题会议——专门探讨根据法律、可能的善意、跨文化对话和相关的道德准则来实现文物归还。

当然，关于文化遗产的所有权及其体现和运用是一个远比上述案例涵盖更为复杂的问题。而今殖民时代虽然已经成为过去，然而，从20世纪70年代起，意大利、希腊、埃及、秘鲁包括中国等文明古国重新沦为大规模文物劫掠盗掘的牺牲品。这种现象和殖民时代的文化遗产劫掠具有完全不同的性质，它们完全由经济利益驱动，往往主要由当地人参与和实施。在这些国家，为了转移古代文物，整座整座的考古遗址被彻底破坏，结果造成了考古数据与历史信息的永远丢失。2004年4月，联军占领伊拉克后，在当时混乱的局势中，伊拉克博物馆中的珍贵文物没有被占领军掠夺，却遭到不法之徒的大肆哄抢。之后在国际社会主持下，经过5年的艰苦努力，也只是收回了博物馆约15000件被盗抢文物的近半数。

与文化遗产劫掠相联系的是文物的非法交易活动。专辑中一个意大利文化遗产专家卡拉比涅雷为首的小组经过比较研究后指出，文物艺术品走私是当今世界比贩毒活动更有利可图的暴利行业。那么，这种备受争议的交易到底是一种什么性质的交易？按说，市场交易可以使交易双方的资源配置达到最佳的价值，然而文物的交易尤其是非法交易在根本上却违背市场配置的增值原则，它们削弱被交易物品的学术和历史信息及相关价值，并具有深刻的法律和道德上的风险。那些位于交易终端的追求百科全书式的博物馆的馆长们（据意大利专家小组的估计，它们总共大约在30家左右，主要分布在北美和西欧）以及为数极少的大收藏家，往往只关心其藏品的不断丰富及其艺术价值，并愿意为此付出巨资，最终成为鼓励这个链条畸形发展的最强有力的推手。尤其是那些大博物馆的馆长们堂而皇之花着纳税人或者捐赠人的钱，并由此获得识货、敬业的良好声名。

1995年，意大利在罗马起诉盖蒂博物馆负责古董业务的前馆长玛丽昂·特鲁参与文物走私具有非常重要的象征意义。该年，意大利警方揭出一个从意大利走私文物的国际线路，其中罗马文物商人贾科莫·梅迪契是一个关键人物，他因为“有系统地走私文物”面临10年监禁。警方指出梅迪契走私的很多文物的最终落脚点就是纽约、洛杉矶、波士顿等美国博物馆，其中盖蒂博物馆被怀疑非法买进多达数十件意大利文物，意大利当局决定向盖蒂博物馆追讨至少42件有确凿证据的赃物，其中包括一些古代器皿、花瓶和一尊阿波罗雕像，双方协商未果，最终诉诸法律。2003年，包括盖蒂博物馆、纽约大都会博物馆、大英博物馆、卢浮宫博物馆等在内的18家世界顶级博物馆馆长汇集德国慕尼黑，商讨如何应对希腊和意大利等国索还其境内出土文物的要求。会议最终达成了一个具有挑衅性的声明，后被业界称为是《普世性博物馆声明》，声明中宣称“作为世界文化遗产聚集地，百科全书式的博物馆负有特殊使命，今天的民族主义标准不适用于从前获得的文物。”该声明一经发布，即在全球文化遗产界引起轩然大波。

很多有识之士谴责文物走私和非法交易，使文物离开其原属国并丧失了许多宝贵的历史背景信息，变成了文化的孤魂野鬼。他们认为，文化“从来不是一个让参观者透过玻璃来观赏的、以物品形式呈现的‘死物’”。它是人类的生活方式。历史创伤及其在当代社会的贻害不仅是一些原住民面临的诸多社会问题及其健康问题的根源，也是民族之间的仇恨以及文明的冲突的重要诱因。

在专辑中尼尔·布罗迪的《未被要求归还的文物》中还讨论了一个更为重要却受到忽视的问题：如果原属国不想讨回那些非法出口的文化财产，或者它们压根儿就不认为这些遗产值得花费力气去保护，那么，它们将何去何从？

无可否认，文物中往往有很多经济价值不高（不说走私出境的那部分，这部分毕竟还有人愿意冒险并花钱走私它们，说明还是具有一定价值的），甚至在其原属国也不被重视——不要忘记，连前述的埃尔金雕像在奥斯曼土耳其时代也是不被重视的。但是，现在没有价值并不意味着对于更加聪明的子孙后代也是没有价值的，更不意味着可以对它们随意进行处置和破坏。人们的认识有一个逐步提高的过程，文物的历史、科学与艺术价值也有一个随着社会发展水平逐步呈现的过程，需要我们不断以新的方法和理论视角予以揭示。当年中国著名考古学家苏秉琦先生就探讨过考古发掘之后利用博物馆没有兴趣的陶片等标本建立区域性考古标本库以推动学术研究、交流的问题。这样的标本库显然也是进行深度展示及向公众普及考古知识的良好场所，而其建设成本远远低于越来越奢侈豪华的博物馆。

因此，关于古代及其遗产，我们总是所知甚少而不是太多。有关文化遗产管理的法律、道德与学术问题确实具有非常复杂的挑战性。

二

通过本专辑中的案例我们可以看到，在这里仅仅依靠法律武器是不够的。尽管有“法律明断”这一说法，但是复杂如历史遗产、民族情感之类的问题，更多的时候或许从道德方面着手要比直接的使用法律手段更为有效。为了人类的进步，首先从理念上挑战现有的不完善的秩序是必要的，在法律没有覆盖的地方或者法律出现矛盾甚至是不合理的地方，道德可以先行，或者至少是进行理性的探索。围绕遗产的对话、外交，往往都是出于相互沟通的良好愿望，哪怕一时半会儿不会成功，也总是可以起到加深相互之间的交流和理解的目的，而通过协商达到的和解，同时会伴随其它的文化交流与相互的收益的综合考虑。比如丹麦向格陵兰归还殖民时代的文物的同时，也制订了周详的双方未来共享文物及其相关信息的方案，并伴随着学术和人员交流的计划。而诉诸法律，则往往是最后的迫不得已的手段。

因此，雅典是西方文明中理性与辩证法的诞生之地，选择在雅典帕台农神庙脚下的新卫城博物馆召开这次会议实在是再合适不过了。它提醒我们，在为文化遗产构筑更加严密的法律保护网络的同时，也要完善相关的道德约束并提高对这一复杂问题的理性认识。

正因为如此，近年《国际博协博物馆职业道德准则》(the ICOM Code of Ethics for Museums)、《联合国教科文组织文化财产交易国际准则》(the UNESCO International Code for Dealers in Cultural Property) 及《海牙公约》第二议定书 (the Second Hague Protocol) 在修订或出台时都对博物馆与遗产界的职业道德问题予以空前的重视并发挥了重要的推动作用，而《国际统一私法协会公约》(the UNIDROIT Convention) 在文物的追索与返回方面也对 UNESCO 的《1970 年公约》进行了必要的补充与更新。

文化遗产的保护与传承是一项系统的社会工程，文物的非法交易和走私需要从各个环节上进行联手的遏制才能取得比较理想的成效，在此，科学与政治也不能继续孤傲地漠视并任文化的毒瘤继续泛滥和发展，学术界应该率先探讨并做出自己应有的贡献，遗产界更是有着首当其冲的责任。关于文化遗产的学术研究，除了遗产本体及其价值之外，学术界应当更多地关心围绕遗产及其传承、利用的正义、公平和效益问题，这些内容应该成为文化遗产学科的新课题。

我们曾经看到，19 和 20 世纪全球的考古学和博物馆取得了巨大的发展，并且往往带着体面的学术的追求目标，但实际上却是在对一些地方群体或者殖民地人民极不公正、对人类历史遗产不太负责的条件下进行的。也许当年的埃尔金、莱亚德等曾经以一流的学术眼光打量那些辉煌的古代遗产并做出了独特的价值判断以及重大的学术发现，甚至他们可能也是出于传播和保护的好意将文物运到了自己国家，但是，他们的所作所为毕竟未经当地人民的允许，更有悖于今天的遗产保护和利用原则。因此，学术界首先应该进行深入全面的自我反思。

同时，对于遗产及其相关事务，当地公众必须有更多的知情权和话语权，这是他们的文化自觉以及享受必要的文化权益的前提，也是确保正确的历史记忆、意识和获得相互之间的尊重以及展开对话的前提。只有当尊重历史成为一种新的文化和价值信仰，才能消灭族群之间、文化之间所习见的愤怒、怨恨、怀疑、畏惧等等的疏离感，新文化的构建才能具有一个更加科学的基础和未来的保障。为了人类文化的健康，我们有必要认真照料我们的集体记忆以及与记忆相关的遗产。博物馆作为文物与艺术品最后的容身之地，作为存贮人类历史记忆与文化智慧的银行，也是遗产和公众直接面对的场所，理应发挥重要的宏观调控和微观的对话与互动功能。

因此，博物馆有必要重新检讨自己的文物收购政策，对人类遗产及相关事务进行最前沿的思考和分析，并主动参与构建对不同文化间交流的深刻理解和正确实施。博物馆正是社会进步过程中人类为此而创造的一种新型的文化工具。我们欣喜地看到，博物馆自身也在不断创造新型的范例，一些博物馆已经开始突破自身传统的排他性的关于藏品和遗产所有权的定式，开始探索对文化遗产深度共享的模式。不久前，意大利政府和美国若干著名博物馆签署了关于文物租借的长期协议，此举既弥补了美国大博物馆展品的不足，鼓励了其遏制文物走私和非法交易的积极性，又使意大利的文化交流更加具有积极主动的特征，可谓一举多得。

总之，与时代同步的文博界不应仅仅停留在研究文物、展示文物并沉溺于关于文物之美的抒情之中，更要积极主动地参与社区乃至整个人类文化的复兴与重建——文博界要自觉地迎接和拥抱人类的文化自觉时代，探讨更加科学、文明、开放、民主的文化资源的配置与利用原则。

2009 年 9 月 18 日初稿，原刊《国际博物馆》2009 年第 1–2 期的合刊。

中国考古学与文化遗产保护

——一个观念变迁的历史检讨

提要：探索发现和珍赏古代遗存，是人类一种古老的传统和情感。与考古有关的关于古代遗存的观念，大致经过了古玩、文物、文化遗产几个发展阶段，每个阶段中考古各有自己独特的理论方法与实践范式。当文化遗产保护的观念和实践逐步深入人心之时，中国考古学不仅应该顺应时势转变观念，也需要调整程序与范式，在学术之外关注考古知识的普及，在发掘研究之外关注古代遗存的调查、价值评估分享及保护与利用的规划和实践，为文化遗产的传承创新做出贡献并保护本学科持续发展的宝贵资源。

中国具有悠久的历史与文明传统，因此研究历史包括通过追寻古代遗存探究历史同样具有悠久的传统。早在史前和初史时代，已发现人们有将先人的遗物传承、埋葬到自己墓葬中的现象，比如商周时期的高级墓葬偶尔会发现红山、龙山时期的玉器等。到一千多年前的宋代，以收集、研究和刊布金石铭刻等为主要内容的金石学就已经成为十分成熟的学科并在文人士大夫中间广为流传。当然，蕴藏在这些行为和这种学科背后的人文观念主要是古玩——即鉴赏与把玩，在以古代文玩修身养性致知的同时，也有若干炫耀与追求高贵身份合法性的深层理念。为中国知识界带来文物概念的现代考古学——通过对古代遗存进行系统的调查、发掘、整理、分析和研究而重建古代的历史，是纯粹的西学东渐的产物，中国的历史学和金石学传统并没有自动地发展成为现代科学。

中国考古学的奠基与早期发展过程，大致经过了这样几个阶段：

1．19 世纪后期和 20 世纪早期外国传教士和探险家的探险寻宝阶段。他们的活动尽管具有西方已经成熟的科学调查与探索的性质，但是搜寻和掠夺中国的文物也是重要的目标。其中较为著名的如瑞典的斯文 · 赫定、英国的斯坦因、法国的伯希和、日本的橘瑞超、俄国的鄂登堡、德国的勒柯克、美国的华尔纳等的西域考察活动，其中有些人也进行过发掘活动。

2．中外合作考古与探险阶段。前述的瑞典人斯文 · 赫定后来曾受当时中国政府的邀请与中国学者合作进行中国西北地区科学考察；瑞典人安特生受聘于中国政府担任地质矿产部顾问期间，与中国学者合作进行了多次考古调查与发掘，其中 1921 年河南省渑池县仰韶村的发现与发掘被认为是中国田野考古学的开端。这些探险与发现向世界揭示了一些前所未知的古代文明与文化，特别是其中包括不少当时所知较早的纸质文献材料，与其它的发现相结合，可以为一些古代历史与文化事件提供特殊的线索，对中国传统历史学的变革产生了极大的影响。中国现代历史学的开山人物王国维曾经将

20 世纪早期中国历史学最大的进步概括为几大地下资料的重新发现，并提出了突破中国几千年传统史学的二重证据法——以地下之发现比较文献之记载。

3．中国早期留学生归国考古阶段。受现代科学的影响和上述发现的感召，中国若干早期留学生自觉选择考古与人类学作为学习对象，并在学成归国之后加入考古行列，成为早期中国考古的开拓者，极大地促进了田野考古与历史学科的发展，如李济、梁思永、夏鼐、徐旭生等先生都是从西方留学归来的学者并取得了丰硕的成就。

在奠基与早期阶段，中国考古学面临的主要任务，一是将西方考古学的理论与方法通过在中国的运用而中国化，学习与摸索田野调查和发掘的方法以及对考古资料进行整理分析与研究的方法；二是用考古学探索中国数千年的历史学所不能揭示的重大历史问题，寻找民族根源并重振民族的认同，确立考古学的学术地位。

安特生发掘仰韶村后不久，最早的一批归国留学生使中国考古很快成熟，20 世纪的 20–30 年代形成了一次中国考古学学科建设与发展的高潮，中央研究院和国立北平研究院等都建立了专门的考古学研究机构，按照地层进行发掘与遗存收集的技术以及对考古发现物进行类型排比从而得出其相对早晚的年代关系等，在经过山西夏县西阴村和安阳殷墟等发掘工作后，开始成为普遍采用的原则。尤其是梁思永在安阳后岗发掘中，成功地通过地层和发现物的排比，确定了仰韶、龙山与殷墟文化的三叠关系，使文献记载以前的中国历史第一次有了一个初步而科学的时间与空间框架。当时中国历史学界也以另外的方式对延续千年的史学传统发起挑战，疑古与信古的思想与学术争论不休，殷墟甲骨文对《史记》中商王世系的确认，表明考古学可以从一个新的角度为解决这些论争提供可能。早期的重要的由中国学者组织的发掘，比如中央研究院抗日战争之前的15次河南殷墟发掘，北平研究院在陕西宝鸡对西周遗存的发掘，中国历史博物馆对河北易县燕下都等调查与发掘等，都选择文献记载与传说交混不清的三代遗存为对象，并试图从地下出土物寻求新的研究线索，无不体现了早期中国考古的这种浓厚的历史情结。

真正的中国考古学的大发展是在1949年新中国建立之后。道路、水库等基础设施的建设为考古学提供了更多发掘的机会。从南到北，从东到西，很多前所未见的新资料被发掘和发表，一系列新的考古学文化得以命名，不同地区不同文化及其类型之间的相互关系也初显端倪。到20世纪80年代，在经过了文化大革命期间的停滞、新的经济建设重新启动了大规模的考古发掘的时候，各地的材料已经堆积如山，足以形成对中国早期历史与文化具有整体性的重新解释。苏秉琦先生的区系类型学说就是对几十年中国考古成果与方法的集大成式的概括。他通过对各地典型的考古遗存、遗迹和遗址的较为系统的地层学和类型学排比、梳理与归纳，提出了在秦汉帝国形成之前中国各地考古学文化的特点和时空框架体系，概括如下：中国大地上的早期文化可以分为“面向内陆的部分，多出彩陶和细石器”和“面向海洋的部分，则主要是黑陶、几何印纹陶、有段和有肩石器的分布区域，民俗方面还有拔牙的习俗”。它们又包括六个大的区系：(1) 以长城地带为重心的北方地区；(2) 以晋陕豫三省接邻地区为中心的中原地区；(3) 以洞庭湖及其邻境地区为中心的长江中游地区；(4) 以山东及其邻境为中心的黄河下游地区；(5) 以江浙（太湖流域）及其邻境地区为中心的长江下游地区；(6) 以鄱阳湖－珠江三角洲一线为主轴的南方地区。他还进一步指出，六大区域之内的原始文化包括其它一些相对独立的区域各有自己的文化内容特点，并且都相对独立地走完了自己的发生、发展和后来向文明社会过渡的过程。秦朝所统一的六国，基本上都有自己的土著文化立国基础。

区系类型学说是中国考古学史上的里程碑。这个有些粗糙的体系框架树立起来之后，各地的很多考古工作者开始有意识地以之为标尺和参照开展工作，使早期尤其是史前中国考古学的文化面貌、年代、谱系关系等认识发生了巨大的飞跃，并尝试在相对统一的时空框架内展开更加深入的比较研究，探索文化因素与年代以外的学术课题。

20 世纪 90 年代之后中国考古学进入了一个新的阶段。在区系类型学说的基础上，中国考古学探索的问题、运用的方法与理论都开始发生较大的变化，地区性的时间与空间框架、文化演变的谱系关系等尽管继续被关注和完善，但是新旧石器时代的转换与过渡、经济形态、生活与生产行为、技术、工艺、丧葬习俗、信仰、聚落模式乃至社会复杂化过程及文明起源等也成为考古发掘与研究开始主动面对的学术问题，西方一度广有影响的新考古学（过程主义考古学）、后过程主义考古学等开始被介绍引进并尝试在考古工作中加以试验和应用。考古资料蕴含的更加广泛的学术可能性吸引了更多的考古学以外的相关学科的人员、技术和方法对考古工作的关注与参与，多学科合作发掘与研究、科技考古、环境考古以及水下考古、航空考古等等新兴边缘学科迅速成长起来。

20世纪90年代以来，一场更大规模的开发建设和城市化浪潮在中国兴起，成为塑造中国考古学面貌的更为重要的社会力量。通过官方提倡，抢救性考古发掘、配合基本建设考古发掘逐渐成为基本的考古国策——如果不是绝对必需，考古学应该减少主动发掘，将有限的资源集中于基本建设中的抢救性发掘，将更多的考古遗存留给未来，而且，考古学成为了解中国文物与文化遗产资源状况及其价值的基本手段，成为日益受到各界关注的文化遗产保护事业越来越重要的构成部分。继古玩和文物之后，中国考古学中首次具有了文化遗产的理念，并且从体制和观念方面开始与文化遗产的保护形成越来越密切的联系。

当前中国从事考古学的主要有两部分人：一种是大学里的老师和科研人员；一种是从中央到地方的各级文物考古研究所。文物考古研究所在很多地方是20世纪80年代之后的新产物，在经济建设提供的日益增多的考古发掘机会和体制改革中，很多省一级博物馆中的考古人员被分化出来并得到充实壮大，成为独立的、从事以配合基本建设为主的考古发掘与研究的专门力量，目前，甚至一些文物比较丰富的城市和地区也开始设立独立的文物考古研究所。目前的中国只有十余所大学设有考古专业，它们往往具有根据自己的学术目标与学生的培养方向选择发掘对象的自主性，但是大学考古专业教师的人员不仅数量少，而且即便是教师个人的学术研究和培养学生的实习发掘，也往往要与地方专门负责某一地区的地方文物考古研究所的工作、与配合基本建设的考古发掘结合起来，才更加容易获得经费与审批方面的支持。因此中国几乎所有主要的考古力量都被投入到各地轰轰烈烈配合基本建设考古工作之中，只有若干重大的学术课题需要的一些重要遗址，才是在政府的特殊批准下按照考古学家自己的意愿和学术需要被发掘。

在中国从事考古调查与发掘首先必须获得资质。资质分为两种，一种是颁发给单位的，像上述的各级文物考古研究所及大学的考古专业都需要获得这样的资质，然后才能申请开展考古调查与发掘的项目。第二种资质是专门授予已经获得单位资质中的个人的——获得这种资质的人才有资格担任调查与发掘项目的领队或负责人。资质与具体的项目都需要经过省级的文物行政管理部门向国家文物局申请，通常是每一次调查与发掘都要履行审批，长期的跨年度的项目年年都要审批。国家文物局在审批的同时，也会给予包括经费在内的支持，并对发掘的方案、程序、方法、经费的使用、资料的收集与整理公布以及最后的保管保存等提出具体的要求。配合基本建设工程的调查与发掘经费按照法律的规定，通常由工程经费中开支。

考古学从来就不是象牙塔中的科学。考古学以田野的调查与发掘为基础，处理的是人类共同的遗产，考古发掘过程往往就是一种对古代遗存的善意的、有记录的、甚至是比较彻底的破坏过程，考古学每一阶段的进展与时代的需求都具有密切的联系。20 世纪 90 年代以来中国考古从文物观向遗产观的转变，使中国考古的各个方面都开始发生显著的变化。

首先，考古不再纯粹是科学的考古学，探险、揭秘、研究的自我兴趣相对于国家的需要和遗产的保护等已经退居到相对次要的位置，考古学越来越像一种工作，与文化遗产保护的关系越来越密切。这不仅体现在大量的考古发掘实际上就是在推土机下对文化遗产的抢救，而且考古学的调查、发掘与研究成果开始成为评估文化遗产价值、制订保护措施以及最终的保护决策与规划的科学基础。像原来的考古现场地层学与后期对考古出土物的类型排比、实验室分析一样，考古发掘现场的文物保护以及实验室保护逐渐成为一个考古项目必不可少的构成部分。发掘之后的遗迹、遗物的保护、展示、传播也成为一个考古项目在设计时就需要全面考虑的问题。

其次，考古学越来越注意自己与社会的关系，公共考古学成为近年中国考古学中的一个热门话题。公共考古学不仅是向社会大众普及考古知识，而且开始研究考古学发展的社会环境、考古发掘的伦理道德以及考古资源的后续保护、管理与利用等问题。考古学家越来越意识到，对于古代遗存，不能完全凭借自己的兴趣来发掘和处理，它需要与文化遗产保护、公众需求等结合起来，需要为未来人留下进一步研究和利用的机会与线索。因此，当代考古学对理论和方法的依赖更加广泛，不断发展以最少的发掘提取最多的信息，甚至采取遥感、物探、空中摄像与分析等不发掘的手段收集古代遗存的信息，发展对同一考古资料进行多学科研究、反复研究和比较研究的手段与方法，尽可能获得综合信息和最大化信息。科技考古与环境考古逐渐成为考古学分支中的显学，聚落考古学等理论分析模式大行其道。

在大量的考古发掘中，中国考古学已经积累起一些足以改变对若干传统重大学术问题的基本认识的资料。不仅各地区考古学文化的时空框架和演变谱系等因为这些资料不断得以完善和细化，在新的理论与方法的指导之下，中国考古学也开始对一些具有国际意义的基本的重大学术课题——比如人类、农业与文明社会三大起源问题等进行重新认识和估价。在人类的起源方面，因为具有从旧石器时代早期直到新旧石器时代过渡阶段的丰富的人类化石与其它材料，中国是人类非洲起源说及“一个夏娃”的现代人起源假说的关键性的验证地区之一；就农业的起源来说，现有的考古发现基本上已经确立了长江中下游的稻作与黄河中下游的粟黍两个重要的农作物起源与传播中心，它们无疑构成了后世中国农业社会和文明体系的经济基础，同时也是东亚农业和东方传统的重要源头。近年来，中国通过国家力量，集结考古学与其它相关的人文与自然科学有关科研力量与资源，以“夏商周断代工程”和“中国文明探源工程”的形式，进行联合攻关，力图探索一条多学科合作研究的新路，并希望在中国早期文明与华夏传统的形成与演进的认识上取得突破性进展。

当然，考古发现与研究的不断深入、积累，特别是改革开放以及中国考古与文化遗产保护及社会需求的密切相关，也使中国考古学的体制发生了若干显著的变化。中外合作的考古调查、发掘与研究又重新展开，中国社会科学院考古研究所以及内蒙古、辽宁、河南、山东、湖北、四川、宁夏、新疆等省区的文物考古研究机构，先后同日本、美国、澳大利亚、加拿大、欧盟等的相应学术团体合作在中国境内开展考古调查、发掘与研究项目，既交流了思想，促进了技术手段的进步，又提高了中国考古学的国际化程度和认识水平，有的已取得明显成绩。同时，一些中国的考古学家还以各种各样的方式走出国门，到国外参加考古发掘或合作研究，既开阔了中国考古学家的眼界，也促进了中外考古的比较研究。

20世纪80年代以来逐渐从博物馆中独立出来的各级文物考古研究所，极大地增加了考古发掘的机动性和力量与投入，促进了考古资料的积累，但是随着时间的过去，一些弊病也逐渐暴露出来，需要在工作中去进一步面对和克服。比如：各个层次的考古机构之间对资金、人才、地盘以及出土文物等资源的竞争越来越激烈，中央一级的考古单位逐渐被架空，甚至省一级的考古单位在一些地区也开始难以开展正常的工作，对重要考古发现的综合研究、深度合作从体制上变得越来越困难。考古机构对资料特别是出土文物的垄断，不仅使资料整理与发表以及信息的封锁成为一个突出的学术道德问题，出土文物的保管、保护及向博物馆等收藏单位的移交也逐渐成为一个具有普遍性的老大难问题，许多资料难以得到妥善保护与展示利用。近年来在中国考古与文物立法中已经对这些问题予以充分的注意，正在进行的文化体制与事业单位改革中，这些问题仍然是需要高度关注的重点和难点。

但无论如何，展望未来，中国考古学的重要性都会与日俱增。以资料的不断积累、新说的不断涌现为特征的考古历史，会使每一代考古学家都认为自己身处考古学发展的黄金时期，而无论考古学及其生存的社会环境如何变化，考古学都无法改变自己通过对古代人类遗存的发现和研究推动学科与社会进步的本质属性，考古学都必须竭尽全力，以追求最大限度地揭示考古资料的信息含量，最大限度地保护无法再生的古代遗存。考古学与遗产的保护实际上有着相辅相成的两个方面，一是为人类保护共同的遗产，二是保护考古学科持续发展的资源。

因此，未来的考古工作无论是抢救性的发掘还是主动的出击，都必须更清醒地认识考古资料本身所具有的学术价值，并自觉地为文化遗产的价值评估及保护、展示规划提供基础。同时，考古学家也应该更加积极主动地加入文化遗产的保护和遗产知识普及之中，在追求学术进步的同时，努力唤起社会民众关注和参与文化遗产保护的意识，为人类社会与文化的全面进步做出自己应有的贡献。

本文初稿为提交于2004年10月30—31日在斯德哥尔摩举行的“文化遗产政策及相关问题：中瑞对话”国际会议的发言。

考古学与大遗址保护

——文化遗产时代中国考古学的觉醒

考古学一贯是以科学家的定位和思维来处理自己的工作的，而 2007 年 7 月 11–13 日在内蒙古呼和浩特举行的“大遗址保护研讨会”则是由考古学界在科学出版社的支持下发起和召开，是考古学界第一次正式集会研讨大遗址保护问题，参会人士除了考古学家之外，还有文物保护专家、规划专家及新闻出版等方面的代表，因此，这次会议既是考古学界与遗产保护、规划等专家学者的一次对话，也标志着文化遗产时代考古学界的一种集体性的反思与觉醒，更标志着在建立政府主导、社会参与的文物保护工作新体制方面的一个重大的进步。

近年文化遗产概念逐渐深入人心。我曾经专文论述过，从古玩经文物到文化遗产代表了人类关于古代遗存的三个不断递进的阶段性概念。从古玩到文物的概念进步，将古代遗存从帝王将相和少数文人雅士的鉴赏珍玩上升到具有历史、科学、艺术三大价值的科学研究和展示保护的对象，这个过程中，考古学的科学追求起了重要的推动作用，经由考古学的发现、研究和提倡，古代遗存成为研究和复原人类历史的系统的科学资料，成为博物馆的藏品和展示及公众的欣赏对象。而古代遗存成为炙手可热、具有大众文化意义的文化遗产，是后工业、信息化的现代民主社会的必然要求，而这次会议或许应该标志着考古学进入了一个新阶段。

会上会下的交流对话深入、坦诚，提出了很多发人深思的问题和意见建议，必将对大遗址的保护工作产生持久的影响。当然，大遗址的保护不是一个新的课题。20 世纪的五六十年代，随着社会主义建设尤其是农村平整土地、新建道路等的展开，重要的古代遗址的保护问题就已经引起关注。1956 年国务院发出的《关于在农业生产建设中保护文物的通知》中就附加了一个需要特别关注的“重要的古文化遗址”名单，尤其是 1961 年第一批全国重点文物保护单位公布之后，直到文化大革命，各地围绕被列入保护单位的重要的古文化遗址的“四有”（指有保护范围、有标志说明、有记录档案、有专门机构或者指定专人负责管理）和保护工作开展了大量目的明确的勘察、调查和试掘工作，1964 年 3 月 18–24 日，文化部文物局在河北易县召开“大型古遗址保护工作座谈会”，总结经验，推广试点。20 世纪 90 年代，随着改革开放和社会经济的发展，大遗址保护工作再次引起各方的高度重视，1992 年和 1995 年两次召开全国性的文物工作会议，提出“保护为主，抢救第一”的新时期文物工作方针，1997 年国务院发出《关于加强和改善文物工作的通知》，国家有关部委专题组织关于大遗址保护的调研，希望拿出国家层次的、政策层面的对策。当然，力度最大、措施最实、效果最显的当属新世纪之初，国家专门出台了《“十一五”期间大遗址保护总体规划》，确定了 100 处重点保护的大遗址，逐个制定具有法律效力的专项保护规划，仅中央财政就将在5年间拿出20亿元专项资金，用于大遗址的保护工作，一些地方政府也从大遗址所在地区整体社会经济与文化持续发展的高度统筹大遗址保护问题，推出具有专项法规意义的具体遗址的保护条例，浙江余杭良渚等重要的大遗址密集地区甚至调整工作中心，专设以大遗址保护为主要工作目标的特区和政府机构。

在历次大遗址面临威胁、保护被提到重要的议事日程的关键时期，考古工作总是发挥着关键性的作用，新世纪的大遗址保护当然也不会例外。令人欣喜的是，这次呼和浩特的大遗址保护研讨会就完全是由学术界自己发起的，尽管大会上发言的（尤其是会议安排的主旨发言者）还主要是保护与规划方面的专家，个别大会发言的考古学家也主要是介绍重要遗址的重要发现，但无论是考古学家还是非考古学家，都对大遗址保护表现出高度的历史责任感、自觉的参与意识以及强烈的合作愿望。

大遗址保护是一项复杂、艰巨、长期的任务，不能单纯就保护谈保护，因为大遗址内涵丰富，体量广大，不可能将大遗址完全封存起来，因此，大遗址保护的关键在于共识，在于思路，大遗址保护工作的突破之点在于规划，在于当地从政府到民众的广泛认同和参与，因此，应该通过对大遗址所在地区人文与环境资源的综合评估，对保护与发展的长远的高层次的协调，通过综合的创造性思维，在快速的社会经济发展中为大遗址及其价值提供合理的存身之地。大遗址保护中规划工作的重要性在五六十年代就已经被意识到了，1964年在河北易县召开的“大型古遗址保护工作座谈会”上，关于大型古遗址保护规划概念即主要议题之一。限于当时条件，配合大遗址“四有”的勘察工作——也即大遗址保护工作的基础，是实际工作的重头，不少精锐的考古力量参与其中，发表了一批勘察试掘报告，它们至今仍然是相关遗址价值认识、保护范围勘定、保护规划与保护措施制定的重要参考。在新世纪的大遗址保护中，长远的综合性规划才真正被提到议事日程，不仅有100处重点保护的大遗址保护规划的制定被列入具体的工作目标和要求之中，国家文物局还专门制定了《全国重点文物保护单位保护规划编制审批办法》、《全国重点文物保护单位保护规划编制要求》等文件，将保护规划上升到专项法规的层次，以规划为核心，统筹大遗址的保护与当地社会经济发展，以及保护与科研、展示、利用的关系。

就大遗址保护这个会议的主题来说，毋庸讳言，考古学发掘与研究（遗存的现场处理与价值评估）仍然是新时期大遗址保护工作的基础，科学的论证和规划则是大遗址保护与利用实施的关键。规划是否科学合理到位，最重要的是对大遗址的价值、特点、状况等经过调查发掘研究达成的共识——至少是现有条件下的阶段性共识。这里，再次涉及考古学这个基础。考古工作者作为绝大多数大遗址的发现者、发掘者、研究者，不仅应该为大遗址价值与特点、状况等的评估提供基础资料和观点，而且应该对后续的保护、展示、利用发表合理的意见，甚至应该亲身参与这些工作的实施。

通过这次会议的讨论和交流，考古工作者不仅了解了目前我国大遗址保护与规划的一般状况、技术、程序等具体问题，尤其难得的是通过对话乃至观念的碰撞，引起了考古学家对大遗址保护问题的重视和反思，考古学家普遍地意识到，对于大遗址，我们不仅仅是一个发掘者，大遗址的调查与发掘除了要解决考古学家关心的学术问题，更应该关心其后续的保护、展示和永续利用的问题，会上我们甚至还看到了一种对以前考古学很少关注遗址保护与展示问题的自我批评的感人精神。

其实，某种程度上，这次会议可以看作是文化遗产时代考古学界的觉醒，是考古学步入新时代的一个标志。在 20 世纪六七十年代，当国际考古学界发生以过程主义为代表的新考古学变革之时，其重要代表英国的戴维 · 克拉克觉察到并大力提倡一种考古学的批评与自我批评的自我意识，并认为这既是学科进步的标志，也是推动考古学继续发展的重要的推动力量。而这次会议上，无论是有人提出的新型考古也好，纳入文物保护的考古学也好，其实都已经意识到当前的中国考古学同样需要变革，要进入一个新的发展阶段。我想，将这个新阶段称为文化遗产阶段的考古学应该不会大错——考古除了要解决考古学家所关心的学术问题之外，同时也应该关注考古调查与发掘对象作为文化遗产的保护、展示、传播和知识普及等社会和大众关心及需要的问题。

那么，遗产阶段的考古学到底应该是一种什么样的考古学？我认为主要应该是一种可持续发展的考古学，一种很好地协调考古学的学术与社会责任的考古学。对于考古学来说，保护公共遗产和保护可持续发展的考古资源是同一个问题的两幅面孔，学术研究和知识普及也是同一个问题的两个方面。因此，这个阶段的考古学要求考古学家以考古发掘为中心，进一步扩充考古学的目标，完善和改进考古程序的各个环节，并以学术研究和遗产价值的评估为核心，在发掘过程中就应该系统地考虑到古代遗存的保护、展示和传播问题，主动介入包括大遗址保护在内的文化遗产保护程序，同时大力发展考古学中的公共考古学分支，担负起普及考古知识和提高全民族文物保护意识的责任。

无独有偶，当年戴维·克拉克提倡考古学的自我批评意识的文章题目就是《考古学纯洁性的丧失》——既然考古学必须进入一个新的发展阶段，那么它就再也无法按照原来的学术范式行事了。在这篇文章中，戴维·克拉克提出了以考古遗存从产生到发现和解释的埋藏学为核心的新考古学的统一理论，为追寻考古遗存背后的人类行为与文化规律的新考古学理论方法奠定了基础。

因此，文化遗产时代的中国考古学也必须重塑自己的学术范式，应该主动加强与文物保护、规划等学科的合作交流乃至整合流程，在对古代遗存的处理方面应从近年比较兴盛的考古学发掘与研究的多学科合作，升华到包括以研究、规划、保护、展示、传播为综合目标的更大范围、更高层次的多学科合作。

考古学从来都不是纯粹的象牙塔里的学问，它充满田野和泥土的气息，它置身于时代洪流中，不可能外在于考古对象的状态而存在。当然，一个阶段的考古学有一个阶段的重点，然而，对于任何阶段的中国考古来说，不变的是要把大遗址这凝聚着中华文明精华的宝贵的文化遗产深入揭示、完好保存和世代传承下去，并在这个过程中不断将它们丰富的价值与内涵充实到当代社会的先进文化之中。

原刊《中国文物报》2007年11月9日

体制·机构·规划·管理：用什么来解决大遗址的保护问题？

——良渚大遗址保护探索答问

良渚文化距今约5300–4000年，分布于江苏、上海、浙江的环太湖地区，以可能运用犁耕的稻作农业、发达的制玉和丝织等手工业、修筑大型的水利设施和大型贵族高台墓地等公共建筑而驰名。良渚文化精美的玉器和陶器被收藏在世界很多著名的博物馆里，良渚文化的神徽、陶文、丝绸、祭坛无不闪烁着古老文明神秘的光环。因此良渚文化的发现与确认，对重新评估中华文明的起源，对中华文明多元一体形成格局新认识的提出起了极大的推动作用。目前良渚文化的中心地区已经被确定在浙江杭州余杭的良渚、瓶窑一带，这里在33.8平方公里的范围内发现100多处良渚时代的遗址，高耸的人工堆筑的方形分层祭坛如瑶山、反山、汇观山等，西南部埋葬着随葬大批玉器的大型贵族墓葬，包括祭天礼地的玉琮、玉璧和象征兵权的玉钺等，被称为东方的金字塔。位于该区域中心的莫角山遗址，面积达30余万平方米，整个地兴建于人工堆筑的一座高于周围10余米的方形高台上，考古学家在遗址中发现了面积达上万平方米的大型建筑基址，光是柱洞的直径就达到 1 米左右。

一个新的中国史前文明中心的轮廓正在渐渐呈现。

然而随之而来的是如何保护、如何利用这笔丰富的文化遗产并进一步揭示良渚文化中的秘密，如何将这笔财富汇聚到当代文明的建设过程中并传承久远？

良渚文化遗址保护区位于杭州市余杭区，地处杭州西北，既是杭州市重要的经济生产区，也是杭州市向西北方向的出口，著名的 104 国道即从遗址保护区中心部位从东向西横穿而过。良渚文化的中心地域被确定下来以后，保护的问题马上就被提上日程：近年来，良渚遗址已被列入世界文化遗产预备清单——像这样一处重要的遗址被列入世界遗产只是迟早的事情，国家和浙江省的文物部门以及地方政府对保护良渚这个大遗址花了很大的气力，做了不少探索。包括成功地运用行政手段将保护区范围内 20 多家石矿全部停产，各级政府为停产的企业承担了经济损失；为对付盗掘现象，专门设立了良渚遗址派出所等。但是，这里人口稠密，经济发达，社会要发展，老百姓要生活甚至还要改善生活，有限的资源如何分配，鱼与熊掌如何兼得？带着这些问题，我们利用在杭州召开“2001 年度全国十大考古新发现颁奖、学术报告与研讨会”的机会，特邀浙江省文物局局长鲍贤伦、文物处处长吴志强就良渚大遗址保护问题进行了探讨。

嘉宾：

鲍贤伦 吴志强

《中国文物报》记者：

曹兵武 孙秀丽 李文昌

问：最近，据说举世闻名的良渚大遗址保护问题有一些突破，能否介绍一下有关的情况？

答：良渚的保护是一个非常难以操作的大问题，但是我们感觉有以下几点，如果做得好的话，还是能够有所进展的，对此我们是充满希望的。

一个是管理方式。

过去在管理方式上我们文物部门一直是处于比较被动的地位。按照法律的规定，保护良渚遗址主要应该是余杭区的责任，但是，这么大一块地方，要把它保护好有一定的难度，这么一个小范围有那么大的遗址，保护区范围内涉及人口的问题，经济的问题，环境的问题，区域发展的问题，文物保护在一级地方政府的职责里边占有多大的位置？怎么做好？国家文物局原来很有意见，我们省里的文物部门也是干着急。

当时，我们在一个会上提出，什么时候能够成立一个专门的机构来做良渚保护这件事情，才会有希望。对这个专门的机构来说，保护是它的核心职责，同时又能够和政府结合在一起，那么这样一个管理就是一个整体的管理。当时我们觉得这还是一个比较遥远的梦想，但是没想到去年市政府、余杭它们就主动地提出来了。结果是成立了良渚遗址保护区管理委员会。管委会管理着一个特殊的行政区域，比我们当时设想的还要大，共 242 平方公里，8 倍于原来良渚遗址保护区 33.8 平方公里的保护范围。也就是说，管委会和特区的成立里边包含着一个想法，要用 7/8 的土地来缓解 1/8 的保护压力。原来我们的想法就是，良渚这 33.8 平方公里，不仅杭州市，全浙江省、全国都应该来保护它，但是这怎么操作？余杭它是一个体系，不太好办。现在管委会和特区建立了，有了 242 平方公里来保证这 33.8 平方公里，它的规划、工作安排、干部考核，它的政绩等等，都在这个 242 平方公里里边考虑。这样就明确了。用这么大的土地来缓解保护的压力，政策上给您优惠，让您享受经济开发区的待遇，实际上它受优惠之后不需要特别去做别的开发和发展，而是用优惠政策的经济成果来弥补保护带来的经济损失。这就比较容易操作。

问：但是这里边也有一个问题，如果省里、市里和您都不管了，放开了，让他去开发去发展，那也存在着危险。因为它是一个特区，是现在通常所说的开发区，它可以光开发不保护，这样的结果会适得其反，所谓的文物破坏不一定是人们直接去破坏，去把文物毁掉，而是开发建设过于迅速，文物与环境在几千年的过程中达成的平衡状态一下子不存在了，文物难以继续像原来那样存在下去。

答：这个问题我们也担心，成立了这个管委会之后，享受了经济开发区的优惠之后，如果它只开发，不保护，那不是更危险吗？它打着开发区的旗号，进行开发建设，怎么办？现在看起来这个问题还不突出。管委会的名字叫良渚遗址保护区管理委员会，就是要让它明确自己的主要职责是什么；同时市政府和省政府应该站在一个高度来指导它，让它可以有所作为，有 242 平方公里，可以进行统一的规划，可以补充那 33.8 平方公里受到的限制。另外省里市里不能不参与保护。这次会上（指 6 月 8 日在杭州召开的“2001 年度全国十大考古新发现颁奖、学术报告与专题研讨会”），王国平书记的讲话又讲到这个问题，保护的态度是旗帜鲜明的，叫我们听了更加放心。再加上王书记个人在余杭工作过，对良渚很有信心并很有感情。

目前比较成问题的是管委会的人员组成。这首先要回顾一下管委会和开发区的形成过程，以及这个242平方公里是怎样得来的：良渚文化遗址保护区分布在余杭的良渚、瓶窑等镇，它原来是余杭县，后来发展到余杭市，现在成为杭州市的一个区。管理区的范围去年下半年进行了一些调整，把原来3个镇并成了2个，这样就由33.8平方公里变成了242平方公里。管委会和余杭区政府是一体的，由余杭区的区委书记兼任管委会的工委书记，区长兼任管委会主任和管理局的局长。这两位是作为区里的主要领导来做这项工作，而不是新设一套班子。班子里有做经济工作的同志，将来要逐步调整，省里、市里都要在相应的位置上配备干部，特别是负责文物保护的干部。目前还是派兼职的，省里文物局就派我（吴志强）去了，杭州市就派了园林文物局的刘颖。班子成员都是经过杭州市正式任命的。

问：可不可以这么理解，在良渚这样一个特殊的地方，文物保护就是政府的主要职责之一，机构这样设置，就是在管理体制上实现了政府职能的转变或者实现了文物保护的“五纳入”？

答：这是我们的目标，但是应该承认还没有做到这个地步，目前还是一个阶段性的操作，还是原来地方政府的人任管委会的实职，而文物部门的人是兼职，文物的保护与开发利用都还没有到一个专业的水平，这些都表达了一个过渡的过程。这是业务上的问题，行政上也还有问题有待于解决，良渚遗址是一个遗址群，分布在一个广阔的范围内，在特区的内部还要继续寻找和明确各级大小合适的文物保护主体，比如镇长，中心性的遗址保护区集中在几个镇上，镇长应该干什么？应该听谁的呢？目前的情况是，他是区里任命的，他就得听区长的，而区长兼任管理局局长，他也得听局长的。如果真正到位的话，是不是应该有文物区长、文物镇长甚至文物村长？因为在您这个地方，保护文物是政府第一位的工作，您不是专业或者不懂自己的工作怎么行？能做到这样的话才是真正的突破。

问：这个和余杭区是平级并部分重叠的管委会是永久机构还是临时机构？

答：应该是永久的，再是临时机构的话，这个意义就太弱了。虽然目前还不完全，不充分——如果它是一个充分的保护管理机构，那么，我们全国还没有呐，对全国也是一个示范。文物保护特别是像良渚这样的大遗址的保护应该是政府管理，社会参与，如果是一个部门管，即使给予它这么高的级别，它还是只能考虑和处理问题的一个方面。

文物保护在良渚已经或者正在成为一种政府的责任，社会的责任，和当地的人口、经济、社会发展规划等密切地联系在一起。这是大遗址保护问题的一个有意义的探索，应该说还是有成效的。当我们前往良渚遗址保护区去参观的时候，欣喜地看到的新房子的建设基本上已经停止了，冻结了。良渚遗址的保护，可以说在旧体制上已经撕破了一个缺口，做了一个很有意义的尝试，为进一步的工作奠定了一个基础。

问：那么管委会成立以后，工作上有什么近期和长远的打算呢？

答：管委会将主要着眼于两点：一个是遗址内的保护，一个是遗址外的社会发展。

良渚遗址保护区是一个人口十分稠密的地区，建设被冻结以后，农民盖新房必须到保护区以外，具体的地点正在规划。下一步是加强遗址内的管理，原有的违章建筑要拆掉，保护区的环境要整治。以前遗址内有些地方搞得很不好，环境乱糟糟；对遗址内的工厂正在进行调查摸底，编制搬迁规划。

现在比较难的一个问题是遗址的整体保护规划还没有出来，仅仅是冻结建设，老百姓不能盖房子，生产怎么搞？各方面的矛盾很大。因此，这个规划应该加快进行。国家文物局和各方面对良渚遗址保护规划十分重视，具体是中国建筑研究院建筑史研究所的陈同滨等先生在做。我们希望用几年的时间，在做的过程中经过各方面的碰撞、磨合，经过认真的调查、摸底，把保护区的具体范围弄清楚，把农户、工厂都搬走，对保护区内的不同遗址、遗迹、地段应该怎样保护，怎样绿化，派什么样的用场，包括保护区范围内的富民政策、遗址公园的建设等，能够有一个比较一致、科学和着眼长远的意见并尽快拿出来。

无论是从专家角度也好，老百姓角度也好，保护要真正做好。王书记曾经说，部分地方要野草丛生。这个地方有多大？5平方公里？莫角山一带？还是大部分地方？也可以是小范围，没有农户，没有工厂。其它地方老百姓可以继续生活下去，有些地方可以搞些生态农业，观光农业，传统的手工业等产业，做些比较简单的加工业，余杭有一些传统产业，可以发展旅游业。总之，点上要保护，面上也要保护，同时展示一些古人类生产生活的场景。

问：展示一直是文物保护中的一个难点，专家认为很重要的东西，老百姓并不一定能够同意。怎样把文物的价值与意义传达给社会，怎样展示？展示和保护的关系如何处理？我们这次杭州会议主题之一就是考古学知识的普及问题，那么在良渚的规划当中，展示方面有什么比较系统和长远的打算？

答：目前像良渚这类大遗址的保护压力非常大，专家说重要，老百姓说看不出来。因此，在保护中展示利用，让社会和老百姓明白您这个遗址的重要性就非常关键。目前浙江省考古研究所在做一个汇观山祭坛的展示，你们可能都看到了，是把那个祭坛重新做出来。对这个展示各有各的说法，专家们不满意，认为做得太过了，老百姓觉得仍然看不出多少名堂。中国的大遗址往往都是土遗址，我们的文明是黄土文明，我们的建筑是夯土基础，是土木建筑。土遗址的保护，都有一个可观赏性的问题。最好看的是兵马俑。西安半坡新石器时代的村落展示出来了，效果怎么样？争论不少，展示中的保护和面临的破坏压力更大。那么，在良渚进行展示可能会好看到什么地步？展示的操作性有多大？不能有太高的期望，从汇观山的试验已经可以看出来。推而广之，瑶山？反山是不是也这样？反山的大墓多一些，出土物很丰富，可能好做一些，把土固化，把出土的东西特别是玉器放进去，但是也不会好看到哪里去。

这是个难题。怎么展示？我们认为，展示不仅仅是重建复原，不仅仅是好看不好看的问题，展示的底线是不能对文物造成破坏。在原址搞一个复原建筑，好不好可以另说，但是下面的基址被破坏了，展示还是不成功。也可以搞绿化，用不同高矮和颜色的植被品种来辅助性地说明古代遗迹的状况，把它们的轮廓勾画出来，但是不能简单地将古代遗址园林化，这不是它们本来的面貌。展示是一个十分复杂的问题，我认为需要召开多次研讨会，进行多学科的系统的研究。在良渚，我们想来想去，还得用一个变通的办法。整个的良渚遗址保护区应当被当作一个整体，严格科学地加以保护，最终应该发展成为一个国家级的遗址公园，它的目的是科学研究，是为未来保护；同时在一个比较近的地方，在遗址保护区以外，用企业运作的方式，做一个主题公园，就叫良渚文化主题公园，它们被设想为是要用现在的科技手段来展示考古学家已经揭示出来的良渚文化的内涵，用这个东西来向人们展示良渚文化的魅力，满足一般的旅游需求。如果这件事做成了，可以扩大良渚在人们心中的地位，而且它是一个文化亮点，也是一种文化产业的方式，是有利于良渚遗址的保护的，可以缓解在遗址保护区范围内复原展示方面的压力，减弱人们对遗址展示的这么一个迫切的要求。由于它的存在，我们就可以在遗址保护区内有一个相对应的东西：保护区里可以野草丛生，可以做绿化、生态、观光，可以在我们所能够想到的有限的展示方式以外，结合加上标志、加上辅助手段等，来告诉人们这个是什么，那个是什么，真正的东西是个什么样子，让人们亲临现场来感受一下，凭吊一下，想象一下，和历史进行真正的沟通。

问：良渚是以考古发现和研究而著称于世的，虽然良渚文化从发现到现在已经有多半个世纪了，最近几年新的发现还是在不断地刷新人们对这一古老文化的认识，但是关于良渚文化仍然有太多的未知之谜等待着人们去破解。在保护区参观，看到很多东西，但是我一直在想，关于良渚我们到底知道百分之几？10%？20%？所以，今天我们保护良渚主要是为了传诸后人，是为了科学，那么，在良渚的保护与利用中，考古学可以发挥什么作用？

答：考古发掘和保护的关系，保护和展示的关系，是有机地联系在一起的。考古发掘就应当想到后续的这么多问题。您挖到底了，什么也没有了，还保护什么，展示什么？不管怎样，发掘也好，展示也好，保护是中心，是基本点。对于良渚，我们要求先是把老的考古报告先发表，国家文物局的孟宪民同志也总是提示我们这个问题。资料不发表，不进行系统的研究，社会怎么能够更好地明白良渚文化的意义？没有这些基础资料，保护和利用的规划怎么做？所以我们在最近狠下决心，要在近期内完成良渚瑶山、反山等的考古发掘报告。

后记

在我们访谈期间，《良渚遗址保护管理条例》正式出台，西湖沿岸的环境整治作为市政府 1 号工程已经铺开，而南宋时代的临安府治、恭圣仁烈皇后宅遗址、老虎洞官窑址以及雷峰塔遗址等先后入选全国十大考古新发现。在杭州这个地区，大自然的造化和历史的机遇，使良渚，使南宋成为中国历史与文化发展史上的两座并峙的顶峰，难道当代人非要在西湖、临安和良渚这样的千古绝唱之地去和古人争雄？难道这些地方也必须再旧貌换新颜？

也是在我们访谈期间，在“2001 年度全国十大考古新发现颁奖、学术报告与专题研讨会”上，杭州市市委书记兼人大常委会主任王国平同志讲：杭州市的发展要由西湖时代迈向钱塘江时代。工业、服务业、人口都要向东、向钱塘江地区转移。西湖时代将作为一个优美的风景名胜区、作为一个历史文化遗产区，记录天造人工和历史的辉煌，要把它留给后代，发展旅游。大多数杭州人应当到钱塘江岸去建设自己新的家园，去创造属于自己的奇迹。

这反映了一个领导人的审时度势。相信杭州人民会在钱塘江畔留下自己最新最美、可以像良渚和临安一样彪炳史册的创造。

链接>>

中国的大遗址是我们祖先以大量人力营造、并长期从事各种活动的遗存，综合并直接体现了中华民族和文明的起源与发展，构成中华 5000 多年文明史史迹的主体……是大规模的文化及环境遗产，体现着古代先民的创造力，辉映着中华民族的精神，其中相当部分已溶入民族情感之中，为国魂所系……无论从它们的规模还是我国目前的人力、技术、财力来看，对她们的研究和解释都须经过几代、十几代甚至几十代人的努力才能完成。因此对她们只有不遗余力地予以保护。

——孟宪民：《辉煌与梦想：建设中国的大遗址保护展示体系和园区》，载于《古玩·文物·遗产：为了未来保护过去》，文社选编，燕山出版社 2001 年出版。

大遗址保护规划一般应包含评估、保护、环境、利用、工程、管理、分期和估算8项基本内容。评估阶段涉及的学科面最广，其次是保护、环境、利用和工程4个阶段；管理、分期和估算则主要涉及政府管理行为与国家有关规范要求（其实8个阶段全部涉及国家法律法规条例与政府管理行为）。在我们已经编制或正在编制的规划实例中，一般需要运用以下几方面的学科知识：考古或历史研究、自然生态环境、环境考古、人类学、民族学、社会学、博物馆学、新技术、新材料等。

——陈同滨：《中国大遗址保护与展示的多学科研究》，《中国文物报》2002年5月17日

本文与孙秀丽、李文昌合作采写，原刊《中国文物报》2002年9月13日。

第四部分

市场经济中的文化遗产

文化遗产保护不可羞于谈钱

今天听新闻，有报道说，云南的丽江古城为了不让太多的居民迁到城外更舒适的新居中，使一个历史文化名城、世界遗产地变成一个没有灵魂的空壳，开始为愿意居住在老城里的人发工资——每月 10 元钱。钱不是太多，但仅仅是住在城里就可以获得，而且古城的居民又不是一个小数字——比如说以城内居民 3–5 万人计，一个月就是数十万元的投入，一年下来就是数百万元的投入，日积月累，在文化遗产保护中，也算是一个天文数字和新鲜事物。

当然，丽江入选世界遗产之后，旅游业的勃兴及其对当地经济的推动，用今天常用的一句话说是：发了。拿出一定的收入用于遗产的保护和地区经济的持续协调发展，也是应该的。而同样是历史文化古城、世界遗产地，同样是旅游也发展得轰轰烈烈的山西平遥，却在为城里生活的居民太多，单位太多，对文化遗产造成的破坏担忧，为没有足够的钱在城外建立更多、更便宜、大家买得起、愿意住的新居发愁。

有趣的是，丽江与平遥是中国仅存的两个入选国家历史文化名城和世界遗产的县级古城，它们的保护和持续发展同样都牵涉到城内居民的多少，都牵涉到一个“钱”字——一个是为了让居民往里，别走，以保持遗产地的原真与生动；一个是为了让居民往外，减缓人口对遗产地的压力。它们都是试图拿钱来推动，目的都是为了保护和持续地利用，使人和城处于一个比较理想的历史文化环境生态。

我们对两地的旅游收入、遗产保护与旅游经营的管理运作方式等具体情况所知不多，无从加以评论，但是从上述的情形中却同样可以感觉到今天的历史文化遗产的保护早已不是将文物本体或者遗产简单保留下来，进行简单的维护和维修而已，遗产已经和当地或者更大范围的社会生活、经济状况、人文环境融为一体，遗产的保护与传承也已经成为一个复杂的利益、力量、资源的认识、调节和配置过程，在这个过程中我们能够感觉到经济和金钱的日益增加的份量，感觉到综合管理的日益增加的重要性。说的更远一些，在今天这样一个时代，经济学和管理学已经成为各行各业共同的学问与手段了，这也是为什么遗产经济学和遗产管理学已经开始成为文化遗产保护和管理中引人瞩目的新兴的分支学科的现实原因。

在今天的文物保护事业中羞耻于谈钱，不学习利用经济的杠杆，肯定是无法成功的。近年国际上已经多次举行遗产经济学和管理学方面的专题研讨并出版过专门的文集和著作，相比而言，我们在这一方面——无论是理论还是实践，都确实还存在着不小的差距。

在人类宗教的发展过程和宗教的范畴中有一种拜物教，那么今天的资本主义时代，我们是不是应该拜钱？当然不能，但是，无论如何，钱确实是一种具有普遍性的手段和力量，甚至有些万能，在今天的文物保护中羞耻于谈钱大概是无法成功的。发明钱的人真是伟大，钱本来与遗产是不直接相干的，今天却能够在遗产事业中成为这么大的一种力量。看来，在今天这个社会里，无论从事何种事业，羞耻于谈钱、谈经济问题、谈效率，都是不行的。

2005 年 1 月 12 日，原刊《中国文物报》2005 年 9 月 23 日

环境考古·嵩山文化圈·文化产业

——从嵩山文化圈研究中心筹建谈起

嵩山文化圈研究问题是周昆叔先生等从环境考古研究角度首先提出的，今天已引起嵩山所在地郑州市和有关方面的高度关注，并拟成立专门的研究机构——嵩山文化圈研究中心，甚至受有关方面指示，这个拟议中的中心的科研要与当地的文化产业及社会发展等问题联系在一起。我觉得这是一个很大的压力。现在听了周昆叔先生和李梓正先生的主题发言（按：在中国科学院地质与地球物理研究所召开的中心筹备会议上），心中开始有了一点底。

今天来参加座谈的大多数人都是我们从事环境考古的老班底，知识结构与文化背景是比较单一的，但是文化产业的问题却被提的比较突出，这就是压力之所在。我觉得我们更多的还是应该继续从环境考古角度来看待嵩山文化圈这个问题，只有把嵩山地区在漫长的历史过程中的环境与文化的问题看得比较透彻了，才好谈其它诸如文化产业和社会发展等问题。

中国环境考古从20世纪80年代时对国际理念、理论和方法的引进探讨，经过对一些具体的环境变迁、文化适应等考古问题的研究，再到聚焦于聚落遗址、流域、地域等研究，已经成为考古、环境、生态等多学科的共识并取得了相当的进展。嵩山文化圈及其研究的提出，拟议中的研究组织的建立，是否可以理解为环境考古学科、中国第四纪科学研究会环境考古专业委员会发展的一个新阶段？环境考古学有意识地要和地方发展、和文化产业相结合是否也是一个学科发展与应用的新阶段？我感觉我们有些三步并作一步走，因此需要我们更多地从学术的角度予以关注、反思，需要将环境考古的基础工作做扎实。

我觉得，无论如何理解上述问题及其相互之间的关系，科学研究、环境考古研究、现代生态文化研究仍然是我们今天所谈论的问题的核心或者理论与学术的基础。我们的环境考古研究发展到嵩山文化圈这样的地方、地域、地区性综合研究，首先应该在研究理念、研究方法和一些区域性人地关系的具体认识上有所突破。地区研究是一个综合性的大课题，不仅发展到今天的环境考古学，其它多个学科都在进行，考古学的拿手好戏就是地区研究，考古学文化的概念就是指在一个地区中一定时间内存在的古代人类的整体文化。人类学、地理学等同样十分关注地区性问题的研究。今天社会科学与自然科学的视野、方法与手段以及计算机尤其是 GIS 的信息整合能力使地区性研究的面貌有了很大的改观，但是地区研究具有高度的综合性，属于复杂的多学科系统性综合研究，对一个地区的综合研究取得综合性的成效很难。我们环境考古有什么自己的特色？在嵩山文化圈的研究中方法上是否可以有一个较大的突破？比如对嵩山文化圈这个圈如何划？环境与文化要素如何提炼和凝聚？环境、文化、历史、现实、技术、管理等如何影响这个地区的未来发展？远古以来的发展规律是什么以及如何概括？等等，有了这些，才谈得上综合研究以及对遗产和资源的展示、开发及发展旅游、提升当今社会的综合发展潜力等大家所关心的文化产业问题。是否应该以中心的建立为契机，首先进行一次文化遗产资源的普查？罗列一些课题进行一些深度的环境与文化问题的研究？比如大家讨论中提到嵩山书院的古为今用，是否可以将对其历史与现代开发问题单列一个课题从学术上先理理清楚？

其次，当代文化产业、文化旅游的发展是一个十分复杂的问题，它涉及对文化资源的发现、价值评估、保护、阐释、展示和开发等，更涉及文化遗产的保护问题及当地经济社会的整体发展问题。为此，在世纪之初，联合国教科文组织专门针对有关问题出台了《文化旅游宪章》。我国当前在文化旅游中出现的问题更多。现在嵩山地区的旅游业相对而言是比较兴盛的，但主要是少林寺及其旅游，说得不客气一点其实主要就是烧香拜佛、武术观摩等等的内容，嵩山地区丰富的文化资源、自然资源、历史文化与科学知识等还没有很好地开发出来，客源及旅游的运行都停留在比较低的层次上，如何进行旅游产业的升级？刚才唐际根根据亲身体验和大家谈了安阳申报世界遗产及文化产业的整体思路和策划运作问题，对嵩山地区有什么启发？我五一期间（2006 年）去看了新建的安阳殷墟博物馆，确实不错，对整个殷墟的保护展示起了画龙点睛的作用，为殷墟成功申报世界文化遗产做出了贡献，这就是一个设计很好的博物馆的重要作用。际根介绍最近两年博物馆门票收入攀升很快，由 2004 年的几十万元到 2005

年的 500 万，据估计今年将向 1000 万迈进。但是即使有世界遗产这样的名片，将来殷墟的旅游和博物馆如何持续发展仍然是值得关注的问题。因为前来参观的主要都是当地人，看来原来展示和宣传工作做得不够，本来属于他们的遗产没有引起他们的关注。现在世界遗产和博物馆被炒作起来了，他们就来了。但是怎么吸引外来的人，提高参观欣赏的档次和旅游产业的档次？应该说还没有予以充分的考虑。当年因南越王墓的发现而建的广州南越王博物馆刚建起来时同样很火，但是几年以后参观的人数降下来了——应该看的人们看过了，不再来了，博物馆就需要扩大新的客源，寻找新的发展办法。据说殷墟庆祝申遗成功后免费开放期间每天观众 10 万左右，比故宫还多，挤得不得了，但是这些人主要都是当地人，当大家都看过了，这些人还会再来看吗？这里同样有一个持续发展、提升层次和面向世界的问题。今天中国已经是旅游大国，其实我们国际旅游游客主要就是来看中国的秀美山川和文化遗产，我听一位资深的业内人士介绍，国际游客主要的路线就是北京－西安－桂林－上海。其它地方和其它形式的旅游也有一些，但是与上述地方比较还远远不够。北京是当今首都并可以看元明清中国；西安可以看到汉唐盛世的一点余韵；桂林山水甲天下；然后到上海，从山水历史回到现实，感受一下中国改革开放的成就和新崛起的东亚国际大都市，坐上飞机走了。这一路上基本上都是坐上飞机蜻蜓点水，我想真正的中国文化这些游客根本没有看到。中国文化明清看北京还有一些代表性，皇宫、皇家园林和祭坛、长城、民间的四合院、民俗以及几个不错的博物馆，在北京基本上都能看到，但是元明清以前的中国应该是在中原，在郑州、开封和西安之间的这条中华文明的轴心线上，其中嵩山周围地区以洛阳为中心的地区是这条线上最大的一个纽结。直奔西安看看秦始皇兵马俑并不能代表看到了周秦汉唐文化及中国文明的形成，根本没有看到中国文化的身体和根源。这是我们今天文化旅游、华夏旅游的一大缺憾。其实中原的环境和考古成就已经有相当的基础，要解决这个问题只有在这个地区进行宏大的策划、资源整合和展示才能做到这一点。夏商周三代基本上兴起与发展于嵩山周围，古代中国是天下国家，洛阳号称是天下之中，仔细计算，历代在洛阳建都的时间在全国首屈一指，今天在洛河沿岸仍然可以看到商代的偃师商城、夏代的二里头、汉魏洛阳城、隋唐洛阳城和东周王城五个古代大型都城遗址从东到西一字摆开，地面和地下的遗址遗迹都相当丰富。五一期间为了看前述殷墟新建的博物馆，也为了考察一下洛阳这几个大型古代都城遗址的保护情况，同时还和中国文物研究所的同行到嵩山以西的三门峡灵宝铸鼎塬考察了这几年中华文明探源工程的重点之一——新发现的铸鼎塬仰韶文化遗址群，并和同行及当地领导就保护规划问题交换了一些意见，我当时建议铸鼎塬的遗址群目前应该考虑的已不仅是一个考古发掘研究和保护规划的问题，现在就应该想到展示问题。因为就史前中国来说，这个遗址群比前些年曾被认为是最重要的并正在制定国家层次的总体保护展示规划并作为唯一的史前遗址群希望参与申报世界遗产的浙江杭州良渚文化遗址群规模还要大，保存状况、环境状况和视觉效果还要好，年代也要早，并且这里作为仰韶文化庙底沟阶段的中心，可以肯定与华夏民族、华夏文明的起源有直根系的关系，因此规划的起点要高，在调查、发掘、科研、保护的同时要考虑到展示问题。而且举世公认华夏文明主要就是发源于黄土环境中的一种文明，其根源就是黄土文化，在灵宝铸鼎塬一代从环境到文化都可以让我们很好地观察和理解中华文化和黄土的关系问题。灵宝、三门峡一带是仰韶文化的中心区，是陕、晋、豫三省黄河中游几个河谷、盆地早期文化融汇碰撞的文化金三角，仰韶文化最强盛的庙底沟阶段在史前中国首次形成范围广大的比较统一的文化面貌，影响更是达大半个今天的中国，其发现与命名地就在这里（三门峡的庙底沟遗址）。作为黄土高原的东南缘，这里黄土堆积巨厚，塬、梁、卯、沟等地貌因素在这一带一应俱全，虽然不是全国全世界黄土景观最好的地方，但也相当可观，而且这种地貌、环境和文化的结合关系却是其它任何地方不能比拟的，这里的遗址群不仅可以展示出华夏先民如何从黄土中孕育发展走向文明社会，而且现在的农村农民的衣食住行仍然样样离不开黄土，依赖于黄土，活生生的黄土文化仍然在民间民俗文化中有生动具体的体现。我建议对铸鼎塬遗址群的保护与展示应该从一个“黄土文化生态博物馆”的高度进行规划，应该规划成为一个郑开（郑州、开封）－洛阳－西安之间看中国文化与华夏文明源头的重要景点。生态博物馆是最近遗产界比较关注的新概念，它提倡将自然遗产和文化遗产结合起来，将历史与当地社区的未来发展结合起来，在保护中展示，在传承中发展，并强调当地群众的参与，非常适合一些特殊地区的遗产保护和展示。三门峡还有一个周代的虢国，因是周王亲兄弟的封国，在当时诸侯国中地位很高，墓地被发掘后建立了一个不错的墓地遗址博物馆，虢国的都城上阳城也已经发现并基本上保护下来了，一个西周小国的面貌基本上能够从视觉上被看清楚了，可以比较直观完整地让游客在此看到一个早期华夏小国的缩影，这是对三代和汉唐盛世的一个很好的补充，中国文化、华夏文明就是这样从黄土之中、从一个一个遗址、一个一个小国发展成为周秦汉唐的泱泱大国的，这几个关键点使一条华夏文明之旅的线条又完整了一些。这条线路完全可以被称为是华夏文明的轴心线，其东西范围不长，其间铁路、公路交通也很发达，并且正在修建一条电气化旅游铁路专线，而且今天高速公路的车程也就是一天的时间，沿线可以看的文化与自然资源太多了，但是还没有很好的规划和开发。

文化旅游、考古旅游在发达国家已很发达，在美国通俗版的《考古学》杂志上，广告的篇幅很大，其中最多的是考古旅游广告，包括面向学生的暑期考古机会和直接到文明古国的考古旅游等。东亚地区考古旅游尚不太发达，但是美国、加拿大几个比较著名的东亚考古教授退休后甚至在职期间每年都要带一两次面向特殊人群的考古旅游团前来，看来社会是有这个需求的。我想，如果上面的郑开（郑州、开封）－洛阳－西安之间华夏文明轴心线之旅计划能够逐步实现，可以让一个外国的中国文化门外汉通过一次合理设计的旅游对古代中国有一个大概的、直观的、正确的了解，是认识中国的一个非常好的窗口。

上述这些对嵩山文化圈研究中心的工作有些什么启示？

嵩山在郑洛之间，当然还是前述这条华夏文明轴心线上的一部分。嵩山地区从古代遗产角度可以为今后的文化旅游、文化产业贡献些什么？我想应该经过学会、中心的深入研究、提炼，才能有一个整体的设想并可供有关方面参考。具体地说，嵩山地区从裴李岗以降的新石器时代文化十分发达；新近的考古发现基本上可以确定传说中的第一个王朝夏大约就是兴起于嵩山地区，然后向北发展到洛阳盆地并确立其在当时中国范围内的优势地位；历朝历代嵩山周围一直人口众多，文化发达，山北的洛阳历史上号称九朝古都，其实算上夏商两代和西汉、隋、唐、北宋的两京制时期，洛阳可称为是中国历史中为都时间最长的古都了，期间留下丰富的遗产资源，中岳嵩山本身就是五岳之中公布全国重点文物保护单位最多的一个地方；今天少林寺已经形成了一个不错的文化旅游品牌和基础，并正在努力申报世界遗产。

说到少林寺，不得不提到中国文化一个重要的特点是山水文化，五岳四镇及很多名山大河在框定古代人类生存空间环境和宇宙模式、民族精神认同方面发挥了巨大的作用，是否可以在中岳嵩山地区设想一个五岳或者山水文化博物馆？是否可以依托拟成立的嵩山文化圈研究中心或者恢复并依托嵩山书院对嵩山地区的自然与人文遗产资源和中国的山水文化进行普查和深度发掘、整理、研究、阐释、保护与开发、展示？是否有条件将这系列的文化旅游真正打造成为一个华夏文明或者传统文化的寻根之旅？前边提到像安阳殷墟博物馆那样一个设计到位的好的博物馆可以对区域性的遗产资源的展示起到画龙点睛的作用，嵩山地区目前尚缺乏这样一座博物馆的名片。

我们不少的文化产品其实都具有十分丰富的文化与审美内涵，但是做成产业则往往有品味和效益方面的问题，主要就是因为研究和阐释不够，定位和实施就容易出现问题。只有通过深入的研究、阐释，把文化资源的内涵发掘出来了，要素、品味提升上去了，旅游等文化产业才可能有基础并健康持续地发展。

我想，这应该正是未来的嵩山文化圈研究中心的责任所在，或者反过来说，嵩山文化圈研究中心的成立是否可以真正地为兴起于嵩山地区的华夏文明的复兴与弘扬找到一条合适的路径?

2006年9月8日在嵩山文化圈研究中心筹备座谈会上的发言整理稿，曾经刊登在《中国文物报》上，2008年7月31日又作修订。

关于开展文化遗产旅游的几个问题

提要：

旅游业的迅猛发展使文化遗产旅游的重要性日益凸现，这已经成为当前文物工作无法回避的社会环境。文化遗产应该发挥适当的社会作用，文化遗产的价值应该为公众所分享，其中文化遗产旅游是值得探讨的形式之一。文化遗产旅游存在着诸多问题，需要我们认真对待，包括加强对文化遗产价值的认识，确定文化遗产旅游的基本原则，制定科学合理的文化遗产旅游开发规划，加强政府的协调与管理作用，特别是应当依法行事，以使文化遗产旅游走可持续发展的道路，争取文化遗产保护和旅游双赢的结局。

引言

文化遗产对于创造它的先人来说，曾担负具体的（社会、文化或经济等）使用功能，对于保护和传承它的今人和后人来说，主要发挥文化象征和人文景观的作用，帮助人们确定自己、社群和民族及人类在历史与未来、心理与情感认同等方面的坐标，同时在经济发展成为社会的中心职能、商业准则成为普遍的社会原则的今天，文化遗产也是一种宝贵的可以带来经济收益的资源。因此，可以将文化遗产定义为一种由先人创造，留存在今人生活的世界，并期望通过保护传诸于子孙后代的全人类的宝贵财富。在文化与社会的公共性日益加强的今天，文化遗产不应该只是少数专业工作者呵护的对象，不应“锁在深闺人未识”，而应当融入文化和社会，在保护中利用，在利用中进一步诠释和丰富它的历史、科学、艺术和社会价值。近年来文化遗产旅游业的兴旺发达正说明了文化遗产事业发展的这一方向。但是，开展文化遗产旅游也带来了不少负面的效应，主要是文化遗产被过度开发利用，甚至因为不当的开发而遭受破坏，局部利益和当前利益对全体利益和长远利益造成损害，违背了文化遗产永续利用的根本原则。因此，应当加强文化遗产旅游的科学研究、规划和管理工作，走文化遗产保护和发展旅游双赢的路，走可持续发展的路。

旅游业的迅猛发展

大众旅游兴起于 20 世纪之初，当中产阶级产生以后，教育、交通、余暇与丰富的物质生活基础成为西方社会的普遍现象，大众开始将异国异乡作为心灵感受的追求对象，旅游成为满足这种追求的手段。最近一段时间，随着全球经济文化的不断发展，更多的人加入到旅游者的行列，旅游业获得了空前的发展，许多国家和地区已经将旅游业作为最重要的产业部门。随着经济的持续高速增长，人们生活水平的提高以及国家采取的诸多激励措施诸如五一、十一长假等，中国的旅游业最近几年发展尤其迅速。表 1 显示了 1998–2000 年间中国国际游客到达情况及收入的增长情况，从中可以看出，速度是十分惊人的。但是，据统计，到中国旅游的国际游客只是中国旅游业全部游客中很小的一个部分，中国国内游客的增长对旅游业的发展尤其重要，例如在云南丽江，1995–1999 年间，外国游客总共只占 3%–7%。因此，中国发展旅游的前景仍然是十分广阔的，根据世界旅游组织的推测，到 2020 年，旅游业将成为世界上最大的产业，前来中国的城市和遗产地的国际游客数量可能会增长 500%，而国内游客的增长甚至会超过这个比例，届时中国可能成为世界上最大的旅游目的地国和第二大客源输出国[1]。旅游业这种迅猛发展的趋势使得包括中国在内的世界许多国家和地区都正在采取一种积极的政策鼓励国际和国内旅游业的进一步发展，甚至将旅游业定位为经济增长的推动机。

旅游者离家出行，都是冲着特定的目的地、对象或生命体验的过程而来的，概括起来说，旅游者的旅游方式无外乎自然游和人文游两种。前者主要是游览名山大川，享受阳光沙滩等自然的美景，后者主要是通过参观文化遗产，参与旅游目的地的文化事件与活动，领略人类历史与文化的魅力。因此，文化遗产与旅游具有无法割裂的联系。

文化遗产旅游的对象主要是历史遗址、纪念地、收藏保管与研究展示文物的博物馆；活的民俗文化景观等等。由于文化遗产是一种由先人创造，留存在今人生活的世界，并期望通过保护传诸于子孙后代的全人类的宝贵财富，它们应当以适当的方式为全人类所共享，其中向公众展示和开放正是

1 The Globalization of Tourism, courier, 1999, No.8, UNESCO.

表 1. 近年来中国国际游客到达情况及收入的增长情况

旅游发展趋势	1998	1999	2000
国际游客到达(千人)	25,073	27,047	31,236
国际旅游收入(US$ million)	12,602	14,098	16,231
国际旅游餐饮收入(US$ million)	627	907	*
国际游客开支(US$ million)	9,205	10,864	*
国际游客餐饮开支(US$ million)	738	757	*

* 资料尚不清楚。资料来源：世界旅游组织

表 2. 远东和亚太地区旅游者到达增长情况

地区	到达人数(千人)				市场份额(%)		增长率(%)		平均年增长率
	1995	1998	1999	2000	1995	1999	1999/98	2000/99	2000/95
远东和亚太地区	3,405	4,058	5,023	6,099	57.8	60.1	23.8	21.4	12.4
其它地区	2,482	3,050	3,410	4,043	42.2	39.9	11.8	18.6	10.3
总　共	5,887	7,108	8,432	10,142	100	100	18.6	20.3	11.5

资料来源：世界旅游组织

使它们的历史、科学、文化与艺术等价值得到体现、发挥社会作用的重要途径，而进行文化遗产旅游正是一种十分有效的文化遗产开放分享和利用的方式。通过旅游，可以帮助游客尽可能多地了解自己所在地区或其它不同族群的风俗文化，增长知识，加强相互之间的理解与沟通，从而推进思想、知识、感情乃至经济的交流。18 世纪法国作家和哲学家米歇尔 · 孟得斯（Michel de Montesquieu，1689—1755）就曾经说："旅游可以开阔人的心智：一个具有国家偏见的人是很难容忍外国人的"。古老的波斯谚语说："只有旅游可以使人成熟起来"。

同时，由于文化遗产作为一种资源的独特性，使得从经济学的角度对它们的准入具有经营上的操作性和获取利益的可能性[1]，从而使文化遗产旅游作为一种产业和经济发展的手段的作用日益突出。但是，不当地在文化遗产地进行旅游开发也会破坏甚至毁掉文化遗产，特别是在吸引了众多游客后，那些自身已弱不禁风、脆弱不堪的遗址（比如说那些带有洞窟壁画的景点），如果没有足够的设施为游客服务和适当措施予以保护，就面临着环境变坏甚至被破坏或永久消失的危险。当然，也有足够的例子可以证明，如果文化遗产旅游开发有科学的规划和严格的管理，被放在可持续发展的角度来实施，并在旅游过程中对文化遗产采取必要的保护措施，它将会对推动经济、创造就业机会、为公私机构保护文化遗产筹措资金起到积极的推动作用。

---

1 史鹤龄，见《旅游开发 · 所有权 · 经营权和保护管理：经济学视野中的遗产资源问题》，《中国文物报》2001年12月21日。

但是，无论如何，由于整个旅游业是被当作一种经济活动来进行的，追求经济收益的目标会涉及社会不同层面的利益主体，因而成为各种不同的利益的聚焦点，调和起来往往十分困难，当然会影响到文化遗产保护、管理与开发利用的方方面面，甚至会带来一些负面影响，绝对不可掉以轻心。比如，旅游活动有三个方面的构成要素：旅游者、游览的对象、提供旅游服务的社会中介如旅行社、旅游公司等。他们对旅游这种活动本身各有自己的目标需求。对旅游者来说，他（她）希望看到、欣赏到更真实的、保护管理更好的文化遗产，与不同的文化有更密切的接触，获得更多的信息；对旅游的经营者来说，他希望利润的最大化；对旅游资源——遗产的拥有者、管理者和当地的人民——如果他们对文化遗产这种资源和自己的利益有足够的认识的话，则当然希望遗产资源首先被保护好，被长久地持续地利用。因此，有人正确地指出，目前中国文化遗产旅游的现实是，与其相关的国家代表社会发展的长远利益，要求对资源保护完好和可持续利用，当地公众利益体现在通过遗产旅游而改善生活质量的要求，而开发商的利益就是经济收益和利润增长，这里面难免存在矛盾和冲突[1]。

有专家指出，遗产作为可开发的旅游资源，其价值有长期与短期之分和显性与隐性之分；其利益主体包括国家、当地、企业等不同方面；保护和开发遗产需要进行不同层次的投入，而不同的利益主体愿意投入的内容是不一样的，比如

1 张吉林，见《旅游开发·所有权·经营权和保护管理：经济学视野中的遗产资源问题》，《中国文物报》2001年12月21日。

国家可能会进行法规建设和社会环境方面的大投入，国家和当地政府可能会在大的基础和公共设施比如道路、卫生设施等项目上投入，而企业可能会在可以直接赢利的缆车、饭店和宾馆上投入。其间的利益关系错综复杂。因此，在开展文化遗产旅游时，必须正确处理好全社会、当地社群和开发商等利益群体的关系[1]，处理好保护与利用的关系。

然而，在目前的中国，做到这些的确不是一件容易的事情。有些遗产地的经济还不是很富裕，当地增加收入和就业的压力很大；有些地方即使富裕了，人们对经济利益的追求也永远不会满足。加上在保护与利用关系认识上的混乱、体制上的条块分割各行其是，法律法规不够健全，相关方面缺乏沟通，使得文化遗产所在地的政府部门往往更加偏重遗产地的经济价值，更加注重鼓励甚至直接参与对遗产地的旅游经营等的开发，以便收到明显的经济成效和取得所谓的政绩，从而使保护相对于开发总是处于劣势地位，国家的长远利益与某些局部的当前利益相比总是处于劣势地位。类似的矛盾在所有发展中国家具有共同性并且某些地方显得更为突出。比如突尼斯的国家旅游公司最近以所有的门票收入和售卖相关纪念品的收入全都来自游客为理由，提出它有权直接管理全国所有纪念地、博物馆和文化遗址，这个要求受到文化遗产管理部门的强烈抵制，问题一直悬而未决，直到共和国总统最后出面，裁定文化遗产地的管理属于国家文化机构的工作，才算平息了这场冲突。

1 郑易生，见《旅游开发·所有权·经营权和保护管理：经济学视野中的遗产资源问题》，《中国文物报》2001年12月21日。

最近围绕我国不少遗产地门票的争夺和争论，在某种程度上集中地体现了不同利益主体对文化遗产旅游的真正观念，因为许多旅游开发经营者看中文化遗产，希望介入文化遗产的开发工作，首先就是看中了其源源不断的门票收入：游客长流不息，钞票哗哗地流来。据统计，不算其它经营性收入，2000 年故宫门票收入 2 亿元，十三陵 1.8 亿元，兵马俑 1 亿元，这种相对容易获得的高收入当然令人垂涎三尺。因此，有人指出，门票是旅游景点价值供求关系的体现，应当被视为经营旅游景点的收入。在发展旅游业的过程中，应该让投资方获得和投资相应的回报，门票应该在相关者之间分配，有人甚至提出可以将收入火爆的兵马俑等景点的门票捆绑上市，去为进一步的旅游开发筹措资金。更多的人认为，门票是行政性收费而不是赢利的手段，它的作用，一是体现公平原则，因为让那些没有到遗产地旅游的纳税人为游客支付遗产管理与维护的行政的成本是不公平的；二是在一定程度上克服任何遗产地的使用都必然存在“拥挤效应”和经济学所称的外部性，通过采取收门票或其它如限制旅游设施数量和便利程度等措施设置进入遗产地的壁垒，把游客控制在合理的数量范围内。还有人论证门票实际上应该是一种资源税，除了回收维护、管理的费用外，也可作为对保护遗产的投入。这种资源税从道理上讲应该全部上交国家，谁也不能截留。对门票经营权的转让是典型的权钱交易。

一些文物界的专家认为，文物古迹游览场所管理机构所售门票是一种经济管理手段，是保护和管理的措施而不是经营问题，这是由其公益性质决定的。门票可以限制闲杂人员、小商小贩的进入，可以调控参观人数起到保护遗产的作用，同时在我国目前的情况下可以弥补管理和事业经费的不足。有人做过详尽统计，我国遗产地和博物馆等的参观门票与国外相比是明显偏高的。

门票仅仅是文化遗产旅游中一个局部性的问题，但是却折射出人们对文化遗产的价值和文化遗产旅游的深层次的理解和看法，从中可以看出，相关方面对门票的关注程度、对门票性质的认识是尖锐对立的，这里面集中体现了人们对文化遗产旅游的经济利益的高度关注，对文化遗产旅游的经济效益寄予了太高的希望，尽管门票并不是文化遗产旅游的全部的经济收益。由此看来，我国当前文化遗产地旅游面临的主要问题是：过度注重经济效益，旅游发展过于迅速，文化遗产资源开发和使用过度，从而使可持续利用与发展的前途受到威胁。

鉴于文化遗产旅游问题的重要性，联合国教科文组织的 Courier 和 Source 两本杂志分别在 1999 年第 8 期和 2000 年第 2 期以文化遗产旅游和文化冲突为专题，出版专刊[1]，让各相关方面的专家坦诚发表意见，让各种观点公开交锋，以便人们作出正确的认识，选择最好的道路。我个人认为，为了解决这些问题，提高对文化遗产价值的认识，达成“有效保护，合理利用，可持续发展”的共识是前提，制定科学合理的文化遗产保护和开发利用规划是基础，培养良好的文化遗产旅游道德与行为准则，严格地按照规划和法律行事是保证。

关于提高认识

上面的情况说明，文化遗产作为一种不可替代、不可

1 UNESCO, Courier, August, 1999.UNESCO, Source, February, 2000.

再生、具有独特的历史文化科学与艺术价值的公共资源，不当的开发利用非常容易发生经济学中经常说的“公共财产悲剧”[1]，酿成无法挽回的后果。因此，对文化遗产旅游问题必须采取审慎明智的态度，对整个问题有一个全面的科学的认识，这个认识包括文化遗产的价值、合理开发利用的限度、科学规范的运作标准以及相关各方面利益的平衡与兼顾等。这就是说，在当代这种多元的契约性的社会中，对文化遗产这种公共性的资源，单纯强调保护或者开发利用都是不现实的，必须在文化遗产保护、旅游和社会发展中寻找一种平衡，从而使保护与开发利用走一条可持续发展的道路——这应当是旅游者、遗产旅游的经营者和遗产管理者必须达成的共识。而这种共识首先必须建立在对文化遗产价值的正确认识和合理评估的基础上。下面是认识和评估文化遗产应该考虑的几个方面：

1. 应当为文化遗产建立完备的科学档案记录

由于几乎所有的文化遗产都具有不可替代、不可再生等特点，因此，在任何试图改变文化遗产现状——包括其本体现状与产权和管理等现状——的行为发生之前，首先应当对它们进行科学的调查和记录，建立完备的信息档案资料。这

1 20 世纪 60 年代最早由著名的经济学家加勒特·哈丁在《科学》杂志上提出（Garrett Hardin, “The Tragedy of the Commons”, Science 162（1968）:1243-1248）。哈丁认为，一些所谓的公共资源——如牧场、渔场、森林、地下水、空气等——属于群体共享，但在合作方面会遇到格外的困难，会使公共资源被不当利用，酿成公共财产悲剧并导致社会灾难，如海洋捕鱼过量，牧场放牧过度。哈丁认为，如何共享公共资源的问题，只有靠权利当局才能得到解决，很可能要由国家采取强制措施，甚至要依靠超自然力的调节。文化遗产完全符合公共资源这类财产的性质。

些资料可以帮助人们：

记录文化遗产本体的原状及历史递变过程；

识别文化遗产的组成部分；

为遗产的研究、管理及政策、规划的制定提供理论和事实依据；

阐述和解释文化遗产，确定文化遗产的价值与重要性；

发挥重要的经济目的，例如为文化旅游和地区开发的目的而对遗产进行宣传与推广；

强化遗产在地区、国家和国际上的文化和历史地位；

在全球范围内同文化遗产的偷窃和违法交易行为作斗争；

在专家、协会和政府机构及公众之间进行信息共享和交流；

其它。

2. 认清文化遗产的独特价值并广泛普及

在完备的科学记录和资料档案的基础上，要加强对文化遗产的科学研究，只有认识到某一文化遗产的价值，弄清楚为什么某一文化遗产很特别或者比其它的文化遗产更重要，对其保存价值达成共识，才能够决定对它采取什么样的保护和利用措施是妥当的。

文化遗产作为人类过去的见证，一般都具有文化的意义和价值，这种价值对一般公众、社会上过去和现在的特定群体以及子孙后代都是很重要的。构成这种文化价值的一些概念包括：

历史价值：该文化遗产作为过去的某一重要事件、重要的发展阶段和重要人物密切相关的线索与物证，能够告诉我们人类历史——一个群体的文化史或一个地区的发展史的相关方面。

审美／艺术价值：可以描述为某一文化遗产的设计构造、建筑情调带给人们精神上或情绪上的感染，或者是它所展示的特殊的设计、风格、艺术上的进步和高水准的技艺。

科学研究价值：文化遗产能够给人类提供重要的、有价值的知识和信息。

社会价值：文化遗产在多大程度上或以什么方式向多数或少数群体宣泄精神的、政治的、民族的或其它的文化情绪，标志一个群体的精神认同，同时体现了人类历史与文化的多样性。

一个文化遗产的价值是多方面的，但是不同社会群体往往只关心或看到其价值的不同方面，对此必须有充分的认识，并在价值的评估中予以充分的体现，以便决策和管理者能够照顾到文化遗产的整体价值。

对文化遗产的价值进行全面评估是为了避免保护中的顾此失彼。文化遗产的价值研究和评估一般被认为是少数专家学者的事情，因此，必须通过沟通，宣传普及及大众媒体的参与，让这些价值为所有的相关者所认同。此外，文化遗产的价值会随着社会发展、人们认识水平的提高而有一个不断呈现的过程，它是动态的、发展的和不断积累的，未来的人们会有更多更好的办法了解到关于同一个文化遗产更多的信息和价值，这也是为什么应当把一份文化遗产尽可能完整地传诸于子孙后代的原因之一。

但是，无论一个文化遗产的价值多么重要，多么特殊，如果一旦决定进行旅游开发，并且前述的相关各方不同利益和侧重难以协调的话，就势必使文化遗产的现状和它在漫长的历史过程中与各种关联因素已经达成的平衡面临威胁，因此必须为进行文化遗产旅游确立若干相关方面应予以遵守的基本原则，以为各种不同层面的旅游活动——国家的、省级的和地市级的，提供文化遗产旅游运作的指导原则。1999 年国际古迹遗址理事会在墨西哥国际大会上通过的《国际古迹理事会文化旅游宪章》[1]，可以被视为建立这种指导原则的具有全球意义的范本，结合澳大利亚政府曾经制定的《遗产旅游指南》(Draft Heritage Tourism Guidelines)[2] 等文献，对文化遗产旅游基本原则的认识，可以罗列以下诸条：

必须坚持可持续发展这一最根本的原则；

相关各方要充分理解前述的遗产的价值和意义；

公私部门关键性的决策机构必须遵循可持续发展的旅游业的基本原则及认清自己在发展适度的文化遗产旅游业方面的重要角色；

商业性的利用必须有长远而科学的规划；

必须有特别的措施来帮助决策者在旅游业的经济发展和遗产资源的永久管理方面达到平衡；

相关各方应发展积极的合作伙伴关系；

旅游市场的运作必须是规范的和有效的；

不管是决策者还是文化旅游业的参与者都必须认识到用来发展旅游的遗产资源不仅仅是文物或纪念地本身，同时还包括建筑的周边环境和活的文化，认识到它们是一个整体；

---

1 ICOMOS (1999), Cultural Tourism Charter Principles (for ratification at Mexico General Assembly, October 1999), 6th Draft.

2 Tourism Council Australia and Australian Heritage Commission, 2000: Draft Heritage Tourism Guidelines: Best practice for people involved in tourism and heritage place.

有关文化遗产管理方面的技术标准不仅必须被采纳，而且要进行大力的宣传，以便不管是决策者还是规划和管理者以及公众和舆论界等都能够正确地使用它们；

必须为游客提供优质的服务，包括优质的遗产内涵的解释和展示方式；

利用过程中应当对当地人民和遗产本身进行持续的投资；应当将当地社群视为重要的相关者，让他们参与决策，了解做出正确的选择必须知道的信息和知识；应当将旅游收入中的一部分——并特别强调应该以税收的方式反馈于文化遗产的保护和环境的改善；

遗产的利用、保护、游客的享受程度和当地人民的获利应该是一个交替提升过程。

关于制定科学合理的规划

要使上述的基本原则落实到一个具体的文化遗产旅游项目，就需要制定一个好的规划。联合国教科文组织的韩群力先生曾经十分恰当地指出，很多遗产地的保护管理涉及自然、文化、经济、生态、观念等诸多方面，非常棘手，中国目前并不缺乏保护管理的良好愿望，但是亟需有操作性的具体的规划方案[1]。在规划中应当对保护和利用的目标、对具体的措施和手段、对责任与义务等做出具体的限定，比如哪些因素是可以改动的，哪些是不能改动的？应当怎样运作？对收益应有怎样的预期？收益应当怎样分配？相关各方的责任与权

1 韩群立，见《旅游开发·所有权·经营权和保护管理：经济学视野中的遗产资源问题》，《中国文物报》2001年12月21日。

利是什么？等等。

参考前述的一些国际性文献与经验，具体来说，制定文化遗产地旅游开发规划应该考虑到以下方面：

明确的规划目标：这是合理的商业框架、遗产保护管理正确运作的基础；规划应当包括保护的目标和赢利的目标，比如游客的人数，遗产状况哪些允许改动，哪些不许等等。

专门的和专业的管理队伍（最好应该包括当地人在内）；

一个科学合理的财政、市场和遗产管理的计划；

详尽的产品服务战略、定价、分配、市场沟通和营销管理；

当地社群、当地人以及遗产相关者的支持和参与合作方案；

符合或超越游客需求的产品或服务；

与其它旅游经营者的结盟；

与当地的遗产管理者和旅游经营者的合作；

训练有素的从业人员，可以担负遗产保护、管理、展示、诠释及经营工作；

高质量的游客服务；

对遗产状况的跟踪管理，等等。

合作伙伴的建立，各方有效的合作，包括设定的合理、现实的目标，需要有关各方的沟通，单靠任何一方面的努力都是不够的，所有相关部门都必须认识到在保护文化遗产从而获得适当的经济与社会收益方面，大家具有共同的利益；需要对上述文化遗产价值和特性的正确认识和评估，对进行文化遗产旅游的基本原则的坚持，更需要建立适当的对话和协调机制以及必要的监督管理机制。一般情况下，地方政府和私立机构从自己的利益出发，往往把用文化遗产进行旅游视为是可以无限开发的经济活动之一，实际上，一定要认识到作为旅游活动品之基础的文化遗产是一种不可再生和无法替代的特殊资源，一旦遭到破坏，损失是无法弥补的。如果文化遗产这一资源因为过度开发和不当管理而被毁坏或贬值，那么整个文化旅游业的经济基础也就不再存在了。

关于加强政府的管理协调与引导作用

为了使得可持续的文化遗产旅游成为可能，所有相关的方面都必须认识到对旅游业所涉及的不同方面的目标进行负责任的运作与管理是十分重要的。没有这一共识和相关部门、社会各界的必要支持，避免旅游业对文化遗产的负面影响几乎是不可能的。在文化遗产旅游和保护管理中，利益的有效性和公平性是必须追求的目标。有效性包括经济上的有效性、国家利益、环境效益的有效性等；公平性包括谁获得经济利益？谁负担保护和维持文化遗产的责任？特别是要注意代际公平和可持续发展这些更根本的问题，不能竭泽而渔，吃后代的饭，而这些问题又都是商业经营者所不可能保证的，单纯依赖市场来配置文化遗产这种特殊的资源时总会发生失效，因此，对文化遗产旅游实行政府协调特别是政府管制是十分必要的，大多数情况下甚至还需要政府的直接介入。

文化遗产旅游的政府管制是一种强制性的管理措施，它主要是为了实现以下的目标：

第一，保护和有效地管理不可替代的文化遗产；第二，使得文化遗产旅游建立在适度开发利用的规模上；第三，合理地分配和利用从旅游中所得的收入来保护文化遗产资源和促进经济与社会的协调可持续发展；最后，在旅游中尊重当地社会和文化生活方式，保持文化的多样性并保证当地社群从文化遗产旅游中获得适当的好处。

总之，市场倾向于使文化遗产旅游当前的经济效益最大化，必要的政府协调与管制可以使文化遗产旅游建立在可持续发展的前提下。

当然，对市场特别是文化遗产旅游这样的特殊市场实行管制是政府最主要和最擅长的职能之一，因为它拥有多种可以奏效的管制和强制手段。但是管制尽管对避免文化遗产的破坏等负面作用有效，却并不一定对社会和群体的利益是最有效的，因此，相对于政府的管制，政府对文化遗产的保护与旅游开发的积极协调和合理引导以及在此基础上的有效管理或许会产生更加积极和深远的影响。因为经营者只是文化遗产旅游业很少的一部分，这个行业涉及整个社会，特别是考虑到游客、当地社群和文化多样性以及全球化等因素的话，文化遗产旅游的牵扯面是十分广泛的，因此，政府更应该注意发挥协调、引导、教育方面的功能。比如，政府可以通过：

加强政策和规划的协调性，更好地协调不同的政府部门及参与旅游业发展和文化遗产保护的不同级别的政府行为，建立更好的政策协调机制。对发展文化遗产旅游业和环境保护等行业来说，这种政策上的协调尤其显得重要，它可以提供相关方面参与其中的空间和行动框架以及目标预期，调动各方的积极性，比如可以在市政建设中将交通、停车、供水、垃圾处理等等可以与文化遗产旅游发展的计划联系起来，形成合力。

设立专门的包括各相关部门的政府委员会，开展与文化遗产保护及发展旅游有关的方方面面——包括不同级别的政府，特别是政府中的不同部门的通力合作。

在当地、地区和全国范围内开展更加广泛的教育和训练活动，比如采取课堂讲授、远程教育、计算机互动示范、指导手册的出版宣传等等，让更多的人和机构参与到文化遗产的保护之中，提高全社会的文化遗产保护意识和知识水平，为文化遗产旅游的可持续发展建立良好的社会环境。

此外，政府作为文化遗产旅游规划的制定者以及立法、执法和监督管理主体，应进一步强化依法管理的职能，加强关于文化遗产保护和旅游开发方面的立法和执法。在当前中国经常发生好的计划和政策未能很好地实施、文化遗产的旅游价值得到正确的认识之前遗产就已经受到不可弥补的损坏的情况，更加突出了依法管理的重要性。同时，作为管理主体的政府应当建立健全对文化遗产保护和利用的监测和监督体系，比如：

对那些具有文化遗产价值的地点和地段，应当经常对其进行监控，对管理不当者，应对其进行警告或将其从遗产名录上除名；

鼓励当地群众和群体对那些与文化和旅游有关的建设活动进行监督；

建立对一个文化遗产地达到其利用极限时的具体指标和反应机制，以便及时发出警告和采取预防措施；

定期对发展文化遗产旅游的整体效果和长远影响进行综合评估，其中包括文化遗产的承受能力——物理的、自然的、社会的、文化的等等方面都要加以考虑。

旅游部门应该与文化遗产管理和保护部门共同建立和遵守一整套的指标体系和监测手段，以便能够收集到必要的资料数据，对遗产能够作出及时评估，并对遗产保护利用事业的进一步发展与未来规划提供必要的信息。

结语

文化遗产的保护、开发利用和管理是一项十分复杂的系统工程，政府、旅游业界、当地公众以及文化遗产的管理人员和广大的游客必须携起手来，创造一种特殊、独到的旅游经验以及就业和发展经济的机会。可持续发展没有现成的道路，而是在具体的现实、实践和协调磨合中实现的。

无法否认，最近一段时间，旅游业在把文化遗产变成经济活动的主要推动力的同时，也改变了人们对文化遗产的态度和保护文化遗产的行为方式，包括机构和投资者在其中所扮演的角色。这些新的变化已经成为新时期文化遗产工作的社会环境的构成要素。文化遗产工作者必须正视这个现实，必须加强研究，加强沟通与协调，尽力争取文化遗产保护与开发利用双赢的局面。

文化遗产只有通过适当地发挥作用，通过特定的方式被大众所关注与分享，才会使文化遗产事业具有更加强盛的生命力。在物质文化比较发达、精神需求日益增长的当代社会，经过适当规划和管理的文化遗产旅游活动无疑是一种最佳的文化遗产开发利用方式。文化遗产应该在被观赏、被分享中被保护、诠释和延续。文化遗产旅游业具有广阔的前景，并将对人类社会的协调的可持续发展做出更大贡献。

2003 年

铜川矿难与蓝色资源

我们到陕西铜川参观耀州窑的那天（2004 年 11 月 28 日），正赶上铜川陈家山煤矿发生特大矿井瓦斯爆炸，死伤之外，有 146 名矿工被深埋地下没能抢救出来，心情十分沉重。

煤是铜川宝贵的资源，自古已有共识。始烧制于东晋的耀州瓷在唐宋时代达到极其繁盛的地步，其初创之际以烧造黑色瓷为主，兼造少量青瓷。唐代已能造精美的三彩器皿、艺术陈设品和建筑琉璃构件，是国内目前仅知的两三处唐三彩烧造地之一。五代时期，这里青瓷烧造及刻划工艺获得长足发展，成为国家的“贡瓷”，宋代制造技艺已达到炉火纯青的地步，各地窑场竞相仿制，从而最终形成了以黄堡镇为中心、西到甘肃、东括河南、南达秦岭南的庞大耀州窑系，不仅是北方青瓷艺术的杰出代表，而且耀州瓷还通过海陆丝绸之路，远销东亚、西亚、东南亚、东非等，俨然一世界性的制造业中心。今天，经考古发现，耀州窑位于铜川市黄堡镇漆水河两岸，包括地坡、上店村、玉华宫及陈炉镇等窑场，遗址区域南北长约 5 公里，东西宽约 2 公里，在宋代已有“十里窑场”之誉。如此大规模的陶瓷烧制，原因之一就是利用了这里的煤。

但是，今天，煤的开采作为铜川的支柱产业同时也让铜川人付出了太大的代价。铜川煤矿事故率之高，在全国是有名的。2001 年的一次矿难中就死亡过 38 名矿工，矿务局和地方有关领导都受到了严肃的处分，但是新换的领导照样不能从根本上解决这个问题，因为铜川的陈家山煤矿属于煤、油、气共生，水、火、瓦斯并存的矿井，1993 年就被专家认定为瓦斯突出矿井，同时具有煤炭易自燃、多煤尘的特点。加上很多矿井是历史上的老井，基础设施不好，除非废弃不用，继续开采就会存在风险。但是铜川乃至全国今天的产业与能源结构对煤炭又有较强的依赖性，一时又无法停止开采。

铜川人也已经认识到这个问题，认识到资源多元化的重要性，并正在探索资源利用模式的转换。最近，铜川市政府专门组织编辑了一本精美的《这方山水——可爱的铜川文物精品集》，以向各界推广铜川文物；也是最近，铜川市政府授予陕西省考古研究所在铜川耀州窑发掘、研究了数十年的年届七十的著名女考古学家禚振西女士荣誉市民称号，以表彰禚振西女士对耀州窑发掘与研究、使耀州窑举世闻名做出的巨大贡献。这说明在铜川这个地方，考古与文物已经受到社会的关注，以耀州窑为代表的文物已经被认为是当地宝贵的战略性资源。而且铜川的前任领导对文物资源也有独特的眼光，十余年前在地方经济仍极其困难的情况下，就做出了建立耀州窑博物馆的决定，并在新馆之外将部分已经发掘的窑场遗址保护下来，盖起保护棚进行现场展示。

耀州窑场所在的漆水河谷，在古代便是交通要道，所制陶瓷器主要是通过顺河而下，被运送到大唐都城长安等地，供皇室贵族与百姓使用，甚至远播中国与世界各地。今天尽管由于环境变迁，水上行船已成历史陈迹，但这一代的铁路和公路仍然沿着漆水两岸的古道建设，乘车的人们远远就可以望见博物馆和保护棚的雄姿，想象沿河两岸十里窑场的生产与贸易盛况，这对于铜川来说无疑是一种很好的形象资源。尽管目前前来博物馆和保护展示厅参观的人还不多，直接的经济收益仍然有限，但是它们对宣传铜川的名片作用已经是无可替代的。随着社会发展，生活水平的提高，收藏鉴赏的发达，特别是旅游的普及及学习型社会的建立，相信有更多的人会到博物馆里来了解耀州窑产品，学习古陶瓷的制烧知识，并到保护棚感受当年生产经营的辉煌。耀州窑的丰富内涵和铜川人业已奠定的保护与展示基础，加上其连接关中与陕北的交通要冲位置，无疑将是未来贯通延安革命圣地与皇帝陵的陕北一条旅游路线上的一处重要文化景观。

近年来人们习惯于从资源的眼光看待问题，像延安一类革命圣地已经被定位为红色旅游资源并开始发挥巨大的社会与经济效益；近来人们颇为注意的生态建设和环境保护及其与工农业及日常生活的结合被定位为一种绿色发展资源，铜川的煤炭是一种黑色矿业资源，那么不妨可以把耀州窑一类的文物与文化资源看作是一种蓝色资源，它激励人们的想象力和创造力，满足人们回归历史、追求知识的心灵享受。中国不少地方的这类资源是十分丰富的，它们不仅是具有悠久历史的中国人民继续生存与发展的宝贵资源，也是全人类共同的财富。当然它们所带来的直接经济财富，则应该主要归于保护和延续了这些历史遗产的当地人民。

我相信，随着社会进步和保护、研究、展示、阐释等工作的深入，耀州窑一定会成为铜川人民的宝贵的经济资源。经过历史积淀和知识的传播，今天的耀州窑几乎比铜川的名气还要大，在未来铜川的经济与社会生活中，耀州窑一定会占有越来越重的分量。

2004 年 11 月 30 日

我国文物拍卖业的现状、问题和对策

一

据从不同方面掌握的情况，我国的各类拍卖公司目前有千家以上，其中涉及文物拍卖的达百家以上。以广州市为例，共有十余家从事过文物拍卖的拍卖公司，前几年文物交易比较景气时每周都有或大或小的文物拍卖活动，最多时每周达数次。

我国文物拍卖业在上世纪90年代初起步，由一两家试验性拍卖公司发展到多家成熟的拍卖公司，然后发展到今天过多的拍卖公司恶性竞争的局面。一海外媒体描述今天的中国文物拍卖是“千万只锤子落下来”，虽然夸张，却是接近实情的。

在国外，对收藏价值较高而经济价值难于确定的文物艺术品等，采用拍卖方式进行出售不但历史悠久，而且已形成一定规模的产业。文物拍卖作为文物销售的一种形式，可以提高文物的价格，通过使民间传世文物在合法的文物市场上获得一个相对较高的价格，在某种程度上能够使公众认识到文物的价值和文物保护工作的重要性，对文物资源的合理配置、实现珍贵文物的国家保护和一般的私人收藏的保护有一定的推动作用。毋庸讳言，只要存在文物的买卖，拍卖就是一种比较好的买卖方式。

二

我国的文物拍卖最初是在市场经济的推动下自发形成的。1994年，国家文物局开始进行文物拍卖的试点工作，颁发《关于文物拍卖试点有关问题的通知》，1995、1996年对文物拍卖继续进行直管专营和试点探索，先后批准了6家（包括嘉德、翰海、汉雅、荣宝、朵云轩、中商盛佳）具有文物拍卖资格的拍卖公司。主要指导思想是对文物拍卖坚持直管专营，文物拍卖部分利润反馈用于文物保护，并确保拍卖中出现的特别珍贵的文物为国家优先购买。在管理上采取由国家文物局审批拍卖公司的文物拍卖资格，审批文物拍卖场次，由文物行政管理部门根据文物经营政策和文物鉴定标准组织对文物拍卖标的进行鉴定许可。1996年，国家文物局专门下发《关于加强文物拍卖标的鉴定管理的通知》，明确规定文物拍卖标的鉴定许可工作由地方（省）文物行政管理部门组织实施，并报国家文物局核准，即实行两级审核制。

1997年《中华人民共和国拍卖法》颁布实行，其第13条专门针对文物拍卖活动，规定：从事文物拍卖，必须“有一千万元人民币以上注册资金，有具有文物拍卖专业知识的人员”。而其第12条讲设立文物拍卖企业的条件时，对一般拍卖企业要求的注册资金仅一百万元，并同时强调拍卖企业除《拍卖法》外，还要遵守其它相关的法律规定，并在涉及拍卖标的的第 8 条中对文物拍卖标的做了补充规定："委托拍卖的文物，在拍卖前，应当经拍卖人所在地的文物行政管理部门依法鉴定许可"，充分表明了对文物拍卖的高度重视，并暗示文物拍卖同样应受文物经营行业管理的有关法规的制约和监督。事实上，文物拍卖作为文物销售的一种形式，也理应遵守国家关于文物经营的政策法规，这一点不应该因作为中介行业管理法规的《拍卖法》的出台而有所改变。这些政策法规的核心思想体现在《中华人民共和国文物保护法》第 24 条及《中华人民共和国文物保护法实施细则》第 32、33、34 条，概括起来是：1. 从事文物经营须经有关的文物行政管理部门批准；2. 被经营的文物须经鉴定许可。

《拍卖法》出台后，许多人误认为"有一千万元人民币以上注册资金，具有文物拍卖专业知识的人员"，即获得了文物拍卖的资格，忽视了从条件到事实必须履行的法律程序，使涉及文物拍卖的拍卖公司一下子从六家上升到百家以上，形成一哄而上、遍地开花的局面。

1998 年国务院机构改革过程中下发的《关于国家文物局行政管理职能配置的通知》中决定，下放审批文物商店权限和取消对文物经营活动的监督指导，在文物拍卖管理操作的理解上也引起了一定的混乱，一些拍卖公司甚至不再将文物拍卖标的报送文物行政管理部门进行鉴定许可。其实，取消对文物经营活动的业务指导，是指经营单位的业务活动不应受到政府部门的行政干预，并不意味着文物经营活动可以不受国家有关政策法规的约束。

总之，目前对文物拍卖的理解和管理是相当混乱的，不仅国务院《关于加强和改善文物工作的通知》中的"未经批准任何单位和个人都不得经营文物……要加强对文物拍卖标的的鉴定和许可审批工作，法律禁止买卖的文物不得作为拍卖标的进入拍卖市场，……重要文物应在一定范围内定向拍卖，国家对公民出售个人所有的传世珍贵文物有优先购买权”等规定完全流于形式，而且文物拍卖高价位的强大诱惑力，拍品中大量存在的超限文物和赝品等，不仅直接损害了广大购买者的利益，也对整个文物市场和文物保护、研究、利用与管理等工作形成了极大的冲击。

三

对文物交易包括文物拍卖有两个方面的问题需要澄清：

其一是普遍存在着非法交易，诸如盗窃和盗掘文物的销赃、超限文物、赝品、走私以及对合法文物的违规经营等。毫无疑问，这些都是应当坚决加以取缔的。需要研究的问题是，相关部门应当怎样密切配合、采取什么措施，才能够将这些现象减少到最低限度。

其二是应当怎样评价合法文物交易的社会功能问题。文物通常划分为不可移动文物和可移动文物，只有部分可移动文物才有合法交易的可能性（当然，非法交易活动也在逐渐将诸如建筑构件等原本不可移动文物转变为事实上的可移动文物）。但是，无论如何，正如联合国教科文组织文化处的克莱门蒂先生所说的，文物保护的一切努力，包括返还被盗和非法进出口文物的国际间合作与努力的最终目的，是“希望在不远的将来，我们对其它文化财产的尊重和欣赏将发展成为对一个事实的尊重：这些文物只有在原先创造它的文化环境中才具有完整的价值”。《国际博物馆协会准则》则要求博物馆及其从业人员承认文物市场和商业行为在最初与往往是破坏性的取走文物之间存在着关系，并强调对非法市场的任何支持都是不道德的。总起来说，文物交易即便是合法的，至多也不过是一种与带有潜在的破坏性的文物的移动联系在一起的财富的再分配，虽然在这种再分配过程中可以促使相关的文物知识和审美情趣的提高与交流，但这种交流只能算是文物作为文化使者的诸多交流形式中比较拙劣的一种，它的本质特征是依靠金钱，把本应是社会大众拥有的人类的公共遗产据为己有。克莱门蒂指出："不管对于非西方艺术规范和标准的文化和艺术形式的承认多么积极，特别是在西方，对异国情调的文化手工艺品的需求，事实上大有使整个社会的文化遗产一扫而空的危险"。历史的经验告诉我们，凡是文物被作为古董看待、被与金钱联系在一起、交易比较昌盛的时代，往往都是一个文物受到大破坏的时代。正是有鉴于此，我国现代考古学的奠基人李济先生在从业之初就与史语所考古组的同仁相约，个人绝不收藏和买卖文物，这一行规经王冶秋和夏鼐等新中国文物考古工作领头人的提倡和坚守，不但在文物考古界代代相传，最近又被写进了《中国文物博物馆工作人员职业道德准则》中。这些发掘了文物、以毕生的心血保护了文物又对文物知识学富五车的老一辈文物考古工作者，为了国家和人民的事业毅然割舍个人的爱好，以实际行动为后人树立了榜样。因此，对于文物的交易应该保持非常谨慎的态度，尽可能避免在文物流来流去的过程中，致使许多宝贵的背景性信息永远的丧失，徒添一些发人深思的历史教训、传世沧桑与文化泡沫。

当然，我国具有悠久的文物收藏的传统，民间已经散存不少传世文物，不可能像印度、埃及等国那样完全禁绝文物市场的存在，保留适当的合法的文物交流不仅是必要的，而且可以对国家保护起到拾遗补缺的作用，提高全社会参与文物保护的意识，拓宽保护资金来源的渠道。逐步开放和规范合法的文物市场，将其严格按照国家有关的法律规定纳入规范化的管理之中，才能够真正发挥文物交流的正面作用，切实保护中国文物的声誉和拍卖行业自身的长远利益，避免由文物的非法交易带来的破坏性作用和拍卖行业内部无序的恶性竞争。

笔者认为，要改变当前文物拍卖中存在的不良现象，以下几点是必须采取的当务之急的对策：

1. 尽快协同有关部门，重新将文物拍卖专业知识人员的考核和拍卖公司文物拍卖资格的审批、检查、监督纳入法制化管理渠道，实行从业人员资格考核和文物拍卖许可证制度，捍卫《文物保护法》的权威性，使文物拍卖公司在数量、空间和分工上逐步形成一个合理的布局，把拍卖资格和公司的表现结合起来。

2. 加强文物拍卖标的的鉴定许可工作，制定更为科学合理的操作规程。

3. 加强对文物拍卖鉴定许可人员的业务培训和管理工作，对文物拍卖标的鉴定许可人员实行持证上岗和年检，防止和杜绝文物拍卖标的鉴定许可中的腐败现象。

4. 逐步对民间流散文物实行登记和过户制度，建立文物流通税（比如对合法继承、出口的课税），以法律和经济双重手段规范和约束合法的文物流通，鼓励捐献和国家优先收购珍贵文物。

文物拍卖是文物经营的龙头，社会影响大，诱导力强，管理好文物拍卖对建立健康规范的文物流通秩序和文物市场以及整个的文物保护和管理工作具有极为重要的示范意义。

原刊《中国文物报·收藏鉴赏周刊》2001年3月18日

民间收藏文物的保护和管理

——谈建立中国民间收藏文物的身份证制度

一、民间收藏文物与收藏活动中存在的问题

民间文物的收藏、经营、保护和管理问题一直是文物工作中的一个热点和难点。一方面是对它应不应该进行管理存在着争议；另一方面是它分布在很多不同的所有者手中，对它的管理很难实施，同时它又是整个文化遗产保护与管理问题的不可分割的组成部分，与目前混乱的文物市场、严峻的文物盗掘、走私等犯罪活动具有密切的联系。因此，要正确认识和发挥文物的价值与作用，真正做到“保护为主，抢救第一，加强管理”，建立“国家保护为主，动员社会广泛参与”的文物保护新体制，解开民间收藏文物管理难题的这团乱麻具有十分关键的作用。

按照现行政策法律的规定，民间收藏文物只能是传世文物。在传世文物的保护管理和研究中，流传有绪是一个十分必要的要求。所谓流传有绪，就是要求一件文物的传承过程是可信的，没有这一点，那么建立在该文物之上的所有信息，以及围绕该文物所进行的一切研究、利用、保护等就丧失了

其应有的基础。

信息化时代对信息的可信度和特性等提出了更高、更快捷的要求。在过去，流传有绪主要靠的是诚信、靠的是历史文献中一鳞半爪的记载，然后依靠所谓的文物鉴定的比照，大致就可以判定一件文物是否流传有绪。但是在文物学术以外的价值越来越凸现，与文物接触的除了专家学者研究人员以外，它越来越走向大众和社会，甚至走向市场的今天，这样的办法显然是不够的。特别是在文物经营活动产生以后，许多不法的商人试图作假、制赝，把文物信息的水搅混、兑稀，高仿文物已经使得国家级的鉴定专家也屡屡上当，因此，保证文物的流传有绪必须依靠科学的管理和法制的保障。

而在我国，目前对民间收藏文物除了在经营上有粗糙的规定外，整个管理和利用工作基本上还是一个空白。对介于博物馆藏品和私人收藏文物间的文物商店收存文物，管理工作也是既不完善，政策与实际执行上又多有矛盾之处。因此，民间收藏文物实际上是文物保护和管理中的一个盲区，特别是目前文物市场比较热，不同的意见很多，多头管理的情况时有发生，总体来说处于比较混乱的状态。其结果是文物流通秩序混乱，制假造赝、非法交易和走私严重，同时刺激文物盗窃、盗掘等恶性犯罪活动猖獗。

这些对整个文物保护和管理体系包括不可移动文物和馆藏文物等都造成了极大的冲击。我国人民素有收藏古玩（文物）的传统，我国政府也历来提倡藏富于民，寓教于藏，因此对正当的民间收藏活动应予提倡、鼓励。问题是应该正视这样一个以非法文物和以欺骗为目的的伪假文物为主的市场，对文物保护的负面作用和败坏社会风气的负面影响。

特别需要一提的伪假文物的问题。各行各业对于打假已经形成共识，唯独假文物没有引起足够的重视。其实假文物不但同样侵害了购买者的利益，败坏了真文物的价值，更对文物管理工作混淆视听，为文物的非法交易提供了一层技术和观念上的保护伞，与挖坟掘墓等恶性文物破坏活动密切联系在一起。

对民间收藏活动这种行为加以必要的规范，使民间收藏真正成为于国于民都有利的一种文化活动。应当采取措施，真正使民间收藏文物能够做到流传有绪。我个人认为，开展文物登记工作，为民间收藏文物建立身份证制度，使文物市场上合法文物与非法文物泾渭分明；以身份证为基础，对民间收藏文物的流通、转让、过户等作出明确的规定，并抓标治本，才能够使文物收藏和经营活动被纳入到法制化轨道上，使民间收藏文物真正做到流传有绪，从而更好地发挥民间收藏活动的作用，遏制由非法交易和走私对文物造成的空前破坏。

二、文物的身份证制度

信息时代的流传有绪不是嘴说的，也不是一鳞半爪的记录和附会就可以的，而应当是系统的，可以被有效共享和传递的。

民间收藏文物作为文物，它既是收藏者的财产，也没有丧失文物携带价值的民族性、公共性和社会性，因此不是普通财产和一般商品，政府必须有明确的方针政策和管理引导措施，不能放任自流，更不能让其对国家所有的那部分文物造成冲击和破坏。

当前文物流通领域的混乱，主要在于一个不大的文物市场的后边存在着一个十分庞大的影子市场，利用文物的特殊性，进行着大量的非法交易，充斥着大量的销赃文物和走私货源。要改变这种状况，规范整顿治理文物的流通秩序，同时也要规范民间收藏活动，从民间收藏文物的登记着手，建立完善的民间收藏文物登记和身份证制度，双管齐下，正本清源。

对此实行民间收藏文物的登记制度，许多人心怀疑虑，认为登记会侵犯公民私人财产权利。其实，联合国教科文组织 1970 年公约已经明确要求，参加公约的国家，应该建立公私文物的清单；国际博物馆协会职业道德准则和古董商的有关组织要求，不得收藏和经营来历不明的文物，并要求古董商对经营的文物要保持清楚的记录，以备发生文物失窃时便于追查。

这样的清单只能通过登记才能建立起来。登记工作应是政府职能部门面向文物的所有者和持有者的一种契约关系。通过文物登记，国家获得了与文物相关的资料信息和追踪管理文物流通使用情况的手段，文物所有者的所有权获得了认可和保护。由于文物的特殊性，与文物有关的资料和档案工作具有十分重要的价值，是做好文物的管理、利用包括正当的文物流通工作的必不可少的基础。因此，对民间收藏文物进行登记，既是国家掌握民间收藏文物情况、进行追踪保护、科学管理、有效发挥民间收藏文物作用的基础工作和重要手段，又是保护公民合法拥有或持有文物财产的有力措施。因此民间收藏文物的登记既是一种财产权的登记，也是一种作为政府职能部门管理手段措施的行政登记。

实行流通中的可移动文物的登记和要求文物经营者对文物交易留下明确的记录以备核查，是联合国教科文组织与可移动文物保护有关的国际公约所倡导的基本精神，因为就国际社会的理解，登记和完整规范的资料及其有效的传播，是文物丢失后得以返还原主的基本条件。为此，美国盖蒂研究所动员各界力量，主持设计了一套涵盖可移动文物各项核心信息及其标准的身份证制度，并获得了包括古玩界在内的较为广泛的认可。

我们开展民间收藏文物的登记，应该考虑到我国的具体国情、国民素质和文物工作管理体制等，可以进行适当的变通，但关键是首先消除一些传统的观念上的误区：

1．登记工作不是可有可无的，而是一项必需的基础性的工作。

2．登记不会对公民正当的私人财产权和隐私权有所不利，登记采取自愿的原则、免费的原则，国家对已登记的民间收藏文物给予法律上的优越地位，对其保护技术和保护经费提供诸多的优惠条件，以切实的措施鼓励登记，使被登记的文物具有较高的法律地位，使登记工作具有一定的吸引力。同时对登记资料的管理和使用作出必要的规定，为公民保密。相信通过宣传，登记应有一定的社会基础并逐步会受到公民的欢迎与支持。

3．登记可以与经营活动的管理结合起来，比如规定未经登记的文物不得展览、转让、出卖、继承，把文物登记与文物管理、文物流通结合起来。登记采取自愿的原则，只要收藏的文物不流通不转让，可以不予登记。

4．对登记采取规范化的程序和保密措施。

5．与迅速发展的计算机信息技术等结合起来，使得登记管理工作和信息的共享传播具有一个较高的起点。

三、具体的设想

登记首先应该有一个程序：

1．收藏者填报《民间收藏文物登记申请书》；

2．登记部门受理申请；

3．对文物进行鉴定；

4．对于符合登记条件的进行登记，并颁发《中华人民共和国私人收藏文物登记卡》即所谓的身份证；不符合登记条件的，书面通知收藏者；

5. 定期向上级文物行政管理部门汇集文物登记资料信息。

其次，登记的内容包括：

1．文物名称、质地、时代、完残状况及来源；

2．收藏者姓名、身份证号码、工作单位、家庭住址等；

3．文物现存处所；

4．文物等级；

5．文物照片；

6．其他信息。

登记以后发给登记证，相当于被登记的合法的民间收藏文物具有了一个身份证。登记证最好采用名片大小，内容包含被登记文物的一般必需信息，并设有转让记录。这个身份证应该随着文物一起流动。这样做有两个主要的目的和好处：

1．对文物所有者或持有者来说，使其文物的展览、转让、出卖、继承等利用获得了合法的凭证；

2．对管理者来说，可以避免工作的重复性，提高工作效率。《文物保护法》规定，文物的流通无论是买卖、出境，都要进行鉴定许可。文物登记工作同样需要鉴定，鉴定、登记之后，如未发现错误，不做重复鉴定，发现错误，可以予以更正，重新登记。文物流通的检查、管理等工作主要变成对物与证的核实，既多了一重把关，也使得执法人员、管理人员和专业人员各司其职，最佳配合，使管理工作科学化、规范化。

对于可能存在在文物流通中利用登记证进行的欺诈现象，主要应靠加强管理、建立良好的市场规范、流通秩序和行业自律来解决，通过登记工作，为加强防范提供了一层科学的手段。登记证上要附有文物照片；登记证不能视为文物的真伪凭证，为登记而进行的鉴定工作应与拍卖标的鉴定许可一样，是一种对国家和文物持有者负责的政策咨询性鉴定，而非商业中介性鉴定。登记证本身的内容不涉及文物的真伪和价值，不对文物的科学、艺术、经济价值作任何评论，只是该物品被作为文物登记、监管和正确的保护、利用方式的凭证。

登记证随文物流通，可以大大减少以登记证进行欺诈的可能性。对登记证的制作和相关内容进行防伪处理，将会进一步减少利用登记证欺诈的可能性。对被登记文物采取全国统一编号体系，对登记资料实行逐级归集和有限开放制度。通过登记，在中央产生一个民间收藏文物管理数据库系统，建立专门的网站，为管理和决策部门提供服务；在这个数据库的基础上，首先结合国情，开通一个具有普遍操作性的电话声讯查询系统，然后采用国际标准，适当时候开通电脑网络查询系统，赋予管理部门、执法司法部门和公众包括外国人不同开放层次的信息查询权限，加强文物流通的全民监督和全社会管理，并派生一个面向商业与公众的丢失文物挂失数据库，实现网上挂失和登记资料的跨地区或国际间享用。

四、余论

总之，我们希望通过文物登记和身份证制度的逐步推行，管理部门能够对全国民间的流通文物的情况有一个大致了解和掌握，在国内使相关部门和人士都了解非传世文物不得流通，传世文物没有“身份证”（登记证）的流通也是不合法的；在国际上要使相关人士了解到购买和收藏没有“身份证”的中国文物是不合法或不道德的，有被追索的危险，使合法传世文物的合法流通权力得到充分的保障，非法文物的非法交易被全方位地置于法律的威严之下，从而为古遗址、古墓葬和馆藏文物的保护及打击文物走私、参与国际性的文物保护提供一个良好的环境。

文物流通中的泥沙俱下，最终结果必将是文物及与文物有关的工作的贬值。前不久，据《参考消息》报道，由于中国辽宁地区屡屡发生的孔子鸟化石制假事件，一名中国著名的科学家向海外一权威学术刊物投了一篇研究新发现化石的稿件，该刊物反过来要求中国学者提供文中所用化石不是赝品的证明。这实在是一出学术的悲剧。

近来，有一种观点：文物流通的速度越快，与文物有关的信息和知识的增长也就越快。这是一句值得认真分析的话，关键是增长的都是什么信息和知识。如果是一些赝品的知识、虚假的信息，这样的增长最好是没有。

人们历来强调文物必须流传有绪，是因为文物很少有实用的价值，文物不同于其它物品之处主要在于，让文物发挥作用，主要就是让文物的信息发挥作用，对于可移动的传世文物就更是这样。文物的价值只在于文物法规定的历史、科学、艺术价值，在于它是价值和信息的载体。文物本体的历史作用已经过去，唯一的实际利用或许就是以参观鉴赏为媒介的共享，而参观鉴赏本身也是以提取信息为目的的。如果文物是假的，结果可想而知。所以，文物的造假是一种比一般的造假更可恶的行为，这种假东西不具有任何实用的价值，它是一种信息欺骗，伪造历史，亵渎感情。

文物的三大价值是抽象的概括，落实到具体的文物就各不相同。

考古学发掘文物，研究文物，在考古学中，一件文物相关的背景信息越多，这件文物的科学价值就越大。考古学发掘中，如果一件文物的地层单位乱了，它就不能作为标型器、典型器，即便大家心知肚明，它绝对是真的，它属于某个特定的时期，它就是出土于这个遗址这个地点，它甚至比其它的同类器物更漂亮、更完美，但是发掘中的疏忽和模糊的背景使它所携带的信息已经大打折扣。现在的考古学中产生了一个新的流派，提倡 context 考古学，就是希望围绕一件文物，考古学家能够拥有更多的背景性信息；解释一件文物，能够调动更多的背景性信息。

因此，孤零零的一件文物，即使它绝对不是造假的产物，但如果它只是一件仅能进行直接观察和研究却没有相关的背景信息，那么它至多只有工艺的价值，只能提供给人们材质和制作技术等等有限的信息。文物其他的价值都是间接的，都在文物之外，都在完整的背景信息和流传有绪之中，是不能直接观察到的。

随着学术的发展，社会的进步，人们认识水平的提高，传世文物与考古出土文物的界限正在越来越模糊，它们只是出土的背景、出土的方式不同，甚至没有经过文物传统的被埋藏、发掘过程就流传下来了，但是，它们作为文化的见证，信息的载体，它们对自己的背景信息是同样渴求的，它们所携带的历史、科学与艺术价值是动态发展的，未来的人们对背景信息的要求会越来越具体，而它们的流传本身也将成为其信息增值和后来者理解文化的信息客体。

本文为1998年初稿，曾提交2001年12月4–6日中国社会科学院在京举行的“改进自然与文化遗产的管理”国际会议；其中文物的身份证制度部分曾以《文物登记制度与文物的流通与保护》为题载于北京燕山出版社2001年出版的《古玩·文物·遗产：为了未来，保护过去》一书。

文物复仿制问题漫议

日前，上海派得策划设计事务所策划、四川省博物馆总监制、四川三星堆博物馆发行的广汉三星堆纵目金面神人头像的仿制品——“帝皇护卫神”，在北京约请专家进行鉴评。

这应是围绕文物复仿制品而进行的一次商业活动。就这件“帝皇护卫神”来说，是仿制而非复制，因为它只有原大的95%，原重的1/6；金面虽然仍是贴片，但从视觉上更有镀金的效果，眉目口唇似乎也作了些微的改变。

文物复仿制品严格地说仍然是一种没有实用功能的艺术品或纪念品，它之所以围绕文物而作，一是希望借助文物固有的设计、文化艺术品味和经由历史积淀与传承下来的名声；其二，如果能够合理地加以开发利用，也对文物、历史知识的普及、文物保护意识的培养有很好的帮助作用。一件这样的东西，虽然不是原物，但能够克服原物所受的局限，时时展玩于爱好者的案头，直面于人，不但可以勾出关于其制作、收藏、流传等事件的回味，更激起对历史文化把玩、探索、思索的愿望。因此，用此种方式进行收藏，如果淘洗去收藏中的种种邪念，还是值得进行的，因为真文物毕竟不多，尤其是那些非常特殊的文物，往往举世仅此一件两件，以复制、仿制品的方式任人面对，抚物追远，确不失为一种很好的文化消遣。

1999 年 10 月我到秘鲁参加“防止文物走私国际研讨会”时，东道主送了每位与会代表一件纪念品，就是拿古代印加帝国的三件文物瑰宝组合开发的。由于不懂西班牙文，也不太了解秘鲁考古的详情，当时没有读懂礼物所附说明并真正领会礼物的全部意义。回来后批阅书籍，才知道这是一件以印加祭坛作面板、两件典型的祭祀用品作镶嵌的对古代印加祭祀文化的重新表述。现在我把它挂在墙上，时时品味印加文化的意味，追问历史的脚步，这件东西成了一座很好的桥梁，目光移动之间，已将思绪飞度到遥远的异域古时。所以围绕文物所做的艺术品衍生性开发，中外古今皆有之，只是做法与效果因人因地而异，比如，美国大都会博物馆的纪念品收入据说每年上亿美元，比我们全国加起来还要多；比如四川的一些博物馆纪念品部卖河南洛阳的三彩陶俑，却没有自己的特色品种，纪念性也就荡然无存；比如陕西的兵马俑仿制品，贩夫走卒人人喊卖，价钱惨到一两块钱一个，大约也就是泥土和烧制的成本而已；还有一些以假充真，以次充好，坑蒙拐骗，使依据文物开发的纪念品声名狼藉。因此，文物复仿制品中的一些利弊确是需要深深思考的：

其一是，复仿制品必须定位明确，不能以乱真为目的，这会使真文物贬值，使很多人上当受骗，在造假文物的同时，也造了许多假信息。另外，现在便误假作真，没有真文物时，说不定会去偷去抢，使文物遭劫，历史蒙尘。因此，对文物复仿制品制作、销售一定要有适当的引导、规范和管理措施，不能放任自流。

其二，文物毕竟是一门专门的学问，大多数人的兴趣浅显，文物的复仿制品必须具有良好的造型特征，一下子抓住人心。好的形象就像一块磁石，一下子就能将人的目光吸引过来并固定住，在吃惊震惊之余，思绪沿着时空的古道跃然而上。派得的韩煜先生就是在四川省博物馆举办其个人书法展览时，看到了这件金面人头像，因震惊而深入，因喜欢而萌发仿制发行、让更多的人分享——做成一件文化事业的愿望。

其三，对复仿制品，特别是对于类似金面青铜人像这样的大件文物复仿制品，必须给人一套好的具有文化内涵的解说。目光定下以后，其形象虽是出自固定的时空中的，它所携带的文化理念却可以一传十，十传百，广为传颂，引起更多、更广、更深入的兴趣。像金面人头像的研究虽有诸多的争论，定名也未取得一致，但是“帝王护卫神”一名虽可迎合一时的富贵心态，却实在是俗而无味，几千年积淀传承下来的神秘文化意味，在这一迎合中灰飞烟灭。

其四，制作一定要精良。文化产品和艺术品，以摆放为目的，当市场正常以后，鲜有再拿出去骗一次、捞一把的打算，必须经得起目光的反复审视，价钱可能因此会高，但其所包含的纪念性，往往只是一生一次，再说现代社会的个人生活空间有限，差的东西很难经得起反复淘洗。在艺术与收藏方面，时间是最权威的考试官。

当然，这一切都解决了，作为商业运作是否肯定成功，仍然有太多的因素可以制约，但无论如何，文物复仿制品，文化性因素仍然是首位的，是需要文物界内、界外人士反复权衡的。

原刊《中国文物报》2001 年 4 月 15 日

关于文化遗产的价值与定价问题

随着市场经济的逐步发育，特别是由于旅游业的迅猛发展，人们对跨文化体验的追求使得文化遗产成为一种可以用于发展旅游的资源，同时也由于文物市场的复活，文物交易的盛行，谈论文化遗产的市场定价就成为一个热门的话题。可移动文物即市场上的古玩、古董往往以其成交价格代表其定价，而不可移动文物——特别是那些被旅游公司承包经营的文化遗产，往往以开发权和收费权转让以及门票收入作为衡量其定价的基础，甚至出现将这样的转让权利和门票收入作为经营收入与公司持续赢利和谋求上市的依据。

文化遗产被当作商品一样处理和消费成为市场经济条件下一种值得关注的新倾向。在一次国际性会议上，国家旅游局的一位官员发表了如下的意见：遗产是特殊的资源，在市场经济条件下，遗产的价值能够通过供求关系大致地反映出来。他进一步解释说，资源只是遗产地的一个基础因素，不是完整的产品形态，不可能直接进入市场，只有经过经营开发才能实现它的价值。开发遗产所涉及的要素包括资源、资金、技术、管理、人才等诸多方面，这些要素的投入可以实现遗产价值的增值。这代表了我国经济体制转型时期一种具有普遍性的观点[1]。

文博考古界最近也围绕诸如博物馆和文物景点的门票问题——该不该售票以及如何定价展开了一次大讨论。比较普遍的看法是，门票是一种适当的控制参观人数、限制闲杂人员进入和对文化遗产保护这种公益性事业的经费补充和管理手段，这类地点的理想前景应该是逐渐过渡到免费开放和依法管理[2]。

文化遗产主要包括有形的文物和无形的但可以通过口传心授、参与感受等方式传承的工艺、民俗等，它们是过去的人产生、使用、经过历史汰洗留存到现在并且应该被传诸未来的一种共同财产。这种具有公共物品性质的公共资源，不同于一般的物品或商品：它们是独一无二的历史文化载体和人类历史发展的见证，它具有时代性、不可再生性和不可替代性，具有符号和象征的作用，与人类的文化感情、群体认同具有密切的联系。

人们对文化遗产价值的认识是随着社会进步而不断发展和深入的。《中华人民共和国文物保护法》强调文化遗产的三大价值，即历史、科学与艺术价值，其实，对文化遗产价值

1 张吉林发言，见曹兵武：《旅游开发所有权经营权和保护管理：经济学视野中的遗产资源问题——“改进中国自然文化遗产管理”国际会议参会笔记》，《中国文物报》2001年12月21日。

2 李晓东：《论文物业与产业的关系》，载《文化遗产的保护与经营——中国时间与理论进展》（徐嵩龄等编），社会科学文献出版社，2003年；王景露、石青：《文物古迹门票涨价透析》，《中国文物报》2003年3月26日。

进行评估是一套完整的科学操作系统和历史发展过程。

构成文化遗产价值的主要概念包括：

1．历史价值：该文化遗产作为过去的某一重要事件、重要的发展阶段和重要人物密切相关的线索与物证，能够告诉我们人类历史——一个群体的文化史或一个地区的发展史的相关方面。

2．审美／艺术价值：可以描述为某一文化遗产的设计构造、建筑情调带给人们精神上或情绪上的感染，或者是它所展示的特殊的设计、风格、艺术上的进步和高水准的技艺。

3．科学研究价值：文化遗产能够给人类提供重要的、有价值的知识和信息。

4．社会价值：文化遗产在多大程度上或以什么方式向多数或少数群体宣泄精神的、政治的、民族的或其它的文化情绪，标志一个群体的精神认同，同时体现了人类历史与文化的多样性。

由于任何一个具体的文化遗产的价值都是多方面的，对其认识是具有科学性和体验性，并是一个不断展开的历史性过程，在不同的社会历史背景下，不同社会群体和不同的人往往只关心或看到其价值的不同侧面。因此，在当前的文化遗产价值认识上应克服上述的局限性和狭隘性，并在文化遗产价值评估中予以充分的体现，以便决策管理者以及文化遗产的保护、利用与管理能够照顾到文化遗产的整体价值[1]。

对文化遗产的价值进行全面评估一般被认为是少数专家

1 曹兵武：《论文化遗产旅游的遗产保护问题》，载《文化遗产的保护与经营——中国时间与理论进展》（徐嵩龄等编），社会科学文献出版社，2003年。

学者的事情。但是，必须清楚地认识到专家学者的知识局限性，特别是他们在做出价值评估时天然具有的人类学所界定的价值观察的客位视角（即外视角，相对于土著或者直接相关者的主位视角或者内视角而言）。因此，在建立文化遗产价值评估系统时应具有充分的开放性，提倡跨文化、多视角的交叉对话。同时也必须通过大众媒体的参与，通过沟通、宣传和普及活动，让这些价值为所有的相关者讨论、认同和分享。此外，文化遗产具有非人工再造性和破坏后的不可逆性，科技的进步无法提高它们的质量。文化遗产的价值会随着社会发展、人们认识水平的提高而有一个不断丰富的呈现过程。它是动态的、发展的和不断积累的。未来的人们会有更多更好的办法了解到关于同一个文化遗产的更多信息和价值。因此，遗产的价值应该是跨代的；遗产应对一代一代人发挥永续的作用。这也是为什么当前关于文化遗产的工作方针是“保护为主，抢救第一，合理利用，加强管理”、是应当把文化遗产尽可能完整地传诸子孙后代的原因。

许多国家的发展经验证明，文化遗产可以作为一种旅游资源和文化创新的资源对社会发展起到积极的推动作用，让大众参观欣赏文化遗产是其发挥作用、实现价值增值和传承的重要途径。但是，应该清楚地认识到，对文化遗产的参观等社会需求有特殊性：当生活比较贫困时，人们对遗产几乎没有审美需要，而当收入达到一定水准时，这种需求就会突然加大[1]。

1 史鹤龄发言，见曹兵武：《旅游开发所有权经营权和保护管理:经济学视野中的遗产资源问题——“改进中国自然文化遗产管理”国际会议参会笔记》，《中国文物报》2001年12月21日。

所以，不能错误地认为凡是资源都应当立即予以开发，以图获取其中蕴含的经济利益。对文化遗产这样的特殊资源更不能如此。文化遗产作为一种特殊的资源，不能生产，只能消费，并且公共性很强，对其消费有一个代际公平问题，更不应该在文化遗产的消费过程中像一般财产那样将文化遗产消费掉，而应当提倡可持续消费，为未来人留下继续消费——通过文化遗产的消费体验接通历史的机会——这是人类历史连续性得以保障和文化不断创新、社会不断进步的前提之一。经济学被认为是研究资源配置效率的科学，市场经济被认为是资源配置的最有效的方式，人们认为通过供求双方的公平博弈，所有的商品都可以在市场上获得自己应有的价值定位。但是希望依靠市场机制对文化遗产的保护、利用与管理、经营进行配置，是不符合文化遗产这种特殊资源的品性的，因为没有任何市场机制可以让未来世代的人口与现在世代的人口进行“讨价还价”的交换并决定一个合理的市场价格来配置这些原本属于“代际人口”的文化遗产资源。

经济学家汪丁丁先生认为，在经济高速发展的时期，往往也是文化遗产的处境比较尴尬和危险的时期。因为，如果假设其它方面（休养、知识、道德、家庭负担……）都一样，那么体验着经济高速增长的人总会比没有体验着高速增长的人更加“目光短浅”（行为短期化），要求的时间贴现率更高[1]。即便不是经济高速增长的时期，由于未来人的市场缺席，他们的利益也总是倾向于被忽视，因此，无论从什

1 汪丁丁：《发展中经济的文化遗产定价问题》，见《记住“未来”：经济学家的知识社会学》，社会科学文献出版社，2001 年 7 月。

么角度说，用市场手段配置文化遗产的开发与消费是不可行的——因为在所有的市场上，文化遗产的价值和市场定价总是容易倾向于被低估和轻视。

所以，在目前处于过渡阶段的市场经济条件下，我们在文化遗产定价问题上面临着更大的尴尬：一方面是文化遗产的价值在整体上被低估，另一方面是文物贩子们恶意炒作，利用人们对文物和文化遗产价值的无知或者所知甚少——即经济学所说的信息不对称性，哄抬某些具有市场需求的遗产的价格，那些经营文化遗产开发的企业热衷于对具有一定的门票价值的文化遗产进行竭泽而渔的开发和改造，垄断性地抬高本来属于社会和公众的遗产的门票价格以收回所谓的经营开发成本并牟取暴利，公众、当地人和未来人作为弱势群体的利益被一再忽视。同时，在城市规划设计中为获取规模性的“集结经济效益”，政府和开发商往往会忽视这里成百上千年积累起来的文化遗产价值，大规模开发老城区，破坏城市的历史面貌，以未经验证、弊病丛生的“现代化”、新面貌博取所谓的政绩和眼前利益，为长远持续发展带来严重的负面效应。无论是哪一种情况，当前我国在处理文化遗产的态度上都比较符合经济学上著名的“科斯定理”视角下等价于“河流污染”、“工业噪音”或“不可再生性资源的开采”这类具有外部效果的经济学问题，也即哈丁所称的“公共资源灾难”[1]。因为有这种外部性，文化遗产背离了它的公共性和它应该具有的真正价值。

1 Garrett Hardin, “The Tragedy of the Commons”, Science 162(1968): 1243–1248.

保护和传承文化遗产的手段是极其多样的，比如：制定合理的社会发展与文化遗产保护利用规划；强制性立法；加强日常照料、养护、维修；实施保护工程；提高管理水平；培养社会性保护意识以及作为文化核心的文化遗产保护价值观与道德观，等等。其实对于大多数遗产特别是不可移动类文化遗产的保护，需要支付的机会成本仅仅是放弃文化遗产所占土地开发带来的局部性眼前利益——不必投入什么人力物力——只要不为了眼前的蝇头小利去触动它，改变它存在的环境，它的经济价值以外的其它价值就会存在和延续。

当然，当市场原则已经成为一种具有普遍性的社会准则和运行机制，在提倡发展市场经济的条件下，文化遗产的价值判断和定价乃至管理与运作的某些方面无法、也不必回避市场这只看不见的调节之手，但是，需要明确的是市场的力量在很多方面又是十分有限的，市场不能亵渎作为社会发展与人类持续生存之灵魂的文化与文化遗产。我们必须从道德、观念、文化、规划、法律与市场等多重角度来设计全社会和未来人的文化遗产权利和利益分享机制，建立多元化、开放式、前瞻性的文化遗产价值与定价讨价还价的对话平台[1]，特别是应该尽快按照党中央、国务院的要求建立与完善文化遗产保护与管理方面国家保护为主、动员全社会广泛参与的新的运行体制，探索综合性保护、利用和传承的新的可行做法。

原刊《中国文物报》2003 年 4 月 16 日

1 汪丁丁：《发展中经济的文化遗产定价问题》，见《记住“未来”：经济学家的知识社会学》，社会科学文献出版社，2001 年 7 月。

漫谈中国文物的市场价格

1996年6月21日凌晨，沈阳故宫门前的国家重点文物保护单位——“下马碑”被一辆违章行驶的“奔驰”撞成三截。沈阳故宫博物院向肇事司机所在单位和车主索赔人民币2700万元。

2000年开始，圆明园遗物中铜猴首、虎首、牛首的回归，《研山铭》、《出师颂》等国宝级书画遗珍从拍卖行被拍回，这一切都推动了海外文物的回流。

2000年4月30日，中国保利集团公司以总共1590多万港元买下在香港拍卖的英法联军在北京圆明园掠夺的两件文物——御制猴首和牛首铜像。

2002年春季，中国内地推出的宋徽宗赵佶《写生珍禽图》，以2530万元人民币（约合306万美元）成交，打破1996年张先《十咏图》纪录。

2002年嘉德拍卖行春季拍卖的2000件拍品中，50%来自海外，其中绝大多数被国内买家购进。

2002年秋，中国内地推出的米芾《研山铭》以3298.9

万元人民币（约合 402 万美元）成交。

2003 年 4 月，上海博物馆以 450 万美元价格向美国人安思远（R.H.Ellsworth）购回其收藏的《淳化阁帖》。

2003 年 7 月 10 日，故宫以高达 2200 万元的“天价”收购了由嘉德国际拍卖有限公司拍卖的晋代书法名家索靖的《出师颂》。

中国文物在中国国内的价格已经高于国际市场的行情，有人欢呼国富民强，文物市场回流。如果事情真是这样，真是值得庆幸。

最近，上海博物馆购买美国人安思远先生收藏的《淳化阁帖》最善本一事被炒得沸沸扬扬。很多人为中国有单位有钱去从国外购回这样宝贵的文物叫好，但也有人感觉文物的价钱的确是太高了——450 万美金，对于谁都不是一个小数目，尤其是处于发展中的中国。

涉及的问题有两个方面：一个是价钱到底贵不贵？一个是这样的文物到底值不值得买，特别是拿国家的钱来买？

给文物一个市场定价历来是一件不太容易的事情。因为文物不像一般的商品，可以计算成本并加上一个由供求关系决定的适当的利润，从而设定一个买卖双方都可以接受的价格，即使有时候因为被买卖文物的稀缺，卖方卖了一个大价钱，赚了一笔，大家也都会心中有数的。文物之所以成为文物，是因为它已经终止了其原来的使用价值，或者它原本就没有实际的使用价值，它已经近乎纯粹是一种文化的符号，经过时间的汰洗，人文的积累，文物被人们消费的是通常所说的其历史、科学、艺术三大价值，今天又要与经济价值还有民族情感、国家尊严联系在一起，那么它的价格按照市场的办法还真是难以遽定。

现在假文物盛行。有一位名人喜欢收藏但又不是那么懂行，曾经听他交流买卖文物时的心得时讲——砍价时必须照着一件东西的成本砍，它的原料、它的工艺等等，看卖家肯不肯让到这个数。对假古董，这样的办法合适，但对真文物则有点那个，我敢肯定这位名人所能买到的都只能是复、仿制品，甚至连好的工艺品都够不上。

但是文物的买卖又有一个客观的市场，那么怎么办？拍卖可能是一种比较理想的对文物进行定价的方式。因为大家都说文物价值连城，文物是无价之宝，那么对于都希望得到某件文物的买主，只能让在出价上能把其他人比下去的人暂时拥有这个应该跨越时空被无数的人欣赏的无价之宝吧。

但是不管文物可以卖到多高的价钱，那出卖文物的一方总是显得有些像破落户——他出卖了文物，同时也就是割让了文物中的历史科学艺术价值还有现在大家通常都极其看重的民族情感与国家尊严。但是偏偏有一些希望通过倒腾文物赚钱的主，而且在这个需要高度知识和智慧的行业中，还颇有一些倒腾的艺术从而有一些倒腾的大家。所以有人提出从文物保护的角度，文物最好是原地保留保存保护，这基本上已经成为文物保护的国际性原则。

但是毕竟有一些文物由于历史或者现实的原因已经被倒腾出去了。而且目前中国挖坟掘墓、文物走私的严重情况空前绝后，那么，这就有一个要不要追回以及怎样追回这些流浪在境外的中国文物的问题。不仅对中国，在全世界这个问题也一直是国际社会的一个大热门，迄今为止，文物的非法走私仍然是和武器、毒品相并列的世界第三大非法交易物品，并且同样带有浓厚的道德伦理因素。不发达国家的文物向发达国家的流失、早期殖民地时代从被占领地区掠夺的文物等都属于讨论的范围。最近欧美 19 家博物馆的馆长联名就自己早期通过各种途径收藏的非西方世界的文化遗产的态度所发表的一个联合宣言在国际社会引起轩然大波，而欧美内部二战期间一些博物馆丢失或者增加的缺乏档案记录的文物也是一个争论很大的问题。在这样的背景下，重金购回《淳化阁帖》引起如此大的反响当然不足为奇。

追索走私文物，已经有两部国际公约（联合国教科文组织 1970 年公约和国际统一私法协会关于返还被盗走私文物的公约）和相关国家的一系列配套实施法律及双边协议；收购流散文物，也有国家花钱的先例，但是具体到某一件流失文物到底应该采取什么样的行动？如果是购买，出多大的价钱？确实是应该三思而后行。这不完全是因为我们还是一个很穷的国家，还有那么多的农民吃不饱饭，文物保护中还有那么多抢救救命治病的事情需要花钱，而且是因为这些东西毕竟是通过各种让人意难平的途径出去的，今天却要让我们拿钱买回来。

中国的文物在中国市场的价格比国外还高，这能叫正常吗？

2003 年 10 月 26 初稿，原刊《中国文物报》2004 年 2 月 25 日

全面理性看待北京世界遗产门票提价

在外地的大多数旅游景区与遗产地门票不断攀升、一些旅游公司甚至试图将景区与遗产地门票作为公司资产上市融资遭到一片批评之声，政府有关部门反复要求文博单位对未成年人等弱势群体免费开放时，北京六大世界遗产地（故宫、天坛、颐和园、八达岭长城、定陵、长陵）申请门票提价，2004 年 11 月 30 日，北京市发改委就门票价格调整举行了各界期盼已久的听证会，传出的结果是涨，而且提价幅度很大，有的翻了一番，有的甚至接近原来价格的三倍，引发了不少议论。

这次北京遗产地的提价过程出现了许多耐人寻味的新情况：一是这是文博单位自己主动提出提价申请，以前被旅游部门攫入囊中的遗产资源地的门票价格一涨再涨，而文物部门和文博单位却一直坚持公益性的定位，甚至不断推出各种免票措施吸引社会关注，从而使这次提价显然有些逆势而上的味道；二是首次举行了关于遗产门票价格的听证会，将遗产地门票定价提交社会和公众决断；三是公众态度令人困惑：

出席听证会的北京代表几乎众口一词地赞成涨价，媒体报道之后的众多读者特别是网民则对此提出强烈质疑，出现了“一边倒”的反对之声，而因此有“北京人听证、外地人买单”之说法；四是媒体推波助澜，提价与听证的社会影响和讨论不断延伸。

应该说这次北京遗产地门票调价与以往北京关于水电等提价听证具有完全不同的性质，参加听证的 21 名北京市民代表也空前一致地投了赞成票。但是理性地分析反对的态度和相关的议论同样具有相当的启发性。作为一个非申请提价单位的普通的文博工作者，我觉得首先应该为这次提价和为提价举行这样的听证会投上赞成的一票，为世界遗产的价值得到广泛的认同和讨论而鼓掌，但是我们更应该仔细思量与提价有关的一些深层次的问题。

最重要的是我们应该认真反思提价的理由是不是完全站得住脚。北京遗产地与旅游景区门票价格与国内其它地方相比偏低是不争的事实，例如甘肃敦煌莫高窟票价是 100 元，山西平遥古城是 120 元，江西庐山是 120 元，而北京最贵的故宫门票提价前只有 60 元。从绝对价格来说，比国外遗产地的门票价格更低（前多年我们很多遗产地和博物馆因为外宾的收入比较高而普遍实行票价的双轨制，后来为了改革开放的形象也已经逐步取消）。但是我们同时也应该明白，遗产地门票价格永远只能是相对的价格，这种价格和遗产价值并没有必然的联系，而只能与社会发展水平、与需求水平进行比较，看我们打算让什么样的人成为遗产地的游客。对于世界遗产这样的无价之宝，不能只算门票的经济帐，已经有专家和相关部门比较全面地阐述过门票的作用，除了被视为经营单位的一种收入之外，它还起到游客调节和管理作用，提升公共场所的环境和游客——无论以何种方式获准进入——的舒适程度，并弥补维修保护等事业经费之不足。在媒体的宣传中，有人立即将提价与北京地区整体的旅游形象联系在一起，甚至有消息说最近上海的入境旅游人数首次超过北京，提价已经严重地影响了北京地区整体的旅游形象。这更让文博单位受了冤枉。谁都明白，作为旅游城市的北京，代表明清中国文明最高成就的皇家遗产和其它文明古迹是最大一笔旅游资源，这些地方人满为患也是有目共睹的事实，许多地方都有限制观众的数量进行保护的要求。以故宫的最佳接待人数每天 3 万人计算，全中国的人一生分配不足一次机会，考虑到国外游客，参观故宫的机会更是一种稀缺的资源，以市场手段配置游客需求与遗产地游客容量的关系，在市场经济条件下也应当是无可厚非的。但是，我们更应当看到我国的遗产地和旅游景区门票价格相对于国民收入的比重总体上确实是很高的。有人算过账，德国与意大利这样的发达国家，遗产地和旅游景区的门票仅相对于国民月收入的 1/200 左右。在我国，即便像北京这样的遗产地门票价格偏低的地区，如果以占城市人口比例最大的农民工（估计是 400 万人左右）的月工资 500–600 元为标准，门票远远超出了他们的支付能力。北京是全国的首都，如果与全国老百姓的收入相比，更是高得离谱。要知道，已经创了历史新高的今年前三季度我国农民人均现金收入也只有 2110 元，农民要拿出两个月的收入才能参观一下北京的这几个世界遗产。

文博单位当然没有能力为一个地区整体的旅游环境和发展水平负责，因为旅游环境是一个系统的社会工程，但是，文博单位应该为自己的社会公益性事业形象负责。这次故宫、天坛等世界文化遗产提价的重要原因之一是，它们在 2008 年前都需要进行大规模修缮。据说故宫 50% 的未开放区域内有大批破败古建亟待修缮，计划每年投入 1 亿元；天坛公园则将对祈年殿、回音壁、斋宫等建筑群以及祭祀路、内坛坛墙进行全面修缮，预计 2008 年前共需投入 5.8 亿元。这些修缮工程当然应该是社会性的公益性事业，而不是如有的辩方所说的谁所有、谁投资，应由公园方面花钱维护，而主要应该靠政府投入，花纳税人的钱。如果仅靠政府投入不够，也应该可以考虑将门票收入作为重要的补充，以门票作为变相的筹资手段。需要思索的，为什么关于这些地方是不是需要大修？应该怎样大修？维修的费用是应该政府投入还是提升门票价格不举行听证会呢？我们文博单位一贯不太善于运用经济学的杠杆来达到保护文物、发展文化遗产事业的目的，因此，才使得这次提价成为众矢之的。这从另一个方面要求文博事业和文博单位作为公益性事业应该注意自身公共性的社会形象，平时应该注意加强宣传，博取社会的理解和支持，也需要学会更好地运用公共手段实现公益性事业的社会目的。将自己封闭起来，孤立于社会之外，生活在世外桃园，在现代这样一个公民社会、信息社会是不可能的。

近年来垄断性的公共部门提价成风——水资源紧缺调高水价，电力供应紧张调高电价，道路堵塞调高过路停车费。尽管有关部门提出的涨价理由看起来冠冕堂皇，但在听证会内外却普遍招来一片反对之声。人们普遍地认为政府既然收了纳税人的钱，那么在为他们提供公共服务的时候首先应该考虑的是如何尽职尽责，而不是头痛医头，脚痛医脚，甚至谋求转嫁负担。即使在一切以经济利益为主的商业社会，政府也不能够模糊自身的职责所在，不能回避一些领域的社会公益性质，更不能试图通过涨价来解决所有问题。而文博行业本来就是社会中的弱势部门和群体，尽管为国家和人民保护着国宝，但是在社会资源的分配和使用中却明显处于下游和劣势，因此文博部门更不应该将提价变成近年来愈演愈烈的部门与单位争夺市场肥肉的行为，损害自己的公益性形象。相反，作为公益性行业我们应该提高工作的公开性和透明度，包括门票收入使用的公开性。当然，关于这一点，所有申请涨价的单位都表示增加的收入全部用于遗产的维修和保护建设，并对门票收入的使用有严格的规定和监督。

许多教训已经证明，遗产保护的重任主要必须由政府和社会共同来承担，具有公益职能的政府部门对具有公益特征的场所本就负有责任。在政府“有所为，有所不为”的取舍间，遗产地的保护当是“大有可为”之所。同时，遗产地门票提价更不能盲目攀比，条件好一些的遗产景区的门票收入同时也应为整个遗产事业特别是其它遗产的保护做出贡献。而无论遗产地门票价格多么高，都应当考虑到遗产的公共性，应当有相应的措施保证低收入阶层和社会弱势群体特别是广大的青少年参观遗产的社会权力与公正。尽管在这次调价过程中已经有了季节性的调配措施和相对于未成年人、老年人、特殊社会群体的优惠措施，我们还应该想更多其它的办法，使遗产在得到保护的同时合理的利用，发挥最大的传播与社会作用。

原刊《中国文物报》2004年12月10日

非营利·非盈利·非赢利

文化遗产保护事业、博物馆事业是公益性的非营利事业，基本上已经成为一种共识。但在具体的用法上，则有“非盈利”、“非营利”、“非赢利”等几种表述。

其实这几个词是有本质区别并各适用于不同情况的。

非营利主要只是为了表明事业安身立命之态度的公益性与神圣性。它公开宣布不以追求经济利益为目标，不让金钱左右事业的定位和运营规则，否则这个事业则失去生存的合理性甚至合法性基础。但事实上该事业或者其中某个非营利性的单位在实际的运作中却可能不一定非是亏本的，它不仅可以有所收益，而且可能收益相较于投入与运作成本是正值，即其财政状况可能是盈利的，特别是其盈利的管理和使用也是以社会公益及其持续性为首要目标的。这里的“营”是指营生，“营利”指将利益、利润等当作目标来追求。

非盈利和非赢利则主要是指经济或财政状态。其中前者更多地指总体状态，后者指具体事项运作的具体状态。“盈”是指满，“赢”对应于“输”，只适用于具体的业务或者财务状况，用这两个局部性的词汇描述整个的行业或者单位的属性显然是不适当的。

总之，就文化遗产事业或者其中主要的实施主体——文博单位来说，非营利性应该更近乎实际和我们追求的目标。

原刊《中国文物报》2006年7月7日

旅游开发和保护管理：经济学视野中的遗产资源问题

——“改进中国自然文化遗产管理”国际会议参会笔记

按语：2001 年 12 月 2–6 日，由中国社会科学院、中国联合国教科文组织全国委员会、国家建设部、国家文物局主办，中国社会科学院环境与发展研究中心承办的“改进中国自然文化遗产管理”国际会议在北京召开。会议代表来自中国、美国、澳大利亚、加拿大等国，包括经济学家、环境与遗产规划方面的专家及一些遗产地的管理者。共有近百人参加了会议，40 余人做了大会发言，会议期间的讨论十分热烈。

以下是笔者会议笔记的整理。

自然与文化遗产：经济与非经济价值

幅员辽阔的国土和悠久辉煌的历史，使中国拥有丰富多样的自然与文化遗产。它们由各类各级国家森林公园、自然保护区、风景名胜区、文物保护单位和丰富的收藏在博物馆及其它公私机构与个人手中的可移动文物等组成。现在，我国列入世界遗产名录的有 20 处文化遗产、4 处文化与自然双重遗产及 3 处自然遗产，总数位居世界第三。据说由于管理等方面原因暂时没能列入而正在耐心等候获得世界遗产这张可以让其资源升值的“名片”的遗产地有数十处之多。

自然和文化遗产具有多方面的价值，是人类共同的财富，这一点并无疑问。但是，在改革开放、由计划经济向市场经济过渡的时期，不同的人往往看到遗产不同的价值，而其经济价值与经济效益往往成为很多人关注的头等目标，他们更加倾向于将遗产看作一种能够产生经济价值的资源。围绕着遗产的性质、它应该发挥的作用，有太多不一致的认识。

张晓（中国社会科学院）认为，自然和文化遗产的确是一种资源，但是它们是具有公共物品性质的公共资源，不同于一般的物品或商品，表现在：它们是独一无二的；它们具有非人工再造性和破坏后的不可逆性，科技的进步无法提高它们的质量；**龚益**（中国社会科学院）认为，自然与文化遗产同时也具有符号和象征的作用，是一种历史的积淀。不能认为凡是资源就应该开发和利用，这是一种可悲的观点。

赵京兴（中国社会科学院）指出，更准确地说，遗产资源是俱乐部性质的物品。由于它特有的文化品性，可以通过观感或想象，满足广大人民对共同拥有的历史的认同需要，使它成为满足公共需要的物质条件和一种公共利益，因此要由代表公共利益的国家对它行使管理。

李晓东（中国文物学会）认为，具体就文物古迹这种遗产来说，它们是有形的，是历史文化的载体和人类历史发展的见证，它具有时代性、不可再生性和不可替代性，它的价值是客观的，不以某一部分人的意志为转移，包括有形和无形两个方面，而且人们对遗产价值的认识是随着社会进步而不断发展和深入的。遗产应对一代一代人发挥永续的作用。

史鹤龄（澳大利亚莫纳石大学）认为，遗产不同于一般商品之处在于它是独一无二的、重要的；它的价值是跨代的；它需要研究和解释；它可以供大众参观，而且对它的参观等社会需求有特殊性，当生活比较贫困时，社会对遗产几乎没有审美需要，而当收入达到一定水准时，需求就会突然加大。

张吉林（国家旅游局）认为，遗产是特殊的资源，但在市场经济条件下，遗产的价值能够通过供求关系大致地反映出来。资源只是遗产地的一个基础因素，不是完整的产品形态，不可能直接进入市场，只有经营开发才能实现它的价值。开发所涉及的要素包括资源、资金、技术、管理、人才等诸多方面。

苟自均（河南财经学院）认为，遗产不同于一般经济资源，它们的价值主要体现在文化和生态上，其用于旅游观赏的经济价值应该是第二位的。**郑玉歆**（中国社会科学院）指出，自然与文化遗产的主要功能是保护生物生态和文化的多样性，是为科研、科普、文化教育及铸造民族精神等服务的。

郑易生（中国社会科学院）认为，遗产的价值是变化和发展的。在一定的社会条件下，它只有非经济的价值，发展到具有潜在的经济价值，又转变为实际的经济价值，三者不能等同，三者之间可以互相提升，但它最根本的价值还应当是非经济价值。

常玉生（中国国际旅行社总社）认为，遗产的价值“不可计算、不可替代、不可再生”，它如同人的生命一样“只有一次”。**张晓**认为，与其他经济资源不同，遗产的原有形态不可改变，需要维护其真实性与完整性。**麦切里斯**（美国内务部国家公园管理局）说，遗产的价值需要不断研究，美国21

世纪遗产地管理的口号是“科学地保护公园，保护公园为了科学”(Science for parks，Parks for science。按：美国全部的自然和文化遗产通归国家公园管理局管理)。这不仅是因为保护好遗产地需要科学决策，同时也因为遗产地经历了很长的时间，而科学却刚刚起步，保护遗产不是为了遗产本身，是为了科学研究，为了子孙后代。

开发利用与旅游

我国文化遗产工作的指导方针和原则是“保护为主，抢救第一”，“有效保护，合理利用，加强管理”。当前，关于遗产地的开发利用，主要是通过旅游开发来进行，因此，围绕遗产的保护、管理、利用可以说都与应不应该以及如何在遗产地进行旅游开发具有直接或间接的关系。

史鹤龄认为，自然与文化遗产向公众开放可以使它们的价值得到体现。由于这种资源的独特性，使得从经济学的角度由政府限制对遗产地的准入具有经济学的操作性和获取利益的可能性。

王兴斌（中国旅游学院）认为，发展旅游是遗产最好的利用方式，游客不会破坏，不会带走，比遗产继续被私挖乱采、被盗和被毁要好些。**张吉林**认为，进行旅游开发是发挥遗产功能的最佳途径，也是保护遗产代价最小的一个必然选择。特别是在中国的西部地区，历史已经证明传统的生产和生活方式已经不再适宜，需要退耕还草、还林，而人仍然要留在遗产地。这里拥有丰富的自然与文化遗产，开发旅游对人员素质要求不是太高，而且投入小，见效快，又不是资源消耗性的，负面效应应该是可以控制的。旅游作为一种服务业，在社会经济分工中游客和服务者是平等的，因此选择旅游开发是西部地区在经济结构中后来居上的最佳选择。

郑玉歆指出，搞经济学的人当然不应该忽视遗产的经济功能。随着我国旅游消费的兴起以及拉动经济、扩大内需的需要，旅游业在不少地方被当作重要的经济增长点加以扶植，这是无可非议的，但是应当认识到自然与文化遗产所具有的价值远远超过狭隘的经济价值或仅在市场上体现的价值。

李迪华（北京大学）指出，如何在遗产地开发旅游需要认真分析。他曾经看到张家界将一位领导人的题词做成大大的广告牌，说是要建设一流的旅游基地。而张家界旅游开发的教训是深刻的，因为这样一个口号是模糊的，它没有指明到底什么一流，是保护一流？环境一流？还是设施一流？服务一流？张家界 1979 年开始接待游客以来游客人数的年际变化和一年中不同时段的变化波动是很大的，原因也是很复杂的。因此遗产地的旅游开发建设规模要严格设计和控制，调整游客人数结构需要从休假制度、出行方式、游客教育、景区规划和建设控制等许多方面采取综合的措施。

郑易生认为，遗产作为可开发的旅游资源，其价值有长期与短期之分，有显性与隐性之分；其利益主体包括国家、当地、企业等不同方面；保护和开发遗产需要进行不同层次的投入，而不同的利益主体愿意投入的内容是不一样的，比如国家可能会进行法规建设和社会环境方面的大投入，国家和当地政府可能会在大的基础和公共设施比如道路、厕所等项目上投入，而企业可能会在可以直接赢利的缆车、饭店上投入。其间的利益关系错综复杂，必须正确处理全社会、当地社群和开发商等利益群体的关系。

常玉生指出，目前对遗产资源“先污染后治理，先破坏后重建，不讲科学盲目蛮干”的现象相当严重，问题的实质不是保护与开发的矛盾，而是保护与破坏、科学与愚昧、急功近利与永续发展的矛盾。处于转型时期的中国要选择一条旅游开发与保护遗产的成功之路，首先应当从思想理论上澄清认识，确立“保护第一”的科学指导方针。

苟自均认为，旅游开发不仅是对旅游资源的开发，更重要的是对旅游市场的开发，这离不开旅游地的整体形象塑造与宣传，也离不开旅游市场的有效营销活动。资源的开发是政府的责任，市场的开发是企业的行为，整个旅游业是高度专业和细微复杂的。

张吉林指出，在遗产地的旅游开发上存在争论，关键在于这样的开发是不是具有特殊性，是不是特殊得可以游离于市场化之外？是不是在改革开放20年来，对国家所有制的改革还存在一块特殊区域，可以回避改革，继续坚持国家所有制的方式？他认为，中国的经济市场化进程不可逆转，解决旅游景区开发方式的问题只能从市场经济中寻求出路，改革现有景区管理体制，将景区资源推入市场，实现资源要素的有效配置，在强调保护原则、合理利用的前提下所有权与经营权的分离，按经济规律办事。开发旅游和遗产的保护存在一定矛盾，但不是不可克服的，不能将开发等同于破坏，矛盾和问题的根源是开发不彻底造成的，是垄断、低水平运作和追求短期目标造成的。

福希斯（澳大利亚莫纳石大学）指出，利益的有效性和公平性是遗产资源管理必须追求的目标，有效性包括经济上的有效性、国家利益及环境效益的有效等；公平性包括谁获得经济利益？谁负担保护和维持的责任？特别是要注意代际公平和可持续发展问题。**韩群力**（联合国教科文组织）指出，很多遗产地的保护管理涉及自然、文化、经济、观念等诸多方面，非常棘手，中国目前亟需有操作性的具体方案。

还有人指出，旅游对一部分人来说是一种文化性的消费，对另一些人来说是经营和收入。因此，有人认为旅游是经济活动，也有人认为旅游是文化活动，而我们是不是恰恰过多地注意了旅游的经济功能？

门票是什么

门票是遗产地旅游中一个十分敏感的问题。还没有进故宫，您先要买一张 40 元的门票。门票几乎成为那些人们常去或喜欢去的遗产地的必不可少的入场券。当然，也有一些十分有趣的展览和景点不收门票，著名的大英博物馆一直坚持不收门票的政策。不少开发商盯着遗产地，实际上也是盯着它的门票：游客长流不息，钞票哗哗地流来。据统计，2000 年故宫门票收入 2 亿元，十三陵 1.8 亿，兵马俑 1 亿元。您觉得您掏这些门票值吗？该吗？您有没有想过门票到底是什么？又被干什么用了？

张昕竹（中国社会科学院）认为，既然遗产是一种俱乐部物品，因此消费者（游客）应当支付一定的接入费。**福希斯**认为，对遗产接入进行科学定价是一种重要的调节手段，虽然不是唯一的调节手段。定价时采取价格歧视也是必要的，比如对原来就利用遗产的当地人可以便宜，可以采取月票制，对特殊的群体可以优惠或免票。定价必须综合考虑，比如估计到它对旅游业和社会其它方面的影响。

张吉林认为，在发展旅游业的过程中，能不能让投资方获得与投资相应的回报，门票属不属于收入的范畴，应不应该在相关者之间分配，是一个必须廓清的重大理论问题。从经济学角度看，资源是有价值的，资源不进入市场，不谈收益，价值就难以比较，而门票是旅游景点价值供求关系的体现，因此，应当被视为经营旅游景点的收入。企业愿不愿意投资遗产地的旅游，开发商的收益到底通过什么方式表现出来，能不能取得与投资对等的权利收益，具体而言，就是门票收入能不能被遗产地开发经营者按比例进行分配。

李晓东认为，文物古迹游览场所管理机构所售门票是一种经济管理手段，是保护和管理的措施而不是经营问题，这是由其公益性质决定的。门票可以限制闲杂人员、小商小贩的进入，可以调控参观人数起到保护遗产的作用，同时在我国目前的情况下可以弥补管理和事业经费的不足。他指出，有人做过详尽的统计，我国遗产地和博物馆等的参观门票与国外相比是明显偏高的。

赵京兴认为，在行政手段中，门票是行政性收费而不是赢利的手段。它的作用，一是体现公平原则，因为让那些没有到遗产地旅游的纳税人为游客支付行政的成本是不公平的；二是在一定程度上克服任何遗产地的使用都必然存在的“拥挤效应”。拥挤的结果一会破坏景观和环境，二会降低每一个游客的享受程度，这也是经济学所称的一种外部性。因此可以采取收门票或其它如限制旅游设施数量和便利程度等来设置进入遗产地的壁垒，把游客控制在合理的数量范围内。

张昕竹指出，遗产资源具有公共性特征，所有遗产地的门票除了回收维护、管理的费用外，也可作为对保护遗产的投入。门票实际上应该是一种资源税，从道理上讲应该全部上交国家，谁也不能截留。对门票经营权的转让是典型的权钱交易。目前我国对资源税管理存在的问题是，税收得过低，而且收得很不理想，其结果是本应该作为资源税的国家税收变成了经营者的垄断利润，这种将国家利益变成部门利益的行为往往与行业垄断联系在一起，产生严重的公平问题。

所有权、经营权与管理权

中国的自然文化遗产地基本上为国家所有。如果门票不应被视为遗产地旅游开发的经营性收入，那么，必然会引出一些更深层次的问题：开发商是否还愿意参与遗产地的旅游开发？遗产地的旅游应该怎样开发？遗产地的所有权和使用权能否分离及遗产地可否被租赁转让给开发商？

张吉林认为，国家代表社会发展的长远利益，要求对资源保护完好和可持续利用，公众利益体现在改善生活质量的要求，开发商的利益就是经济收益和利润增长，单纯强调任何一个方面都会引起实际中的矛盾冲突。从各地的实践来看，遗产地保护和旅游业发展的出路在于所有权和经营权的分离，即国家把握住所有权，享受处置权和收益权，行使管理权，制定并监督执行遗产地规划，对开发行为实施有效的管理。在这个基础上，尽可能地放开经营权，逐步建立相对规范的分类指导体系，处理好国家、公众与开发商的关系。在当前的情况下，地方政府可以作为资源的所有者代表，拥有资源的所有权，这个权益包括资产的处置权和收益权；各级行政管理部门则可以作为行业管理的实施者，拥有对资源开发的管理权，掌握规划、监督、处罚等行政管理权力；开发商在资金、管理与技术方面投入，取得资源开发经营权力，并享有相应的经济收益。按照这样一种思路，就可以遵循市场经济的一般要求，在体制上实现创新。

张晓指出，资源的产权分公共和私有两种。公共产权更关心完整性和公正性，私有产权更关心成本效益；经营权是所有权的一种标记，因此两者是不可分离的。自然与文化遗产作为跨代际的永久的公共资源，经营权的阶段性转让实际上就是变相地变共有为私有，公共的所有权就会仅成为名义上的。在市场化、私有化最彻底的欧美国家，仍长期地保存遗产地这类最后的公地，使其成为全体人民享受的空间。**福希斯**指出，没有一种所有制模式对遗产地管理是理想的，核心问题是怎样在环境和经济价值之间进行取舍。通常是公共的所有者更倾向于关注社会环境优先问题，市场对经济价值更有效，但对具有复杂价值的公共物品如遗产等市场则常常失灵。

赵京兴认为，问题的关键在管理，但恰恰是在如何管理上发生了争论，形成两种截然相反的观点。争论的双方都使用了所有权和经营权这组概念，而按照我国的《民法通则》，所有权与经营权只是一组反映公民之间的法律关系的民法概念。对处于经济关系中的民事主体，包括从事商品生产和服务的国营企业，运用所有权和经营权的概念去分析是恰当的。然而，遗产资源的管理是一种行政管理，外部行政是它的基本功能，不同于经济管理。作为行政权，遗产地的管理权实为一公权力，具有“警察权”的性质和强制性、直接性、即时性等特点。现在普遍存在着将政府行政职能混同于普通管理职能的现象，以致“行政越位和行政缺位”并存的问题十分普遍。

郑易生指出，在遗产的保护与管理上，国际上一些通行的做法在我国会发生一些变异，比如国家所有实际上会变成部门或地方所有；保护不力；借经济改革之名，将所有权与使用权分离，等等。之所以发生这些变异，有些可以归结为社会发展阶段，我们是初级阶段；有些可以归结为二元社会的现实，贫富不均，发展不均衡；最重要的原因恐怕是管理体制上的问题，遗产地的管理部门被赋予多重目标，既要保护，又要管理，还要自己养活自己，难免顾此失彼。另外也不能排除更可悲的社会腐败等原因，因为腐败，可以牺牲规划和法律的严肃性，可以与小的利益集团进行权钱交易。

史鹤龄认为，遗产管理和环境的管理与保护具有相似性，政府的介入甚至直接管理是十分必要的。中国目前的遗产管理工作有很多制度上的缺陷，如立法范围太窄；风景名胜区、自然保护区、文物等分别立法；法制过于简单，缺乏操作性；对遗产地的管理单位交叉重叠，一个遗产地往往涉及建设、旅游、园林、文物、宗教等不同部门；所有制中的管理权、使用权和收益权没有明确的界定；旅游业快速和不受约束地发展；地方政府更期望短时间内从遗产中获得较高的经济回报以便作为政绩，因而更乐意直接参与遗产的开发甚至是过度开发而不太关心将其长期利益最大化。

王兴斌指出，国外有两种遗产管理模式。欧美模式所有权明晰，法律保障有力、行政上一元化垂直领导，规划和激励高度集中，但管理和经营是分开的。前苏联模式完全是国家所有，四权合一。我们目前是中国特有的模式，名义上是国家所有，实际上是条块分割，利益均沾，苏联与欧美并举，具体到不同遗产地甚至是八国联军共同宰制，有一个漂亮的遗产地，170余家单位设立了自己的宾馆或疗养院、招待所，搞得乱七八糟。他认为，遗产地的旅游要有一个好的规划和管理，就要做到四权分离：所有权归国家，管理权归政府，经营权归企业，监督权归社会，必须结束遗产的免费利用午餐、谁的手长谁就可以多拿的不正常现状。

苟自均指出，我国的遗产资源普遍存在过度开发、过度利用而保护不力的问题。遗产的经营是企业行为，它是以追求经济利益的最大化为目标的。政府参与经营，担当企业角色，自然会以经济利益为重，与政府的社会管理角色相悖。很难想象在政府的企业角色越轨时会有另一种角色可以进行有效监管。**史鹤龄**认为，政府该管的就一定管好，该开发和经营的就应该让给真正的市场。旅游开发应当通过科学规划和公开的招标，让那些最专业的最好的企业来做最好的开发；在招标前要确定各个层次的具体目标：比如收入的分配，保护目标，景点改动的限制，参观人数与项目的限制等等。**劳森**（澳大利亚北澳地区公园与野生动物署）说，在澳大利亚北部的保护区，如果有些项目确需商业介入，我们通常采用招标的办法，而且事实证明是很成功的。

张昕竹认为，遗产经营中可以交给企业经营的部分也应当加强政府管制，对遗产资源进行政府管制的必要性与这类资源的几个重要的技术经济特征密切相关：一是它的自然垄断性，所有的遗产都是唯一的，不可替代的，不存在看了长城就不用看黄山的问题，所以，开发某一遗产旅游的企业肯定是垄断性的经营。二是资源的公共品特性，它是一种俱乐部物品。三是外部性，这包括拥挤产生的外部性和经营者对资源开发活动对景观破坏产生的外部性。这些决定了纯粹利用市场机制配置遗产资源将会产生“市场失灵”。政府管制主要包括两个方面，一是经济管制，主要是对接入收费或者经营者利润的管制；二是质量管制，即对资源开发和保护的管制。前者主要是保证公平性和效益，后者保证可持续发展，不能让经营者通过修改质量获取利润。

未来的建议

加入 WTO，市场需要进一步开放，但是像遗产这类资源、这种市场好像更重要的还是保护和管理的问题。我国的文化遗产工作是与世界接轨较早的领域，早已经全部加入了 4 个重要的有关遗产工作的国际公约。1993 年，在环境保护对国人还是一个朦胧的概念时，国家文物局就将当时国际社会对遗产保护与管理有关的法规、建议汇编成册正式出版。我们也可以欣喜地发现，关于遗产应不应该加强保护和管理意见是相当一致的，因此，无论是入世的外部环境，还是遗产不可再生、不可逆转的自然属性以及遭受破坏的严峻现实，都要求我们应当尽快提高保护与管理的水平，拿出具有操作性的解决办法。

常玉生认为，“保护第一”的观点并非“要求太高、超前，限制了资源的开发利用”。遗产的管理标准不能搞“阶段性”，不能“等以后发达了再提高遗产的管理标准”，因为遗产不能像某些楼房那样 70 年代建 80 年代拆，80 年代建的 90 年代又过时了。我国“一去不返”的遗产不算少了。**麦切里斯**说，在遗产的开发、利用和管理中，必须坚持保护第一的原则。当您不知道应当怎么办时，保护第一；当您不能确定行动的后果时，保护第一……，这样做准不会错。**史鹤龄**认为，对遗产的保护和研究需要投入，而经费总是不够的：政府投入往往只是一次性的，而遗产需要不断地养护，需要和其他目标争夺资金；社会的基金等可以投入，但只能是补充。因此，遗产的保护必须依靠建立一种制度机制。他认为，应当采取有效的集权式管理体制；应采取保守主义的立场：保护为主，开发为辅；如果遗产地需要进行旅游开发，让市场去做而不是政府操作。

格姆林认为，市场通常很难保证遗产资源利益的有效配置，市场失灵包括一定时期内的外部性以及容易牺牲可持续发展的趋向等，因此进行行政管制和价值管制就十分必要。**张昕竹**认为，为了实现政府对遗产资源的有效管理，应加强管制，特别是对开发和保护的质量管制，包括建立有效的审批制度，确定明确和可操作的管制目标等；其次是管制权向中央集中，以逐步减少地方利益对管制的影响；再次是降低经济管制的激励强度，弱化经营单位的赢利动机，并指出这是国际上通常采用的管制机制。**李晓东**认为，应该进一步从法律法规上将遗产地和博物馆等公益性性质和任务予以明确，不能将其划为自收自支单位；严格实行政企分开和事企分开，企业不能管理文物事业单位；制定门票的调控政策，实行提高门票的听证制度，扩大优惠票和免票的范围，同时采取其它措施限制参观游览人数。**郑易生**认为，国家遗产制度设计必须建立在合理合法的基础上。如果把前述的保护遗产的第一类投入寄希望于一家开发公司性质的利益集团，指望它“在保护中开发”，无异于让狼看护羊群。换一个说法，让自负盈亏者主要去做社会贡献，是不公平也是靠不住的。他指出，一百多年来的国家公园制度的发展和完善就是一个不断关注和处理不同群体目标在遗产保护与利用上的不一致的过程，国家公园制度在一百多个国家实行并选择中央政府而不是社群或公司充当遗产地的管理者，反映了非经济价值要由非经济的组织机构用非经济手段来负责的逻辑。国家公园制度又允许某些公司而不是政府在国家公园内提供规制之下的旅游服务，这又符合经济价值要由经济主体来实现的逻辑。

史鹤龄建议，应该制定中国的遗产资源保护法，将自然和文化遗产全部包括进来，统一起来；应该设立一个更高的机构，比如遗产委员会。**劳森**说，保护遗产应该依靠完善的法律，在中国好像遗产保护出了问题就换人，在澳大利亚如果出了问题，就说明法律需要修改。**赵京兴**认为，行使行政权的基本原则就是依法行政，包括：要有明确的行政主体，做到责权分明；要依法处理遗产地行政管理机关和其它政府部门的关系，特别是该管理部门的上级政府不能利用上下级关系越权指挥；要充分运用好各种行政手段比如行政征收、行政许可、行政监督、行政处罚、行政强制、行政给付等履行行政职责；要完善行政法规，做好规划，把规划的制定和执行提高到法律的高度。他建议在条件许可时建立遗产地的行政立法和规划的评议机构。

龚益（中国社会科学院）认为，应该加强社会教育。今天的文化是昨天教育的结果，今天的教育明天也一定会有所体现。在遗产地这种特定的环境下或者以这种特定的对象为教材，具有特殊的教育优势，教育本身就是保护遗产的主要目的之一，应当通过教育提高公众素质和参与遗产保护的意识。现在遗产地的导游教育层次很低，导游小姐经常告诉游客："你看，这个石头像蛤蟆"，甚至讲一些封建迷信和低级趣味的笑话。应该更多地挖掘遗产真正的历史、科学、艺术和文化价值并将它们传递给游客。**麦切里斯**指出，科学家们有责任和义务为政府决策者和公众提供更多关于遗产地的科学信息。**克拉克**（加拿大阿尔伯特省社群发展处）说，国外遗产地都设立有专门的免费的游客信息服务中心来发挥教育的作用。

李文华（北京大学）认为，应当让当地老百姓参与遗产地的管理、开发规划和开发操作，特别是让他们从开发的经济收益中得到他们应该得到的好处。任何项目没有当地社区和群众的支持和参与是不可能成功的，再坚固的围栏都不能真正挡住人。

后记

会上，建设部的有关领导同志表示：在市场经济条件下，资源的保护和利用方面的法规薄弱滞后，普遍存在一种将自然和文化遗产资源当成普通的旅游点、当成一般资源、过分强调经济价值而忽视其它价值的问题，保护工作面临压力，开发利用亟待规范；国家文物局的有关领导表示：正确处理好遗产的保护与利用，至关重要的是依靠科学和法制，必须坚持一切以国家大局和可持续发展为前提；中国社会科学院的有关领导同志表示：目前的问题是改革开放中出现的一些实际的问题，要求科学工作者多学科地对公共资源特别是其中的自然与文化遗产管理问题进行深入的理论研究，中国社会科学院环境与发展研究中心发起这次会议，进入遗产资源、环境与旅游业的可持续发展研究领域，就一定要研究到底，研究透彻。会议的主办者在会议结束时希望专家学者加强交流与合作，推进研究工作的进展，并借鉴环境保护的经验，学会以通俗的方式向媒体、有关的领导、人大代表和社会公众普及宣传自己的研究成果。

正好，12月份“中国文物信息网”（www.ccrnews.com.cn）举行的网上调查是关于陕西秦始皇兵马俑应否上市，行文至此（12月10日17:00），笔者浏览了一下，结果是赞成上市34.5%，反对上市63.1%，说不清者2.4%。相信网友的意见未必像上述的专家学者一样经过理性、深入的分析和思考，多是良心和感情的选择，但是从中明显可以感到，在金钱和利益面前，愿意沉默者寥寥，因此，讨论仍将继续。

然而，我愿再次引用美国国家公园管理局首席社会科学家麦切里斯先生在会上的话：当您不知道应当怎么办时，保护第一；当您不能确定行动的后果时，保护第一……。中国的文物专家们经常说：文物保护应该是先救命再治病。希望不会再有宝贵的遗产资源在利用的美好愿望之下“一去不返”。

会议背景：

1998年9月，中国社会科学院环境与发展研究中心的一些专家参加国家建设部召开的“桂林风景区上市问题”座谈会后，写了一篇“国家风景名胜区不宜上市经营”的报告，受到有关领导同志的重视，几位中央领导先后做了批示；中国证监会根据批示再次组织类似的座谈会并邀请该中心的专家与会，会议内容被上报国务院，国务院据此暂停了桂林风景区的上市运作；1999年5月，建设部正式委托该中心开展“国家风景名胜区上市的国家利益权衡”研究项目；2000年

3 月份，该中心召开了一个“转轨时期人类文化遗产自然遗产管理研讨会”，对国家重要的文化自然遗产资源包括风景名胜区、自然保护区、森林公园、博物馆和纪念馆等的管理体制、经营方式以及如何与国际接轨等问题进行研讨并将会议论文结集出版；2001 年 12 月 4–6 日，该中心再次邀请国内外经济、环境、法律、管理方面的专家就同一问题进行研讨。2002 年 3 月，该中心还将专门就文化遗产管理问题召开学术研讨会。该中心的领导表示，虽然是在偶然的机会里介入了自然与文化遗产管理问题的研究，但是深感这一对问题国家民族的重要性，因此一定要研究透彻。

曾刊于《中国文物报》，文中涉及与会者观点虽未经其本人审阅，但已被会议主办者审阅并收入会议通讯。

第五部分

文化遗产传播论

保护文化遗产媒体也有责任

近来，由中国文物保护基金会主办、多家文博考古行业协会和媒体协办的“中国文化遗产保护年度杰出人物”评选活动正式启动。据悉，该活动不仅参与方的民间色彩浓厚，而且将文保人物的评选表彰和奖励对象扩大到文博考古界以外的农民、媒体、知识分子乃至领导干部等社会各阶层。此外，还专门为评选活动设立终身成就奖、组织推荐奖和宣传奖。

无疑，如此广泛参与的评选活动是对文化遗产保护工作的一个积极推动。时下，文化遗产保护工作仍然是一个专门的行业，但是文化遗产本身是属于全社会的。因此，文物和文化遗产的保护不仅是行业从业者的工作，也是全社会共同的责任。文化遗产的创造和传承与公民大众是息息相关的，保护工作只有调动他们的积极性，才会有强大的社会基础并形成良好的社会氛围。文化遗产只有融入人民的情感和民族的血脉，才能发挥优秀传统文化遗产在建设社会主义先进文化中的积极作用。

从这个意义上说，这次评选活动本身就是一种更广泛意义上的文化遗产保护行动。通过评选，在表彰、奖励先进人物的同时，发现和宣传他们保护文化遗产的感人事迹，同时向社会普及保护文化遗产的相关知识，既是对文化遗产保护工作的深化和扩展，也是对建立政府主导、动员全社会广泛参与的新的文化遗产保护工作新体制的积极推动。

新闻媒体从来都是文化遗产保护的积极力量。总部设在意大利的国际文化财产保护与修复研究中心就专门设立了拯救艺术新闻奖，国家文物局也有文物保护好新闻奖，这些都体现了对媒体在文化遗产保护方面积极作用的充分肯定。作为民主与信息社会重要塑造力量的新闻媒体在文化遗产的保护传承方面不仅要直接参与文化遗产的宣传与保护，更应该向社会和公众传达一种正确的文化遗产保护理念，同时大力推广普及科学的保护措施和保护办法，特别是应该积极参与文化遗产价值作用的挖掘阐释与弘扬传播，努力将人类优秀的文化遗产融汇到民族精神和当代先进文化之中。

具体到这次评选活动，新闻媒体不仅应该利用自己的新闻敏感性，对杰出的文化遗产保护人物予以积极推荐，更应该将人物与事迹、遗产本身等结合起来，深入挖掘入围人物、入选人物的感人事迹和涉及的相关文化遗产的价值内涵，从而使更多的人在媒体的感召下自觉地参与到文化遗产的保护与传承中来。

总之，新闻媒体应该实现从文化遗产保护的积极力量向自觉力量的转变，这是全民参与文化遗产保护与传承事业的前提之一。

原刊《中国新闻出版报》2007年12月25日

文物传媒人的使命

——为第七个中国记者日而作

11 月 8 日，我们迎来了中国第七个记者日。这是除了护士节、教师节之外，由国务院批准设立的第三个全国性的职业性节日。由此我们可以看到，记者和护士、教师一样，既是为公众和社会发展服务的，在当今建设和谐社会中具有举足轻重的作用，同时也是一个特别需要关注的群体。

记者奋战在宣传工作的第一线，以采掘新闻为天职。记者发现新闻，传播新闻，让住在小村庄小市镇里的平民像国王一样，享受知道的权利。我们的前辈，用马匹，用驿站，用邮差，用电报电话；我们用传真机，用可视电话，用手机，用伊妹儿（电子邮件）——采集传播新闻的手段始终在变，不变的是我们作为记者的职责——自由而负责任地传递新闻，让公开、充足、未受污染的信息，驱散密室的阴霾，填平不对称的信息鸿沟，让知识随着报纸、光缆、电波传遍世界的每一个角落。

就公益性的文化遗产事业来说，宣传工作尤为重要，宣传力也是我们行业的保护力和生产力，因此，在普及文化遗产相关知识、培养公众的文物保护意识和建立政府主导、动员社会广泛参与的文物保护新的工作体制的过程中，记者负有不可推卸的神圣使命。

作为记者，将信息（包括知识、观念、经验、教训等）由信息源传给受众，必须保持信息的准确、客观、公正。在此基础上，应进一步追求传播的效果，即影响力。只有公信而具影响的传播，才能对文物知识的普及、文物保护意识的培养以及具体的文物保护工作起到积极的推动作用。

维护这样的公信和影响，不是一件容易的事情。

我们的社会还不完美，追求传播的公信力，有时候需要付出包括生命在内的代价，但是人类社会就是在这种与灰暗、邪恶不懈的斗争中前进的，就是在对美德的不断褒扬中前进的。为此，我们将恪守职业道德，永远追求真理。尽管真相、真知永远在他处，我们未必能至，但是我们心向往之。我们深知前行的艰辛，但是我们永不放弃，永不气馁，永不松懈，忠诚于自己时代变迁中“文化遗产守望者”的职责。

追求传播的影响力，需要我们具有丰富的知识和高超的技能。作为文博考古行业的传媒人，既要求我们对行业基础知识、基本状况、基本的法律法规能够烂熟于心，又要求我们熟知思想宣传工作的具体要求，把握时代脉搏与行业前沿，掌握现代化的采编技能，正确处理广博与专攻的关系，既要善于发现和培养自己的兴趣，长期不懈地跟踪钻研，扎扎实实提高业务水平，又要全面提高自身的业务素质和采编能力，围绕文物知识普及、文物保护及文化遗产传承创新的中心工作和重点热点难点问题，加强跟踪采写报道的力度和深度。

无可否认，在建立政府主导、动员全社会广泛参与的文物保护新体制的过程中，宣传工作是一个薄弱环节，改变这种状况，作为文博考古行业最大的行业性媒体，《中国文物报》责无旁贷。我们深知，公信力是报纸的生命线，影响力则是我们这些记者和编辑竭力追求的目标，而公信力和影响力主要依靠我们的准确、全面、客观、快速、高质量的信息传播以及形式的规范、美观等来实现，这既需要传媒人综合素质的保障，也需要作者、读者与我们形成共识及科学严格的管理的支撑。

人类已经进入信息与知识经济时代，我们比以往任何时候都更需要加强信息、知识、思想、观念、经验、教训的传播和交流，需要客观、理性的观察与思考。传媒记录历史，传媒影响历史，传媒也汇入历史。我们恭逢盛世，值此中华民族重新崛起、国民经济快速发展、社会与文化深刻转型之际，文化遗产保护既受到前所未有的关注，也面临前所未有的危机。作为记者，作为文物传媒人，我们是党和政府的喉舌，是社会的眼睛和良心，是架通政府、从业人员和社会大众的桥梁。我们将加倍努力，将全部的心血汇入文化遗产传承创新、中华文明浴火重生的时代洪流。

2006 年 11 月 1 日

文物宣传工作与文物保护

有人对当前环境下引起文物破坏的各种因素进行了排比，排在第一位的是不当地进行经济建设与开发利用，第二位是自然界的变化即自然过程引起文物的老化与损毁，第三位是日益泛滥的文物盗窃盗掘与走私，第四位是主管部门和人员处置不当的责任事故等。

从行为的主体看，我们可以看到造成上述文物破坏原因的有政府、行政管理部门、公司机构和公民。其中大多数是文物部门以外的。

因此，针对社会和公众的文物宣传工作必须加强。这种宣传工作不仅应当将文物的一般知识、状况、文物的价值传达给社会有关的方面，更应当倡导一种文物保护的意识，同时推广文物保护的知识与技能。

文物工作的要旨，一是保护文物使之传之久远，二是发掘并传播文物之中蕴含的历史、科学、艺术等文化价值。这其中，分享和宣传是一个十分重要的理念。

文物有很多特性：不可再生，不可替代等等，但最重要的或许是文物的公共性，不管这个文物被谁收藏，它荷载的社会历史文化艺术意义是全人类的，是大众的。在信息化时代，物质生活逐步富裕、精神生活需求不断增加，文物及文物荷载的信息与社会与大众的共享也是文物工作的一个重要方面。远的不说，文物工作正在建立“国家保护为主，动员全社会广泛参与”的新的保护工作体制，这一方面是说文物应该是属于全社会的，另一方面是说有些文物不在文物部门手中，文物部门无法实施直接的保护，需要其它力量的参与；同时也说明，不论怎样，保护文物参与的力量越多越大越好。文物宣传工作将文物的知识、保护的观念和意识传播给社会，不但可以加强文物保护的力量，而且可以使文物部门自己的工作有一个良好的社会环境。往高处说，将文物知识、文物中蕴含的丰富信息、文物带给人类的历史文化艺术审美感受乃至文物还给社会，与公众分享，也是文物工作者的一种社会责任。通过这样的分享，文物工作参与了当代社会物质与精神文明的建设，参与了先进文化的建设，为人类社会与文化的进步作出了自己的贡献。而这里边很多并不需要进行直接的文物维护、古建维修等具体工作，而是通过宣传工作来实现。

宣传工作应该像对文物的发掘、整理、保护、研究、管理等一样，成为文物工作的有机构成部分。宣传工作不但应是某些专门部门的责任，更应是所有文物工作者的责任，应该在机构建设、工作安排、人员配置、经费等方面予以保证。任何一项文物工作在做计划的时候就应当考虑到宣传与分享这一部分。

文物部门和文物行业受全体人民之重托来行使对文物的

某些保护、管理、研究、传播的权利，这个圈子很小，而文物的门类却五花八门，时间空间空前广泛，在文物部门之内，又有所谓的研究、保护、管理等不同的岗位之分，所以即便是这个小圈子里，信息的流通、相互的理解也是必不可少的。俗话说隔行如隔山，不大的文物圈子里常常存在着派系、文人相轻等不良的习气，存在着不同工作岗位的互相轻视、互不理解、互不支持的风气，就是明证。因此，加强宣传与分享，同样也是文物部门内部的需要。

文物圈子内部的信息流通和宣传主要应该靠提高大家对信息工作、宣传工作重要性的认识，靠建立规章制度来实施和保障。应该建立经常的制度化的文物信息状况、档案资料、研究成果、工作动态的交流和共享，在交流与共享当中，使每一个相关者的水平都得到提高，从而提高全行业的整体素质和工作水准。

如上所述，在文物工作和文物保护中，不光要看您做了什么，也应该看您说了什么，看您说的对不对，起到了什么作用。这“说”指的就是文物宣传工作。

2002年8月29日初稿，刊于《中国文物报》2002年11月8日

文化遗产宣传与普及也应善用互联网平台

在6月3–4日举行的全国网络文化建设和管理工作会议上，中宣部刘云山部长讲话时强调，应该努力把互联网建设成为传播社会主义先进文化的新途径、公共文化服务的新平台、人们健康精神文化生活的新空间、对外宣传的新渠道。

笔者最近参加了两个与互联网有关的业界会议，一个是4月中旬在美国旧金山举行的“博物馆与互联网2007年大会”，一个是5月下旬在北京举行的“数字报业新技术现状与应用前景研讨会”，对互联网与文化遗产宣传和知识普及工作有些感想，在此提出来与同行们交流和探讨。

前一个会议由国际档案与博物馆信息化组织举办，其规模让我感到十分惊讶，共有来自40余个国家的700余位正式注册代表，实际的参会人数估计有1000人左右。会议讨论的主要内容有：互联网技术的新进展；互联网时代博物馆发展战略；博物馆类网站内容规划设计与人才组织管理；互联网与博物馆教育传播，等等。大会分为被加强的展览、新一代互联网技术、博物馆网站用户、让观众共同建网、互联网与博物馆艺术教育、变革的现实、web2.0条件下的网络重构、标记与检索、开放结构、共享资源、互动、移动传播、中小博物馆、博物馆网站的内容管理、网站评估等十多个分组会议，并且在会前已经编辑出版了会议文集和光盘，建立了专门的会议网站。其间还另穿插有多个培训班、旧金山地区几个重要博物馆的现场考察和体验，并安排了一场主要是信息技术为主题的展示会，以及一场以博物馆网站为主题的展示会。

会议给我总的感受是国际博物馆界近年在信息化特别是网络（尤其是网站）建设方面取得了非常大的进展，博物馆网站不仅成为博物馆在虚拟空间中的存在标志，拓展了博物馆的存在空间，也拉近了博物馆与社会、观众的相互关系，尤其是缩短了中小博物馆与大馆在硬件等资源方面的巨大差距，大大提升了它们服务社会和观众的能力。除了博物馆自身的形象网站之外，各类博物馆相关的专题网站、服务网络也比较发达，它们或者深度开发博物馆藏品、展览等资源，为中小学生或者一般观众提供展览展品和其它媒体难以替代的信息资源和服务手段，或者专门为广大中小博物馆提供灵活的人才、技术、技能方面的引导、培训和支持，以便博物馆界能够更加有效地利用互联网加强自己的核心能力。

相对而言，我们的博物馆信息化则显得滞后，目前主要的关注点仍然停留在资料的电子格式化与设备方面，对标准和应用方式争论较多，不少工作一边进行一边过时，劳动量大，投入多，封闭性强，开放性差，真正进入应用和服务领域的成果不多。而从会议的内容看，博物馆与互联网的关系密切，几乎已开辟一个新的时代。过去不少人介绍和讨论过新博物馆学，现在看来除了博物馆功能定位与发展战略的位移、展览程序的变革、博物馆融入社区、服务社会等等的理念与实践之外，因互联网而出现的博物馆新的生存、发展环境与应对策略、手段，大概也应该是当下的新博物馆学着重探索的主要领域和理论、方法之一——互联网尽管不能改变博物馆以藏品为手段、以人为目的的运营特点，但是却彻底改变了博物馆藏品保存、记录、科研和展示以及博物馆与社会公众沟通的思路与方式，而我们的博物馆尚远远没有走到这个阶段，包括个别已经建立了网站的大馆。博物馆占领互联网这块阵地，不仅仅是建立一个形象网站而已。我国的博物馆建设网站的规模，我自己看到的大约有 100–200 个，估计不会超过 500 个，在 2300 座博物馆中，绝大部分还没有自己的网站。已经建成的网站，也很多是建起来就不再更新而成为“死网站”。据媒体报道，不久前国外产生了一家专门收集不更新的死网站的网上博物馆。进入这样一个博物馆，实难称得上是对互联网的有效占领。因此，我们急需加快博物馆信息化工作的进程，加快对文博资源的深度开掘，除了单位的形象网站之外，也需要有一些行业门户性的网站、专题性网站以及围绕文博资源和文博单位展开的网上网下的延伸性服务。

第二个会议由国家新闻出版总署的“数字报业实验室”主办，某种程度上是一个关于新媒体和全媒体的前沿性的研讨会。回顾信息传媒发展历史，报纸与期刊的发明曾经是划时代的大事，它们一方面随着城市化、现代化等文明化进程而迅猛发展，一方面也不断受到广播、电视、网络等新媒体的分化、蚕食和冲击。近年应该说报业的发展已经受到了严重的冲击，无论是绝对发行量、影响和广告收入等，在发达国家都已经开始出现下滑的趋势，一些业界人士指出报业的冬天已然来临。在中国，尤其是近来文化遗产日的宣传期间，我们也可以深切感受到大众媒体尤其是电视、互联网等的强大冲击力。

但是，报业等传统媒体固有的优势仍然是难以替代的，比如：长期积累起来的品牌优势；在受众中也已确立的准确、及时、权威与可信度较高的印象；庞大的、专业而又训练有素的采编队伍；相对规范的运营管理等等。但是由于传统思维、体制障碍、营利模式等原因，报业向互联网的进军起步较慢，尽管如此，今天很多报纸的网站已经后来居上，成为最主要的互联网新闻供应者，而随着带宽、技术尤其是互动性更强的第二代互联网 Web2.0 的逐渐成熟与成本的降低，则为报业提供了转型发展——将传统优势和媒体新技术优势相结合的新的机遇。一些专家将之称为全媒体时代的到来，并呼吁报业摒弃劣势，利用优势，打造集文字、图片、影音、互动等为一体的综合媒体，在未来的新媒体中占据有利的位置。国家新闻出版总署也不失时机地于 2006 年提出了数字报业的“十一五”规划计划，并启动了“数字报业实验室计划”，采取报社自愿、政府推动、企业参与的形式，积极助推报业的数字化转型。本次研讨会不仅交流了报业数字化在软件、硬件、采编乃至数字化发行、流程与管理改革等方面的一些新进展，并且评出了一批国家级的创新项目予以鼓励推广。从中我们可以看到，一些实力较强的国内报社在信息资源的一体化采编、整体经营管理、报纸网站、数字报纸、手机报纸等许多方面也已取得可喜的进展。可以预期，随着报业等传统媒体转型的不断深化，传统传媒与新媒体的不断整合，一场影响更为深远的信息传播革命正在渐渐发生。

文化遗产工作的一个重要方面是遗产价值挖掘、评估、阐释与分享，其中遗产本体及相关信息的展示传播极其重要，甚至遗产本体的展示也只是更广义的信息传播的手段之一，因此，文博行业应该高度重视媒体建设以及新媒体、全媒体时代的挑战与机遇，变坐等观众上门的传统展示为结合媒体传播将信息送上门去，为公众提供更加完善的遗产信息服务。

原刊《中国文物报》2007 年 6 月 22 日

行业、媒体与公众互动：塑造文博考古行业良好社会形象

近年，社会对文化遗产包括考古与博物馆等的高度关注，使得这个行业发展较快，同时也到了一个需要认真考虑自身社会形象的关头。比如近期政府、公众和媒体高度关注博物馆的免费开放问题，一下子使得博物馆位于社会注意力的聚光灯下，其间有些争论和不同的看法，其实也都是涉及博物馆的定位、博物馆的作用等问题，说到底，就是博物馆应该在社会和公众面前为自己塑造一个什么样的形象的问题。近年博物馆界内部也逐渐开始重视为社会发展服务的问题（2008年国际博物馆日的主题就是“博物馆：促进社会变化发展的力量”），从2008年开始，中央大力推动公共财政支持的博物馆向公众免费开放，其实也是对博物馆公益性地位的一种最明确的确立。

博物馆只是一个方面，还有比如，在公众眼中考古学家是什么形象？考古学家是一个小群体，学术性很强，但考古学的社会和公众关注度一直比较高，因为考古发现、考古知识与人类关心自己来龙去脉的历史意识密切相关，有几部比

较著名的电影中塑造的考古学家形象（如成龙主演《神话》中的考古学家 Jack）对大众认识考古学有比较大的影响，但却未必是考古学这门学科和考古学家真实的形象。有做过考古学的亲身体验的作家张承志称，考古学家是读尽了相关的每一条史料，走遍了相关的每一条河沟，寻觅遗失的古代的那么一种学者，其实也显得过于严肃和夸大了。还有，最近因为大众收藏的兴起而引起注意的收藏家和文物鉴定家又是什么形象？一掷千金、倾家荡产收藏文物，与贪得无厌、花言巧语的坑蒙拐骗等联系在一起，不可否认，主流媒体对收藏拍卖的大肆炒作，以及收藏家获得藏品前后不同的表现，文物鉴定专家在各种场合的介入，在很大程度上已经损害了他们在公众心目中固有的形象。

其实，近年更加受到社会关注的是文物保护工作者的社会形象问题。应该说这是文化遗产领域最中坚和最值得感铭的一批人，他们延续祖先的文脉，做了大量艰苦的工作，为子孙后代保存珍贵的文化遗产，文物保护受到前所未有的重视，也理应受到更多的重视，尤其是公众的理解与参与，但是由于忽视保护之外的文物工作的其它环节，以及经济与文化转型时期急功近利的社会价值观念，使得这些工作往往被一些不理解的人视为社会发展的绊脚石。因此，文物应该受到保护虽然已经成为共识，但是如何保护就有不同的意见和争议。

抛开所有这些表面与肤浅的认识，文博考古和文化遗产这个行业应该是一种具有高度的学术性和专业性，同时也具有一些神秘性，但是却更具有社会性、公共性和公益性等特点的一个行业。这个行业处理或者是代表社会掌管着一种特殊的资源，这些资源是人类共同的遗产，是人类处理自己的历史、现在与未来的资源和手段。比如收藏、保管、研究、展示和传播人类生存及其环境之物证的博物馆，其实就是一种人类凭吊和记忆历史的现场，也是一种以历史与现实的人类生存资源锻造当今和未来文化的科学殿堂。

对这些资源的第一要务是保护，因为如果遗产资源的本体不存在了，与其有关的一切都将无从谈起，而保护因为其长期性、艰巨性和远离功利性，又是与遗产资源有关工作中最容易被忽略的部分，特别是保护这些资源又绝对不是行业之内的人士凭一己之力可以胜任的，所以，这个行业与这些资源的保护其实是最需要社会的关注、理解和支持。进入信息时代和公民社会之后，这些资源更不能是被垄断的，也不能简单地为保护而保护，这个行业和这些资源更需要为社会发展和公众素质的提升提供历史、科学、审美等方面的力所能及的服务，需要将它们转化为满足人们的文化消费需求的文化产品。这些工作和保护一样，既需要公众的理解、支持和参与，也具有相当的专业性，文化遗产工作者不能缺席。

内外的交集与互动，使文博考古人和文化遗产行业已经越来越注意自己的社会定位和社会形象建设问题，并且已经可以看到一些令人欣喜的变化。比如博物馆从过于强调收藏保护研究的内部功能发展到开始重视展示传播和社会教育的外部服务功能，就是一种认识与作为方面的发展；比如考古学提出了文化遗产时代考古学的命题，并开始在原来的学术目的之外，关注考古知识的普及，投身基本建设的抢救发掘和为制订保护规划而进行的保护性发掘等等，产生了公共考古的学科分支；而在整个文化遗产界，为了未来保护过去，也已经成为一种共同的认识，保护的实践更加关注寻找与当地、社区及社会关联发展的平衡点。

总之，社会的进步，公众对精神文化产品的需求，使得时代的目光开始更多地聚集到文博考古和文化遗产行业，我们的工作开始与社会发展具有更加广泛的密切联系，这也势必要求我们对自我有清醒的正确的认识，有更准确的定位，有更开放的思维方式，以及更合理的行为方式，在完成文化遗产保护传承的使命担当的同时，为社会发展提供我们更多力所能及的服务与贡献。这也要求我们无论是对内还是对外，都应该建立正确的文化遗产概念、理念，以及文化遗产工作的理论和方法，对自身的行为以及社会的关注和支持予以更加有力和科学的引导与规范。

同时，在塑造文博考古行业自身的社会形象、沟通社会与公众方面，大众媒体的关注、理解与支持，是重要的推动力量之一。媒体的关注是近年文化遗产热得以形成的重要原因之一，比如国际博物馆日从 1978 年创设至今已经有 30 余年，在国内也就是近年媒体开始大量宣传之后，尤其是 2005 年中央电视台的大型直播专题节目后，才开始被较多的老百姓所知道。中国文化遗产日从 2006 年起始，也是由于电视台等的大力宣传，才有了一个较高的起点，成为普及文化遗产知识、宣传文化遗产保护意义、培养文化遗产保护意识的重要平台。媒体有喇叭的功效，无论正确还是错误，只要通过它就有可能被放大。媒体也是塑造文博考古行业形象的重要力量，因此，应该培养一批媒体中坚，不仅他们自身能够正确认识和理解这个行业，而且可以将其传播给整个的社会，并在这个过程中对公众起到应有的规范引导作用，这是扩大文博考古与文化遗产行业社会影响、塑造自身社会形象的重要一环。

原刊《中国文物报》2008年6月27日

文化遗产·文化自觉·文化建设

——追寻中国文化遗产事业的心路历程

一

1985年12月中国加入《保护世界文化和自然遗产公约》，1987年12月包括周口店北京人遗址、敦煌莫高窟、泰山（文化与自然双重遗产）、长城、秦始皇陵及兵马俑在内的第一批中国的文物古迹入选世界遗产时，不仅国人鲜有反应，国内的媒体也几乎没有任何报道。相对于十几年后席卷中国各阶层的世界遗产热，地方政府动辄投入数亿、十数亿元申遗，当时的情形的确显得有些不可思议。那时候，中国加入《保护世界文化和自然遗产公约》及申报世界遗产，完全是侯仁之、罗哲文等几个比较了解国际情况、见多识广、德高望重的老专家奔走呼号的结果。

1987年也正是我大学毕业初入考古之门的时候，当时考古学界所关心的主要是将出土文物当做科研的对象与资料——它们属于什么时代、填补了什么知识上的空白、解决了什么大家翘首企盼的重大学术问题等等，而《文物保护法》所说的文物的三大价值——即历史、科学与艺术价值，对于大多数人来说，其实是很抽象的。在考古学家看来，文物古迹的保护，也主要是那些科技保护专家和职业人士的事情，与自己并没有多少干系。

1990年，借亚运会的东风北京举办了第一场文物艺术品拍卖会，会上一些古玩文物所拍出的令人咂舌的价格，让人意识到文物还有经济价值而且相当值钱。与此同时，民间收藏渐渐也热起来，已经销声匿迹多年、包括北京的潘家园在内的各地的鬼市、古玩市场迅速复活了，在古旧用品中混迹着文物——包括一些盗掘出土的非法文物进行交易，使得人们对文物及古旧物品价值的认识有所提高。但是应该承认，大家主要仍然是畸形地关注其经济价值，即文物能够值多少钱？更广泛的关注，则是更晚一些时候，平遥、丽江等古城入选《世界文化遗产名录》，引起旅游者蜂拥而至所带来的经济效益及其反思。

伴随20世纪90年代中期起步的文物艺术品收藏热、申遗热及其所引发的挖坟掘墓、文物盗掘走私以及各地的文物古迹开发利用热潮，使得中华文物在受到前所未有的重视的同时也遭受着空前未有的劫难，尤其是改革开放后城乡快速发展、大规模基本建设和拆迁过程中推土机的破坏，使得有识之士适时提出了“保护为主、抢救第一”的国家文物工作方针，后来又发展完善成为“保护为主，抢救第一，合理利用，加强管理”的十六字方针，文物的保护、抢救受到政府相关部门和社会有关方面空前的重视与强调。

世纪之交，在人们缅怀历史、憧憬未来的特定时刻，文物古迹的重要性更加突出，文化遗产的概念渐渐深入人心。尤其是在各方推动下，2005年底国务院《关于加强文化遗产保护的通知》中确定每年6月第二个周六为全国性的文化遗产日，社会大众的文化遗产意识被普遍唤醒，文化遗产大规模破坏的势头渐渐扭转。与此同时，博物馆等文化遗产收藏单位在行业性资源垄断、旅游景区门票涨价成风的背景下逆势推行免费开放，更多的人开始走进博物馆，直面这些记录着人类生存及其环境的物证，追昔抚今，体味、探索自身发展的历史与现在、未来之间的内在联系。

2010年6月12日，借第五个中国文化遗产日到来之际，中央政治局常委李长春同志在《人民日报》发表《保护发展文化遗产 建设共有精神家园》的文章，提出发展文化遗产事业的思想，强调文化遗产事业的真谛在于传承，并对文化遗产工作的许多方面提出了新的要求。这些思想与要求是对科学发展观在文化遗产工作领域的展开和深化，标志着文化遗产事业步入了一个新阶段，文化遗产由少数精英把玩，由少数专家学者研究，由遗产保护从业人员死看硬守，到渐渐与社会大众具有理性、广泛和深刻的联系，成为提升公众历史、文化和科学素质，开展旅游与文化创意产业，推动社会与社区和谐、持续发展的宝贵资源，是文化遗产事业不断发展、人类社会不断进步的具体体现。

人类的文化是人类适应环境和社会的产物，文化遗产是可以被后人直接面对和传承的那部分文化适应的结果和代表性成果。就今天的文化遗产事业来说，保护当然是永恒的话题和不变的前提，因为，没有文化遗产的原真性与完整性，文化遗产所包含的信息与价值就无所依附。但是传承才是文化遗产事业的最终目的，促进文化与人的不断发展与进步才是从事文化遗产工作的硬道理。换句话说，保护文化遗产是为了传承之，传承是为了提升人的文化素质和适应能力，最终是要促进人类社会与文化的不断创新与健康发展。因此，文化遗产事业的关键与最大的困难永远是在不断变换的社会与自然环境中保持文物古迹本体的原真性与完整性；文化遗产事业的本质就是不断地在遗产与人——专家与公众、古人与今人乃至未来的人之间建立起一种良性的价值共享、互动及新的文化适应性。这些观念上的变革以及李长春同志的文章，实际上是在全面的审时度势之后，文化遗产工作与时俱进的新的发展与文化遗产工作重心的自觉转移。

李长春同志在文章中指出，“人民群众是文化遗产的所有者、鉴赏者和传承者”。国家文物局原局长单霁翔多次强调人民是文化遗产的真正主人，多次呼吁文物保护工作要融入社会，融入社区发展，保护成果要惠及民生。如果说，文化遗产要传诸后人、代代传承，那么文化遗产事业首先就必须成为人民的事业，文化遗产的保护就应当由少数专家和从业人员的死看硬守变成公众的自觉参与与传承，文化遗产要传诸后人，首先应当做到传诸同时代的公众，只有专家以外的大众都能够正确认识文化遗产的价值，理解文化遗产保护事业的意义，都愿意加入这“承”的活动，这“传”的事业才有意义，才有可能。因此，将传承与发展作为文化遗产工作新的目标与要求，是文化遗产事业本质性的提升。

二

上面大致勾勒的是近一段时期或者说是我个人所眼见的一段时期的中国文物保护和文化遗产事业的简略情况与粗线条的发展脉络。从大的方面看，文化遗产能够成为人民的事业，与中华民族的伟大复兴，与中国社会中科学与民主精神的不断发展，与国际社会对于人类古代及遗产的基本态度和理论方法的不断演变和完善，尤其是与经济发展、社会进步、人类的需求及素质的不断提高等时代背景具有密切的联系。

从微观上看，这种转变也与行业内考古、遗产、博物馆事业的不断进步及其相互之间的内在联系是密切交织在一起的。这里，以考古学为代表的近代科学精神起了不可或缺的推动作用。珍惜并收藏与自己生活相关的物证虽然有极其悠久的历史，而且收藏与考古都是面向人类的过去遗存，但是它们的发展却是走着完全不同的路径。王公贵族的把玩收藏成为面向公众的博物馆的藏品，尽管与时代进步密不可分，但直到1819年，丹麦国家博物馆馆长汤姆森按照当时考古学的新认识，以石器、铜器、铁器这人类工具进化的三阶段框架来安排博物馆里庞杂的工具、武器等古代遗存的陈列并向公众开放和解释人类的历史，才真正实现了考古发现与研究和博物馆陈列展示的合拢，博物馆藏品的物证意识以及收藏、保存、研究、展示等功能才真正建基于科学的基础之上。而考古学对古代遗存资料及其信息的科学苛求，也促使遗产保护最终走出了“风格纯粹”和“修旧如旧”的文物保护、修复领域的笼统的浪漫主义的泥淖，更加关注其作为人类生存与发展的物证的价值与信息。1964年“国际历史古迹建筑师与技师大会”上通过的《威尼斯宪章》首次成功地在遗产保护与修复中确立了原真性原则，要求不仅要保护古迹的“最早的状态”，而且要尊重“所有时期的正当贡献”，“保护古迹周围的环境”，从而使得我们今天的人接近古代遗存成为一个可逆的历史性的科学过程。这样，对于人类古代遗产的一种真正的科学态度、一整套科学的方法在发掘、保存、展示等诸相关领域才算是比较系统地建立起来，人类关于古代记忆与认知才建基于比较客观的物证的基础之上，并随着大众性的环境意识、文化意识以及旅游休闲产业等的兴起，使得我们渐渐步入了一个自觉地与人类文化建设及自身发展相联系的文化遗产时代。

我自己先是在国家博物馆（原中国历史博物馆）从事考古工作，曾经多年在中原等地区参加田野调查与发掘，后来又有机会在国家文物局从事博物馆与社会文物的管理工作，然后长期在中国文物报社从事编辑工作，虽然离开文化遗产事业的具体工作和一线越来越远，但是接触面却越来越宽，并且一直在这样一个宏阔的时代背景下，于不同的岗位上慢慢体会和探索着考古、博物馆与文化遗产的保护、传播、利用之间的内在联系。

世纪之交，当人们都在从各个角度借着千年的时间山峰回首人类文化的演进轨迹并展望未来时，我也曾经应邀以《古董·文物·遗产——走向二十一世纪的中国文物考古事业》为题为《东南文化》2000年第1期的“世纪特刊”撰文，探讨从古董经文物到文化遗产这些概念变迁背后的社会文化思潮背景及其对文物保护和文化遗产工作的推动作用。概念的变迁绝不仅仅是我们所面对的人类古代遗存范围的扩展，也是其内涵的丰富与价值的提升，以及当代人与古代遗存相互联系的实质性变化的体现。就中国来说，从古董、古玩到文物概念的进步，与西学东渐及考古学的出现和推动是分不开的。历史学、考古学使得人类可以科学地处理和对待古代的遗产，人类学使得人类开始超越自己的民族国家的文化去打量异文化的新奇，尽管它们仍然往往还带着猎奇探宝的眼光和为学术而学术的苛求，但却为人类关于古代与文化的知识积累提供了方法，打开了大门。博物馆将王公贵族的私密宝藏公诸社会，使普通公众的视域开始逡巡于古今中外。凭借这些学科和文化机构，那些已经死灭的文明、远逝的文化、人类社会进步演变过程中曾经的经验与教训，空前地交织于当代人类的认识范围内。但是，应该说，只有到了具有全民性的文化遗产时代，我们才开始具有了一种理性意识上的文化自觉（据我所知，著名人类学家费孝通先生 1997 年 1 月在北京大学重点学科汇报会上的讲话中首先提出了这个概念随后并不断加以阐述，从而产生了很大的影响）。此时的文化遗产不再仅仅是科学的资料，认识古代的材料，更是可以直面、参与、亲身体验和互动来进行传播教育以提高民众素质的教材，对历史遗产的保护传承利用从而促进文化的创新，从少数精英的意识和探索到普罗大众的自觉参与，我们进入了一个人类文化的大时代，在本文集的一篇文章中（《文化会面时代与节日文化遗产：关于文化遗产与文化交往的一些断想》），我称其为“不同文化会面的时代”。当然，人类的文化交流从古至今从未停息，但是从客观的文化遭遇到理性的文化交往与自觉，古今中外的文化都成为人类建设新文化的参照系，文化遗产也因此而重新回归文化创造与文化建设的原材料。有学者借助德国思想家雅斯贝尔斯的著名概念“轴心时代”指出，我们进入了一个人类文化的新轴心时代——全球化下的轴心时代，无疑是非常正确的。

也是在世纪之交前后，因工作之需，博物馆和文化遗产的保护传承问题，也渐渐成为我关注的重点之一。本书中的文章基本上都写于新世纪，大致可以分为以下五个部分：

1. 文化遗产新视角：主要探讨相关概念、理念及其发展演变等，其中联合国教科文组织1972年的世界遗产公约及其带来的世界遗产保护运动是一个无法绕开的重点，它改变了人们观察文化遗产的角度与思维方式，并引发了一系列行动与变化，因此，有几篇文章都是关于这一论题的。同时，文化是群体的适应性进化的结果，在中国谈论文化遗产及其保护，中国特色文化遗产理论体系的建设问题也是一个亟需关注的问题。因为文化遗产的保护既是科技和工程问题，也是社会与文化问题，因此，《中国传统文化及当下文化遗产的综合保护与传承》尝试从系统论的角度提出综合保护与传承的概念与理论。

2. 文化遗产价值论：文化遗产保护的原动力来自于文化遗产的价值。本部分主要是寻找评判文化遗产价值的合理的角度，包括时代变迁、传统与现代、都市化、全球化、节日与青少年的教育问题等背景都为我们提供了新的视角。传统文化遗产资源的现代化转化，文化遗产事业的健康与持续发展等是新时期、新形势对我们提出的新要求，本部分几篇文章的共同特点是有较多的理论性思考，尽管很不全面，也极其肤浅。

3. 文化遗产保护论：主要是涉及近年的若干文化遗产现象、活动、机构工作等的即时性评论，既有对在工作中开展文化遗产保护的评价与宣传，也有培养全民性的文保意识的一些思索。对近年文化遗产界引起社会关注的一些热门现象的议论，多是在中国文物报社从事采编工作中的急就章。

4. 市场经济中的文化遗产：将这一部分单列出来，是因为近30年的改革开放及市场经济彻底改变了文化遗产的存在环境及保护、传承、利用等行事方式，涉及市场经济条件下文化遗产旅游、经营、利用以及价值争论与保护等问题，包括文物古迹经营及进入市场的争论，文物拍卖、流通及其管理，文物盗掘、走私与返还，文化遗产旅游与遗产地的保护等，都是在新形势下近年业界讨论较多的比较专门的问题，我个人也结合自己的工作参与过讨论，提出过管见。

5. 文化遗产传播论：主要是作为一个行业里的媒体人对自己工作的反思，对文化遗产宣传规律的一点探索。信息时代传媒正在成为一种更加强大的力量，同时也肩负着应有的责任，在文化遗产保护与传承领域当然也不例外。善用媒体、用好媒体当然可以极大地促进文化遗产保护传承与创新的各项工作。

尽管文化遗产相关的讨论与实践轰轰烈烈，但由于文化遗产作为一门学科的地位仍然不很成熟，许多基础性的概念、理论尤其是关于实践的方法方面大家的认识也多不一致，在文化遗产保护与传承方面更是留下了太多无法弥补的缺憾。因此，这些文章很难算得上是严肃的学术论文，但也不同于一般的杂文、随笔，而往往是工作之需要或者业界面临的前沿问题逼迫的结果，不仅极不完善，也缺乏应有的深度。但是，它们却在一定程度上构成了一个记录——一个从业人员面对时代、行业的快速发展变化的思考与探索的足迹，因而也可能是时代进步的一个侧面的记录或折射。

三

中国是历史悠久的文明古国，然而在走向全球化的近代却在民族国家的竞逐中落伍了。自鸦片战争以来，中国人——尤其是中国知识分子期盼并竭力追求民族与文化复兴有一百多年了，现在，人们才终于看清，这个时代已渐渐到来，而且可以说到来的有些突然，有些出人意料——与无数志士仁人的期盼并不完全一致甚至是截然相反，以至于我们在很多方面并没有做好准备。

一百多年来，为了与以西方为代表的先进文明或世界主流文化平起平坐，我们曾经不遗余力地自我批评自己的文化，自毁自己的文化遗产，概括起来，大致经过了这样几个阶段：

1. 最初的接触时以天朝大国自居，认为不过是遇到了又一批蛮夷，从心底里瞧不起西洋文化，这种态度以清康乾时期为典型；

2. 愿意学习西方文化的长处，但主要只承认其科技领先，可以“师夷长技以制夷”，内心里并不承认中国文化的落后，这是鸦片战争之后洋务运动的典型态度；

3. 甲午海战被一直落后于中国的东洋小国日本打败之后，开始意识到中国文明在制度上亦不如人，于是有仁人志士试图进行君主立宪，重塑国体，以戊戌维新运动为代表；

4. 承认中国文化的落后性，主张引进西方的民主和科学精神以救其弊，甚至主张全盘西化，不仅连主宰中国文化两千余年的封建帝制、儒家文化和孔家店等打倒在地，甚至进行比较自觉的文化批判与解构，这种思想在辛亥革命、五四及新文化运动之后曾一度成为主流。

但是，这些觉悟、学习、引进包括文化与社会的改良实践，似乎没有一步踩在鼓点上，都没有内外形势变化与革命的速度来得快，最后是玉石俱焚，彻底地来一个天翻地覆慨而慷，以总决算的方式将压在中国人民头上的三座大山掀翻在地，中国社会与文化重新回到百废待兴、一穷二白的原地。在这个过程中，文化的反思、批评、批判乃至扬弃都是必要的，但文化的自大、自戕以及过分的麻木和矫枉过正则有害无益，实际上，我们优秀的传统文化及其遗产被糟蹋的一塌糊涂。与西学东渐相伴随，尽管先贤们也曾经引进西方概念上的博物馆以教化民众，引进西方意义上的考古学以科学地研究和利用丰富的古代遗产，并提出过“中学为体，西学为用”、“古为今用，洋为中用”等理论，但是只有当真正进入了一种全民性的文化自觉，文化遗产保护传承成为全民参与的事业，科学地处理我们民族的古代遗产才成为可能。

其实，中华崛起与民族复兴，必须以正确认识自己的文化遗产为前提。我们这个民族，步入文明之后屹立于世界长达五千余年，必有其能够持续繁荣的文化基因所在。我们的革命，不可能以抽刀断水的方式斩断历史与文化的血脉。只有找到科学处理古代遗存的观念、理论和方法，真正做到取其精华去其糟粕，才能面向未来，建设适合新时代的新文化。

我们躬逢盛世，有幸看到了中国文化复兴的伟大契机。尤其是进入新世纪，在科学发展观的指导下，中共中央提出社会主义经济建设、政治建设、文化建设、社会建设、生态文明建设五位一体的发展战略，文化遗产事业蓬勃发展。在历史与现实的激荡，全球化的潮流，互联网这种前所未有的沟通手段，跨文化交流分享信息与知识的共同作用下，现代人真正进入一个信息、知识、智慧的爆炸时期。我们已经被全球市场、世界分工、经济融合的大潮拖着进入了全球化的大时代，但是仅有经济全球化是不够的，文化的一体化更是致命的。每一种文化都是人类适应自然、协调社会的生存方式的结晶，文化的多样性才是人类光明未来的有力保障，而文化自觉则是缔造面向未来的新型文化所必需的文化元素，对不同文化间关系的理性认识与科学应对则是必由之路。

其实，文化遗产并不是一个新的概念，但是从文化遗产角度思索和处理人类的古代遗产，却开启了人类文化进步的一个十分重要的新阶段。我们人类从对古代遗存的简单兴趣（古玩）到学术兴趣（考古），到要将它们保存下来传之久远（文物工作），到全民性的文化遗产运动与文化自觉，要共同面对共同继承和发扬人类历史地形成的顺应自然、协调社会的这些宝贵的智力资源，这期间人类智慧的进步不可以道里计。

不过应该承认，具有普遍性的这种文化自觉，是最近几十年才兴起的。第二次世界大战之后，科技革命带动工业革命向纵深发展，信息社会初露端倪，人类才有机会在整体历史的视野下思考和梳理自己发展的资源与思路，20 世纪的 60 年代，先是在生态危机的逼迫下环保意识觉醒了，紧接着又在全球化的促使下文保意识也成为世界性潮流。70 年代，联合国教科文组织《关于禁止和防止非法进出口文化财产和非法转让其所有权的方法的公约》（1970 年）和《保护世界文化和自然遗产公约》（1972 年）分别诞生，这是人类处理自己的文化遗产事务领域的里程碑。中国的觉醒稍晚些，但是如上所述，在世纪之交也分别在环保和文保领域中完成了这种全民性的觉醒。

与个体的道德自觉一样，群体的文化自觉应该包括两个维度：一是能够客观地认识自己的文化，二是能够客观地认识他人的文化，不仅包括当代共存的不同的人类文化，也包括业已消失的古代文明与文化遗产，它们都是不同时空条件下人类适应自然、协调社会的智慧结晶。做到这两者都很难。如果说我们的文化——各个人类的文化，对作为个体的人即主体本身及其与社会、与环境的关系——即主客体之间的关系，都有相当的认识，已经构筑了相当深刻和系统的主体间性知识和理论，以及相关的信仰、道德、法律等文明成果，那么我们对于作为整体性的适应手段的人类文化本身、尤其是不同文化之间的关系、文化间性等问题则犹如盲人摸象，一直没有找到很好的认识和应对的手段。这不仅是哲学、文化学和实践的问题，也是全球化、地球村时代古往今来各种文化大会面、大碰撞过程中所无法回避的关乎人类的持续生存适应与发展的重大问题。今天，在科技高度发达、人类的行动能力及传播组织能力空前增强的条件下，集体无意识等文化病毒如极端民族主义、宗教原教旨主义、主权神圣主义等的煽动性、渗透性与破坏性，已经远远超过历史上个体、阶级、部族等等之间的生存冲突，人类面对着整个物种和整体文化的存亡绝续的历史性选择，而选择的能力则主要依赖于文化自觉与文化建设。

考古、博物馆和文化遗产学这几门学科发现、保存、研究和处理人类的古代遗存，早已洞察到无数的文化与文明生生灭灭，直到今天，我们才渐渐探索以文化自觉和科学理性的态度面对这些宝贵的遗产，为全球化时代的文化建设提供宝贵的借鉴，借助人类历史演化的漫长曲线，为未来提供一点观察与预测的基线。

文物、文化遗产是人类恒久的财富，但是我们看待和处理这些东西的眼光、思路却是因时而异并不断更新的。我们先是以科学的态度对待历史，现在又开始让普罗大众一起以科学和理性的态度对待历史的遗产，超越了纯科学的范畴，文化遗产事业不再仅仅是科学家、考古学家、文物保护专家的职业，而成为了一项全民性的事业，成为文化传承与创新的文化建设事业的组成部分。全球化使人类文化进入一个新的纪元。这里边，人类共同的文化遗产概念的确立以及遗产意识的觉醒是非常重要的内容和推动力量。唯有共同的历史，才能确保一个共同的充满希望的未来。

在这种新的视角下，文化遗产不是包袱而是资源，文化遗产从业者主要只是文化建设原材料的提供者，至多可以提供一些曾经存在过的文化模板，文化遗产和文化都应该回归它们真正的主人——大众。文化是适应性的，它是靠一时代之人民借助历史与现实的资源共同营造并使用的，尽管文化因素、文化模式、文化传统与惯性可以为后来人所接受和利用，但是新文化一定是面对新情况、新条件下的不断调适与进化的结果。不过，因为文化是历史地、生态地形成的，是人类适应自然与协调社会的结果，在文化建设与发展过程中必然存在路径依赖，更有传统的张力会起作用。文化之间的不断交流、学习、采借，可以提高分享不同文化的优秀成果，提高各个文化的品质并赋予它们更多的共同性，还有人类心理与文化的共同基底对文化的形成与发展也发挥着导向的作用，但是，文化的建设永远是适应性的、过程性的，没有统一的模式和必然的结果。因此，文化的建设，应该同时兼顾历史、现在与未来。

中国是文化遗产的大国，也是人类多元文化、多种文明重要的主体之一，又在走向全球化的进程中深受文化交流、冲撞的激荡和洗礼，中国文化中的许多基因、元素与价值，历经数千年而不断，呈现出坚韧的合理性，当然应该在人类新文化的建设中提供镜鉴作用或占有一席之地。就中国的文化遗产事业来说，当务之急是在全社会普遍的关注与参与中尽快构筑具有中国特色的文化遗产理论体系，这套体系不仅应该建基于中国特色的文物古迹与传统文化，而且应该在概念表述、价值认知、保护与利用等传承实践方面延续遗产与历史、遗产与环境、遗产与中国人民以及当前社会、经济、文化建设发展的无法割裂的内在关系；不仅应该为那些优秀的历史文化遗产在当代社会中找到安身立命的合理的文化生态位置，还要通过构建合理的传承体系使其能够成为促进当代的文化创新与未来的文化建设的有机的宝贵资源。

希望这本文集能够抛砖引玉，引起更多识者从不同的角度、从更广阔的范围关注中国传统文化遗产的保护、传承与未来新文化的建设问题，对文化遗产相关理念、理论以及保护、传承的实践与方法的探索起到一点积极的促进作用。

在多年的工作、学习与生活中，我曾受惠于国家博物馆、国家文物局、中国文物报社诸多领导与同事的关心与帮助；本书的编成与出版得益于故宫博物院原院长郑欣淼先生的大力鼓励和支持；《国际博物馆》杂志社的张遇先生及责任编辑梁爽女士在编辑体例、文字与标题安排等方面也提出不少建议，利用此机会谨表衷心的感谢！

是为后记。

2010年2月27日初稿，2013年1月2日改定

图书在版编目（CIP）数据

文物与文化：曹兵武文化遗产学论集/曹兵武著．
—北京：故宫出版社，2013.12
ISBN 978-7-5134-0509-6

Ⅰ.①文… Ⅱ.①曹… Ⅲ.①文化遗产-中国-文集 Ⅳ.①K203-53

中国版本图书馆CIP数据核字（2013）第265408号

责任编辑：刘　茵　梁　爽
装帧设计：王　梓　于朝娟
出版发行：故宫出版社
地址：北京市东城区景山前街4号　邮编：100009
电话：010-85007808　010 85007816　传真：010-65129479
网址：www.culturefc.cn
邮箱：ggcb@culturefc.cn
制版印刷：保定市中画美凯印刷有限公司
开　　本：787毫米×1092毫米　1/16
印　　张：28.25
版　　次：2013年12月第1版
2013年12月第1次印刷
书　　号：ISBN 978-7-5134-0509-6
定　　价：56.00元